国家出版基金项目
NATIONAL PUBLICATION FOUNDATION

教育部人文社会科学重点研究基地重大项目
"中国21世纪新课程改革研究"成果

儿童学研究丛书

张华 主编

童年社会建构论

苗雪红 著

山东教育出版社

图书在版编目（CIP）数据

童年社会建构论 / 苗雪红著. —济南：山东教育出版社，2018.10

（儿童学研究丛书 / 张华主编）

ISBN 978 - 7 - 5328 - 9587 - 8

Ⅰ.①童⋯　Ⅱ.①苗⋯　Ⅲ.①儿童社会学 - 研究
Ⅳ.①G61

中国版本图书馆CIP数据核字（2016）第266359号

ERTONGXUE YANJIU CONGSHU

TONGNIAN SHEHUI JIANGOULUN

儿童学研究丛书　　　　　　　　　　　张　华　主编

童年社会建构论　　　　　　　　　　　苗雪红　著

主管单位：山东出版传媒股份有限公司

出版发行：山东教育出版社

　　　　　地址：济南市纬一路321号　邮编：250001

　　　　　电话：（0531）82092660　　网址：www.sjs.com.cn

印　　刷：山东泰安新华印务有限责任公司

版　　次：2018年10月第1版

印　　次：2018年10月第1次印刷

开　　本：710毫米×1000毫米　1/16

印　　张：16.25

印　　数：1 - 2000

字　　数：225千

定　　价：36.00元

（如印装质量有问题，请与印刷厂联系调换）印厂电话：0538-6119313

迈向"儿童学"

——"儿童学研究丛书"主编寄语

"儿童学"或"儿童研究"（child study）诞生于19世纪末欧美国家的"进步教育运动"与"新教育运动"。美国"儿童研究运动"的发起人霍尔（G. Stanley Hall）说："通过儿童生长的过程去评判一种文明，通过适应个人自然生长的方法去评判一种学校制度。"这既揭示了儿童学的价值追求，又阐明了现代民主教育与古代专制教育的重要分水岭——是否建基于儿童研究之上。我国民国时期的"新教育改革运动"是世界教育民主化运动的有机构成。因当时确立了"以儿童为中心""谋个性之发展""发挥平民教育精神"等理念，儿童学研究获得重要发展，并由此为我国教育现代化与民主化奠定早期基础。

历史在曲折中前进。1936年7月4日，联共（布）中央颁布《关于教育人民委员部系统中儿童学曲解的决定》，宣布儿童学是"资产阶级伪科学"，立即取缔并彻底批判。有的儿童学者被判处死刑，许多儿童学者被撤职或逮捕，著名儿童学者维果茨基和布隆斯基的著作被禁止出版。"儿童""个性发展"等术语成为苏联讳莫能深的词汇，"无儿童的教育学"——凯洛夫《教育学》自此登场，苏联教育一度陷入僵化与停滞。直至20世纪五六十年代，维果茨基等人的儿童学著作才重新出版。70年代，维果茨基的著作译成英文传入西方世界以后，震惊欧美教育界，他创造的"社会建构主义"思想成为引领世界教育发展的支柱性理论之一。

中华人民共和国成立以后，由于国家采用了"一边倒"的政策而全面师法苏联，"取缔儿童学"的政策事实上被隐秘地输入了。一方面，民国时期的儿童研究被打上"资产阶级学说"的意识形态烙印而被迫中止；另一方面，凯洛夫《教育学》于20世纪50年代引进中国，并被视为唯一合法和政治正确的"马克思主义教育学"在中国推广。凯洛夫《教育学》在苏联仅存在了十年，但在中国已存在了近七十年。它把教育的本质理解为通过外部知识的灌输而改造人的心灵。在这里，儿童不过是一个任人摆布的玩偶、会移动的容器而已。这种"见物不见人"的教育学至今仍盘踞我国教育界，成为迎合"应试教育"需要、阻碍我国教育现代化和民主化的最大思想障碍之一。自2001年开始，伴随基础教育新课程改革的实施，儿童学研究获得长足发展。新课程提出了"为了每一个学生发展"的理念，尊重个性、崇尚自由、促进每一个儿童主动发展等进步教育理念，自新中国成立以后第一次被如此系统、广泛和彻底地倡导。儿童学研究成为实施新课程改革、践行素质教育理念的必然要求。

何谓儿童学？儿童学是一种时代精神，即尊重儿童独特价值、追求儿童解放的教育民主精神，简称"儿童学精神"。儿童学是一个研究领域，即对儿童的发展与学习、儿童文化与儿童个性诸方面的跨学科的整体性研究。宏观言之，儿童心理学、儿童教育学、儿童医学、儿童社会学、儿童文化学、儿童哲学、儿童文学、儿童史学等，均属广义的儿童学的有机构成部分。儿童学是一门具体学科，即一门基于某种范式、整合不同视角对儿童及其发展进行整体研究的学科。这是狭义的儿童学，可称为"儿童学学科"。儿童学学科既建基于"儿童学精神"，又源自"儿童学领域"，是二者的具体化与专门化。

我国儿童学的任务和未来方向是什么？将儿童发展视为一个专门研究领域，运用跨学科视野和多元化方法对儿童发展进行深入研究、获得深刻理解，基于理解儿童而促进儿童发展，最终实现我国儿童解放和教育民主化。这是我国儿童学发展的根本任务与使命。我国儿童学发展的未来方向应聚焦如下三个方面：

第一，捍卫儿童权利。儿童是完全的权利主体。儿童阶段、儿童文化、儿童生活具有独特价值，成人有责任让儿童过好今天的生活——独特的儿童生活。每一个儿童个体具有独特价值，尊重儿童个性、发展儿童个性特长是成人社会特别是广大教育者的神圣职责。我国需要通过包括立法在内的各种途径保护儿童权利，而不应延续古代专制社会将儿童置于被压迫者底层的做法，也不应将成人社会的竞争法则通过"应试教育"体制强加于儿童并使儿童日益工具化。我国社会迫切需要践行"新儿童观"，即让儿童成为社会一切福祉的最先享用者、一切灾祸的最后罹难者。"新儿童观"的实现是我国进入现代文明社会的基本标志。

第二，理解儿童认识。人的认识具有发生性与发展性。儿童既有独特的认识世界的方式，又有对世界的独特理解。尊重儿童的核心是尊重儿童的理解。正是由于20世纪初杜威、皮亚杰开创了尊重儿童经验、研究儿童认识的伟大传统，才有了波澜壮阔的世界教育民主化运动。汇集儿童哲学、儿童心理学、儿童教育学等学科，研究信息文明时期儿童认识的新特点、新变化和新需求，是创造21世纪信息时代新教育的基础与前提。

第三，探究儿童方法。儿童是世界的探索者、发明者、创造者。杜威说儿童具有与生俱来的探究、建造、表现与社会交往的本能。儿童不是成人知识的被动接受者，而是主动的创造者。但儿童有自己的探究世界的方法。儿童学应致力于发现儿童的方法，并找到途径将成人的方法转化成儿童的方法，以帮助儿童不断发展探究世界的能力。

教育学即儿童学。只有当广大教师乃至全社会学会捍卫儿童权利、理解儿童认识并探究儿童方法的时候，中国社会才有希望。

2016年9月10日教师节写于沪上三乐楼

目录
■

引　言

　　童年研究关系到一个社会拥有怎样的童年观念，并进而从社会文化制度层面和日常生活层面影响人们思考和对待儿童的方式。人类对儿童和童年的研究也是人类自我认识的重要途径。在人类历史中，从最初人们在生活中积淀的无意识的儿童观念，到对儿童和童年进行有意识的研究，形成了自然观察、经验感悟、哲学思辨、宗教信念、审美体验、科学研究等多种认识儿童的方式，在不同的时代、不同的认识方式中产生了不同的儿童观，同时也积累了人类历史以来关于儿童和童年的普遍性认识。

　　近五十年来，西方（主要是欧美）国家受20世纪西方哲学反传统形而上学思潮，特别是后现代思潮的影响，出现了库恩提出的"范式"转换意义上的童年研究革命。1960年，法国历史学家菲力浦·阿利埃斯在《儿童的世纪》①一书中提出"童年是一种社会建构"，拉开了社会文化视角童年研究的序幕。历史研究者开始考察历史中儿童的生活状况，人类学研究者考察不同文化中儿童的现实生活，他们的工作呈现了不同时空背景中不同的童年生活。这些研究揭示了童年生活的多样性，引发了其后五十余年来从社会文化视角建构童年的热潮。从20世纪80年代开始兴起的媒介文化研究，受当时高涨的后现代社会建构思潮的影响，传统的儿童与童年观

---

　　① Philippe Ariès. *Centuries of Childhood: A Social History of Family Life.* Translated from the French by Robert Baldick. New York: Alfred A. Knopf, 1962.

念逐渐被"图像文化"所改变的儿童的文化信息状态所解构，是谓"童年的消逝"。80年代末90年代初，新童年社会学诞生并获得迅速发展，社会建构童年研究作为一个学术领域初步形成，社会建构童年研究范式得以确立。"童年"这一术语从表征个体生命的早期阶段转向表征"社会现象"和"社会结构"，从人口中的年龄标签转换为社会身份标签。

正如著名童年研究学者David Woodhood所言，"（当代多学科的）童年研究是围绕拒绝传统理论中特有的本质主义，为认识社会建构中与时空、年龄、性别、种族、地位等因素相关的多种样式的童年而努力的过程中创建的"[1]。新童年研究范式将传统的童年研究视为"自然本体"的本质主义的"发展范式"，批判其将童年视为一种存在于个体身上固有的自然的事实，认识童年就是揭示其普遍规律的立场，并在批判"发展范式"的过程中，确立了从社会文化视角研究童年的基本立场，即认为不能将童年视为一种存在于个体身上的固有特点，不存在普遍的、本质意义上的童年，童年是历史的、社会文化的产物，是一种在社会历史过程中被建构出来的社会现象，在不同的时空中有不同的童年，童年是复数的，是流动变换的。同时，童年也是一个永恒的社会范畴，是一种人口中的分类标签，是个体得以度过儿童期的社会空间。最为重要的是，童年不再被视为是为成人期做准备的阶段，儿童不再是"不成熟的""依赖的"人，而是积极的社会行动者，"儿童作为公民"成为新范式研究的新问题。此外，就童年研究而言，"儿童参与研究"成为一种备受推崇的方法论，儿童也因此成为童年观念的共同建构者。这种"儿童权利"取向的童年研究基于儿童、通过儿童、为了儿童的做法显示了民主与解放的成人—儿童关系，与

---

[1] Mary Jane Kehily. An Introduction to Childhood Studies.London: Open University Press，2004，Foreword. David Woodhood所说的多学科的童年研究，是指历史学、人类学、社会学、媒介与文化等从社会文化视角研究童年的学科。实际上多学科童年研究应当包括从儿童生命自然—文化的双重维度研究童年的所有学科，除以上学科之外，还包括哲学、神学、美学、生物学、心理学、教育学、法学、医学、脑科学等。童年研究是复杂的多学科事业。

成人将儿童作为研究对象为儿童建构关于他们的观念相比，具有一定的认识论的、伦理的优势。

　　半个世纪以来，社会建构范式童年研究打破了过去童年研究中本质主义的儿童发展观念一统天下的情形，无论是童年的历史研究、媒介文化研究还是新童年社会学研究，都旨在通过呈现儿童实际的生活状况来说明童年是社会建构的产物，而非客观的自然事实；童年是与情景相关的，并不具有超时空的普遍性。童年已经不再单纯是生命过程的自然事实，而是具有价值渗透的社会建构，童年是一系列权力关系的产物。这些认识对传统的童年观念造成了有力的冲击，其引发的显著变化是将"童年"这一话题从边缘放置到了社会科学的中心，童年研究不仅指向理解童年，也被用来思考其他学术问题，成为一系列学科共同的问题域。童年研究还引发了全社会对儿童的广泛关注，儿童的生存处境和社会身份受到重视，并对关注全球性的童年危机和推动童年社会政策实践产生了深远的积极影响。

　　必须承认，当前国内的童年研究与西方的童年研究相比，在受重视程度、研究团队的建设、研究成果的产出、童年研究对相关学科的贡献以及对童年社会政策实践的影响力等各个方面，都存在很大的差距。特别是对西方社会建构童年研究范式的介绍是初步的、零碎的，不同学科领域进展也不平衡，侧重点也有所不同，对其研究进展的跟进是缓慢的。俞金尧（2001）[①] 对西方儿童史研究进行了系统的梳理，施义慧（2006，2008）[②] 介绍了19世纪英国下层儿童童年生活史，杨洁（2010）[③] 借助西方的研究资料考察了古典时期雅典的儿童生活，宋丙玲（2011）[④] 采用西方史学研

---

　　① 俞金尧.西方儿童史研究四十年 [J].中国学术，2001（4）：298-336；俞金尧.儿童史研究及其方法 [J].国外社会科学，2001（5）：34-40.

　　② 施义慧.19世纪英国工人阶级子女童年生活转型原因探析 [J].史学月刊，2006（12）：89-93；施义慧.19世纪英国下层儿童生活史研究述评 [J].史学月刊，2008（4）：99-106.

　　③ 杨洁.古典时期的雅典儿童 [D].上海师范大学硕士毕业论文，2010.

　　④ 宋丙玲.唐代儿童服饰探究——以儿童图像为中心的考察 [J].齐鲁艺苑，2011（10）：33-34.

究中"图像证史"的方法考察了唐代儿童服饰，曾玮（2013）[①]深入分析了儿童社会史研究中的"图像证史"方法。国内也开始翻译了西方史学研究的著作，如《古罗马儿童》[②]《儿童的世纪》[③]等。此外，受西方儿童史研究对儿童研究的影响，在儿童研究领域，方明生（2009）[④]、高振宇（2010）[⑤]等分别关注了儿童史研究与儿童学研究课题以及儿童学视野下的儿童史学科建设。与儿童史研究相比，国内对西方20世纪80年代兴起的媒体文化与童年的研究较多，两部重要的译作《童年的消逝：电视怎样改变着孩子们的生活》[⑥]与《童年之死——在电子媒体时代成长的儿童》[⑦]在媒介文化研究中产生了很大的影响。但是，国内关于媒介与童年研究的介绍及讨论主要是从媒介对儿童生活的影响以及媒介教育的角度来研究的，很少有人侧重从童年观念建构的角度进行深入的分析，沈约（2009）翻译的Alan Prout的《文化与天性的结合：加强童年研究和媒介文化研究之间的对话》[⑧]一文，体现了对童年观念建构的侧重。关于新童年社会学的研究也开始受到关注，已翻译了《给无价的孩子定价》[⑨]《不平等的童年》[⑩]，以及2014年8月上海社会科学院出版社出版的青少年研究经典译丛，包括《童年社会学》《童年论》《童年的未来——对儿童的跨

[①] 曾玮. 儿童社会史的图像证史方法研究——以《绘画中的儿童社会史》为中心 [D]. 上海师范大学硕士学位论文，2013.

[②] 让-皮埃尔·内罗杜. 古罗马儿童 [M]. 张鸿，向征，译. 桂林：广西师范大学出版社，2005.

[③] 菲力浦·阿利埃斯. 儿童的世纪 [M]. 沈坚，朱晓罕，译. 北京：北京大学出版社，2013.

[④] 方明生. 从《儿童的世纪》看儿童学研究的课题 [J]. 全球教育展望，2009（6）：23-28.

[⑤] 高振宇. 论当代儿童学视野下的儿童史学科建设 [J]. 全球教育展望，2010（1）：41-45.

[⑥] 尼尔·波兹曼. 童年的消逝：电视怎样改变着孩子们的生活 [M]. 吴燕莛，译. 桂林：广西师范大学出版社，2004.

[⑦] 大卫·帕金翰. 童年之死——在电子媒体时代成长的儿童 [M]. 张建中，译. 北京：华夏出版社，2005.

[⑧] 参见方卫平. 中国儿童文化（第五辑）[M]. 杭州：浙江少年儿童出版社，2009：1-20.

[⑨] 维维安娜·泽利泽. 给无价的孩子定价——变迁中的儿童社会价值 [M]. 王水雄，宋静，林虹，译. 上海：上海人民出版社，2008.

[⑩] 安妮特·拉鲁. 不平等的童年 [M]. 张旭，译. 北京：北京大学出版社，2010.

学科研究》等新童年社会学的著作。① 王友缘（2011，2014）②、郑素华
（2010，2012，2013）③ 对西方新童年社会学研究进行了系列介绍；席小
莉（2012）④、刘宇（2013）⑤ 介绍了儿童参与的研究方法。总之，在关于
媒介与儿童生活、儿童文化、儿童权利、童年危机等主题的相关研究中均
有不同程度的涉及。以上均为分学科领域的研究介绍。贾云（2009）⑥ 关
于儿童观的范式转型、侯海凤（2010）⑦ 关于童年的重构等研究中尝试对
社会建构范式童年研究进行了初步的思考。

与大陆相比，台湾地区在20世纪90年代就广泛关注了西方儿童史、新
童年社会学和媒体与文化研究，译介、研讨相关作品⑧，并受西方研究的
影响进行了本土研究，如熊秉真的中国儿童史研究。⑨ 总体而言，国内开
始关注西方社会文化视角童年研究并开始形成小的气候是从2009年左右开
始的。随着对儿童学学科建设的不断重视，多学科视角的童年研究成为大
势所趋。因此，无论是就学术研究的理论意义还是就童年社会政策实践意

---

① 科萨罗.童年社会学［M］.程福财，等译.上海：上海社会科学院出版社，2014；詹姆斯.童年论
［M］.何芳，译.上海：上海社会科学院出版社，2014；艾伦·普劳特.童年的未来——对儿童的跨学科研究
［M］.华桦，译.上海：上海社会科学院出版社，2014.

② 王友缘.新童年社会学研究兴起的背景及其进展［J］.学前教育研究，2011（5）：34-38；王友缘.童
年研究的新范式——新童年社会学的理论特征、研究取向及其问题［J］.全球教育展望，2014（5）：70-76.

③ 郑素华.国内儿童文化研究：进展与问题［J］.兰州学刊，2010（4）：218-220；郑素华.童年研究的
域外视野：艾伦·普劳特的新童年社会学思想［J］.外国教育研究，2012（6）：63-68；郑素华.童年的社会学
再发现：国外童年社会学的当代进展［J］.学术论坛，2013（1）：60-65.

④ 席小莉，黄甫全.儿童作为研究者——一种新兴的研究取向［J］.教育发展研究，2012（12）：65-69.

⑤ 刘宇.论"对儿童的研究"与"有儿童的研究"［J］.全球教育展望，2013（6）：48-55.

⑥ 贾云.论儿童观的范式转型——社会建构主义视野中的儿童观［J］.南京师大学报（社会科学版），
2009（3）：96-100.

⑦ 侯海凤.论童年的重构与儿童教育的转向［D］.南京师范大学博士论文，2010.

⑧ 如台湾大学外国语文学系承担的"人文社会科学强化创新计划"，对西方经典的作品进行介绍、研
讨。

⑨ 熊秉真.童年忆往：中国孩子的历史［M］.台北：麦田出版股份有限公司，2000；幼幼：传统中国的
襁褓之道［M］.台北：联经出版事业公司，1995；安恙：中国近世儿童的疾病与健康［M］.台北：联经出
版事业公司，1999；Pingchen Hsiung. *A Tender Voyage: Children and Childhood in Late Imperial China*. Stanford:
Stanford University Press, 2005.

义来讲，中国的童年研究都需要对西方的新童年研究范式进行系统考察。之所以说系统考察，是因为在社会建构理念之下，无论是历史研究、媒介文化研究还是新童年社会学研究，都产生了大量的研究成果，如果只是细节性地介绍不同学科中的研究方法和成果，可能会陷入因缺乏思想基础而被关于细节研究所呈现的大量资料信息所包围，被各个细碎的研究主题遮蔽了其研究的视角和基本立场。因此，需要从其思想基础、理论观点和方法入手建立分析的框架，而要整体地考察社会建构研究范式，理想路径就是：首先，从其思想背景入手分析它的思想性质、话语立场、表达方式，以形成对该范式的整体理解；然后，发生学地考察新范式的发展过程，系统梳理五十年来从社会文化视角先后出现的三种童年研究途径的主要理论观点、贡献与局限。

需要说明的是，本书中关于当代西方社会建构童年研究范式的考察是在批判的立场上完成的。如果说社会建构童年研究范式是对传统发展范式的批判，那么本研究与社会建构范式的相遇则是一次"批判之批判"。在过去的研究中，我主要基于儿童自然的发展进程来考察文化的个体发生（儿童精神成长），关注被建构主义者视为"自然本体"的本质主义儿童观念，通过西方关于儿童的哲学的、宗教的、审美的、科学的多途径探索，试图理解关于儿童和童年的普遍性观念，解释儿童发展的普遍路径和儿童生活的特点，思考儿童发展和教育的基本问题。当我初次接触到西方社会建构范式童年研究的话语时，为其批判立场和"偏见"所震撼，甚至被一些关于儿童发展观批判中的激进话语所震惊！我深刻地体会到了库恩所谓的新范式是在与旧范式的强烈对抗和竞争中得以确立的事实。同时，我的理智兴趣也获得了充分的激发，产生了围绕新范式所批判的基本问题尝试进行一番辩理的冲动。这些兴趣和冲动完全基于学理上的辨析，但这并不意味着本书无视社会建构童年研究所产生的积极意义。社会建构范式对于拓展童年的概念空间、关注当下的童年危机、推进童年社会政策实践和改善儿童的生存处境的确产生了积极的影响。但是，本研究聚焦童年研究的学理分析，研究的核心任务是批判地考察西方社会建构范式童年研究，具体内容如下：

首先，从新范式的后现代语境入手，通过对理性批判、语言游戏、知识与权力等后现代理念的论述呈现"社会建构范式"的批判立场和话语方式，并以科学哲学领域社会建构思潮的辩证演化过程来例示"社会建构范式"的必经之路，从宏观的思想路径上为后续考察明确方向。

其次，从三个相继出现的途径呈现新童年研究范式的发展过程及其主要研究内容。一是历史研究：1960年，法国历史学家菲力浦·阿利埃斯首次提出"童年是一种社会建构"的理念并考察了现代童年观念的历史建构过程，拉开了童年社会建构的序幕。以阿利埃斯为代表的第一代历史研究者考察了童年形象及命运从灰暗走向光明的"变迁"过程。从80年代开始，Linda Pollock等人对第一代历史研究者所提出的"变迁"理论进行了批判，并考察了童年观念的"延续"，即跨时代的普遍性。自此，对阿利埃斯的批判就成为儿童史研究无法避免的话题。在批判"变迁"理论，论述"延续"理论的同时，历史研究发现了童年观念的"变迁"和"延续"是辩证统一的。近十余年的历史研究既考察宏观历史背景下童年的普遍性，也考察具体时空中童年的多样性。二是媒介文化研究：20世纪七八十年代，社会建构思潮成为强有力的方法论，加之电视以及其后的新媒介技术对社会生活产生的广泛影响，掀起了媒介文化研究的热潮。波兹曼是现代童年观念的拥护者，但是他也采用历史建构的方式，从信息传播媒介对人类生活方式的影响入手，分析了信息媒介在人类童年观念的发明以及童年消逝过程中所扮演的角色。但是他将童年界定在7—17岁之间，并认为现代以来所"发现"的童年正在被媒介文化所解构，哀叹童年正在"消逝"。罗杰斯夫妇凭借对技术的热情对童年进行了激进的解构，试图颠覆年龄在童年观念建构中的意义，消解儿童与成人之间的边界，大胆地建构了他们关于童年的"故事"。帕金翰作为一个温和的建构论者，他认为童年并没有"消逝"，但是他坚持认为童年是一种社会的建构，关注童年观念建构的社会文化机制，还着力批判了历史以来成人在建构童年观念中的霸权地位。从童年的"发现"到童年的"消逝"，说明不存在普遍的、固定不变的童年，童年是一种文化"发明"。总之，媒介文化背景下的童年研究关注以儿童掌握的信息、儿童拥有的能力以及儿童从事的活动等儿童生活事实，雄辩地解构现代的童年观念。三是社会研究：90年代作为社会学的分支学科而兴起的新童年社会学发展迅速。Jens Qvortrup通过"童年作为社会现象"的项目研究提出"童年是一种社会结构"（社会结构论）。他将儿童（children）视为社会的群体，相应地，童年被视为社会范畴。他从儿童当下的社会身份和地位出发来思考童年。Allison James 和 Alan Prout反对将童年视为一个不变的结构，认为童年是一种转换的社会的历史的建构（社会建构论），儿童是社会行动者，而不是处在成为社会行动者过程中的人。在William A. Corsaro那里一开始就体现了结构—建构（结构—行动）取向的整合，Qvortrup后来也认为结构与行动是孪生的概念。晚近的一些研究开始反思自然与文化、事实与价值两分的问题，提出新童年社会学应当回归逻辑起点。

最后，从学理层面讨论"社会建构范式"的困境：由于为了批判发展范式而仅从社会文化视角思考童年问题，为了批判普遍性理论而只关注儿童社会生活事实，新童年研究范式从一开始就跨入了自然与文化、事实与价值相分离的困境，离开了儿童生命的自然维度，以实然的描述替代了应然的追问，混淆了社会事实的建构和社会观念的建构，以经验思维取代理论思维，以社会实践目的替代认识目的。同时，由于研究视角的转换以及基于社会事实的讨论使得关键概念歧义丛生，本书对儿童与童年、儿童的"纯真"等关键概念进行了深入分析，并选取儿童生活故事的案例来呈现多重概念的和谐共存。本书最后重新回到社会建构范式的出发点，即其所批判的"童年的本质"这一根本问题，论述了什么是童年的本质以及怎样建构童年本质。本研究认为，童年的本质是童年区别于人生其他阶段的根本特质，是基于儿童生命形态对人类童年生活的一种理想的设定，是人类童年生活的价值规范形式，其价值依据是生命本身，是自然生命和精神生命的统一。认识童年的本质是童年哲学的基本任务，也是一项复杂的系统工程。儿童是一个复杂的生命系统，儿童研究涉及生物、心理、社会文化诸多方面，不同学科、不同研究视角理解儿童的切入点不同，面对的问题和解决问题的理论框架不同、思维方式不同，研究视角和相应的理论框架决定了其"取景"范围，形成相应的认识结果。因此，童年观念是多层次的复杂认识体系，童年研究需要广泛了解不同研究视角所形成的认识，比较不同童年观念的解释范围和彼此之间的联系，只有这样才能较为全面地理解儿童、理解童年。童年研究不能放弃对童年本质的追问，不能放弃哲学思维方式。童年研究还必须拥有多学科视野，以便深入思考儿童与童年研究的不同问题、不同研究视角以及各种研究视角之间的关系，超越"自然—文化""事实—价值"的分离状态。

这些研究探索首先可以从学理层面对社会建构童年研究范式进行较为深入的分析，理解社会文化视角童年研究的重要意义，同时也可以从西方社会应对全球性童年危机的相关举措中获得实践启示。但是，需要重申，本书的初衷是从学理层面分析社会建构范式的话语和立场，思考童年研究的根本问题。

第一章
社会建构与童年的社会建构

将考察童年的视角从人生命的自然维度转移到社会文化维度，从追求关于童年本质的普遍性认识到关注人类童年生活在具体时空背景下的差异，以及关注童年概念产生的社会文化机制，童年研究范式的这一转变与西方社会的社会思潮密切相关。

第一节　作为思想背景的后现代思潮

从20世纪五六十年代开始，受西方发达国家社会思想观念以及社会生活状况交互作用的影响，一种反映当代思想风格的后现代思潮诞生了。该思潮很快就在西方各学科领域产生了极具震撼力的影响，同时它的影响范围亦跨越西方世界，成为在世界范围内引发思想震荡的思想潮流，其强有力的影响持续了半个世纪。后现代思潮的核心思想是批判关于理性、普遍性、必然性等本质主义的传统，崇尚非理性、特殊性、偶然性、多元论与相对主义，怀疑发展和进步的概念，其根本目的在于否定和超越现代性。后现代思潮最初主要表现为思想领域的理论兴趣，随着这些思想观念与一系列社会现实及关键的社会事件相结合，到20世纪60年代末期表现出社会实践中的政治兴趣。

从80年代人们关注"什么是后现代主义"到走出"后现代主义幻象"①，以及今天人们回顾"后现代主义曾为何物"②，时态的改变说明人们对后现代思潮态度的变化，但这并不意味着其影响力的消失，事实上在不同的学科领域，后现代思潮产生的影响力以及时效性是不同的。

后现代思潮是由许多立场不同、观点各异的思想流派构成的思想混合体，不同流派之间存在思想性质的不同和观点的分歧。尽管后现代思潮的思想是多元的，但是，凡是以反理性、反本质主义、反传统形而上学姿态出现的思想，不管是温和的还是激进的，都可以被划拨到这个阵营之中。不同学科、不同研究者在利用后现代思潮的思想资源时都根据自己的需要有着灵活的选择。一般而言，法国后结构主义者的思想是最具有影响力的。本书基于西方童年社会建构的批判立场和话语方式，选取对其产生主要影响的、具有代表性的思想内容，涉及理性批判、语言游戏、知识与权力三个主要方面，从中可以发现后现代主义者是怎样批判理性并抛弃对真理的追求，以及他们这些思想背后的社会政治诉求。

一、理性批判

运用人类的理性认识世界并改造世界是主流的现代话语，其基本预设是人类的认识就是去接近认识对象、发现对象内在的客观规律。可见，在现代语境中，一方面关注人类认识受外在事物的制约，另一方面确认了理性认识外在事物的绝对优势。尼采指责这种专注于外在事物的理性痴迷是"没有人格，没有意志，对'爱'的无能"③的行为，他认为真正的真理不应该是那些用来约束人自身的知识体系，而应该是那些能够给人类生存

① 特里·伊格尔顿. 后现代主义幻象 [M]. 华明，译. 北京：商务印书馆，2002.

② 布赖恩·麦克黑尔. 后现代主义曾为何物 [J]. 胡全生，译. 上海交通大学学报（哲学社会科学版），2009（1）：78-88.

③ 尼采. 权力意志 [M]. 张念东，等译. 北京：商务印书馆，1991，229.

带来幸福和快乐的游戏，它纯属"自身的实践和自身的艺术"。他认为理性主义者虚构关于事物本质的理念世界，却忽略了人真实的生活世界、非理性的世界。与理性主义者探究普遍的真理相对，尼采认为不存在客观的真理，存在的只是解释，事实只是在某个特定视角下对事物的解释，真理则是能够增强权力意志的一种工具。波普尔对科学哲学中的实证原则提出了批判，认为人类理性由于自身的局限，不能通过经验实证的方法获得真理，只能通过经验否证的方法逐渐地排除错误，扩大真理的真实度。他十分注重直觉、灵感和顿悟在科学研究中的重要意义，认为一切科学理论离不开大胆的猜测。被称为"后现代美国哲学的另一个家长"的纳尔逊·古德曼在《构造世界的多种方式》一书中，呈现了社会建构的基本思想："世界是多元的而不是唯一本质的，世界是被构造而不是被发现的，世界的构造是通过使用符号构造适合的世界样式而实现的，哲学、艺术、科学都是我们构造世界的方式，它的目的都是推进我们的理解。没有一个世界样式被视为是唯一的真理，真理是相对的适合和可接受性。"[1] 一个科学家，"他所提出的定律与其说是他发现的，倒不如说是他颁布的；他所描绘出的样子与其说是他辨认出来的，不如说是他设计出来的"[2]。纳尔逊·古德曼也指出了"真理的麻烦"："真理不能根据与'那个世界'的符合而被定义和检验；因为，真理不仅会因为不同的世界而不同，而且，一个样式与一个不同于它的世界之间的符合性质，众所周知，也是含糊不清的。"[3] 他把真理理解为："当一个样式与坚定的信念以及它自身的规则不冲突时，我们就把它视为真的。"[4] 他同时指出了真理在科学话语和人文话语中不同的存在方式："在一篇科学论文中，字面上的真理最为重要；

---

① 纳尔逊·古德曼. 构造世界的多种方式 [M]. 姬志创，译. 上海：译文出版社，2008：译者序言2.
② 纳尔逊·古德曼. 构造世界的多种方式 [M]. 姬志创，译. 上海：译文出版社，2008：119.
③ 纳尔逊·古德曼. 构造世界的多种方式 [M]. 姬志创，译. 上海：译文出版社，2008：18.
④ 纳尔逊·古德曼. 构造世界的多种方式 [M]. 姬志创，译. 上海：译文出版社，2008：19.

但是在一首诗或者一篇小说中，隐喻性的或寓言性的真理则会更重要一点。"① 福柯以"圆形监狱"作为现代性的象征，说明科学理性霸权对人的思维与情感构成了极大的压制，它导致理性与身体、与实际的生活内容相脱离。他认为人的自由不取决于人的主体意识，而是来自人的躯体、人的生命意志、欲望和本能。福柯的真理观也需要给予特别关注。在福柯看来，真理是持有权力的集团通过自己的利益需要预设的一种意识形态，真理直接代表了政治、权力、意识形态。

总之，尼采及其同道者对理性的批判以及相应的真理观在后现代思潮中得到了广泛的继承和发扬，后现代主义者批判理性的绝对化、怀疑理性能够带来自由和进步的观念，认为理性将生活公式化，牺牲了生活的丰富性，也牺牲了生命的创造性。后结构主义者对理性与权力的勾结进行了深入的分析和批判。总之，后现代主义者关于理性的一致认识是："理性的历史为自己留下许多不光彩的印记，滋生了独裁和专制，压制了民主和自由，歪曲了已取得的成就，夸大了自己的适用范围，传播了浮泛过火的教条和原则，导致了虚假的观念和意识。"②

二、语言游戏

在维特根斯坦看来，语言不仅仅是用来认识和表达世界的手段，而且可能相反，我们的世界在语言之中。正如海德格尔所言，语言是存在的家。维特根斯坦早期是逻辑经验主义者，认为认识不能超越于经验之外。尽管他认为哲学研究逻辑，但他不是为了狭义的逻辑学研究。他认为哲学不是关于世界的终极真理的研究，而是关于陈述世界的方式，即语法的研究，研究语义关系、意义关系、概念关系等"准逻辑关系"。他所关注的"准逻辑关系"本身就基于经验的灵活性：语言、语词、语句的意义是由

---

① 纳尔逊·古德曼.构造世界的多种方式［M］.姬志创，译.上海：译文出版社，2008：19.

② 张之沧.后现代理念与社会［M］.南京：南京师范大学出版社，2005：6.

它们所对应的经验事实决定的，而真理就是命题和经验事实的一致，真理的标准在于经验的证实。他认为追求必然的普遍的真理是过去哲学家的幻觉，事实上所谓的永恒的知识或者说知识的确定性并不是关于事物的命题，它们之所以真是由于语言的设置方式，即人的概念方式。"哲学的目标不在于发现事实世界的真理，而在于揭示潜藏着的、对我们理解世界有重大意义的语法规则。这些语法规则的'目的'不是体现现实的规律，而是构建语言的自治性。"① 显然他通过放弃"世界"的方式来逃离西方哲学几千年来对"世界"的必然真理的追求。"从必然—普遍的世界真理降到任意的语法规则，可谓天壤之别。"②

与前期在逻辑命题和经验命题之间摇摆不定的表达不同，维特根斯坦后期的日常语言哲学则非常明确地专注于日常语言的使用，他认为一切语言实际上都是人类日常生活或社会行为的约定俗成，都是共同参与的游戏，而且是一种服从主观规定的规则游戏。这就意味着语言作为一种游戏，显然它只具有功利的、约定的和现象描述上的意义；一切语句和词都没有永恒的、一成不变的、本质上的以及普遍适用的含义。所谓语法，就是人们在语言游戏中所遵循的随意规则秩序。如"大米"一词，在普通人看来是食材，而在艺术家那里，则是用来进行艺术创作的材料，对于幼小儿童来说，可以是玩耍的材料。由此可见，他否定了人们寻找事物本质的价值，认为一切皆在语言游戏之中。他认为不应当去给事物下一个本质性的定义，而应当去举例和描述。"举例是解答一切问题和一切概念与定义的最好方法。"③ 他虽然拒绝去认识事物的本质，但是提出了"家族相似理论"，认为一些彼此相似的事物构成了"某一种"事物，这种事物由彼此相似的成员构成了一个家族，但是这种事物不需要概括其概念，只需要

---

① 陈嘉映.谈谈维特根斯坦的"哲学语法"［J］.世界哲学，2011（3）：5-24.
② 陈嘉映.谈谈维特根斯坦的"哲学语法"［J］.世界哲学，2011（3）：5-24.
③ 张之沧.后现代理念与社会［M］.南京：南京师范大学出版社，2005：44.

举例、描述和说明就可以了。

三、知识与权力

法国的后结构主义是后现代思潮中最有冲击力的潮流，德里达、利奥塔、福柯的思想产生了非常广泛的影响，被用作女权主义者、同性恋者、少数群体等社会边缘群体的思想武器，也催生了20世纪80年代末新童年社会学研究的兴起，并在今天发展为社会学的一个分支。这三个人的共同特点是对社会政治的关注和参与。利奥塔醉心于政治，有着很高的社会行动精神，积极参加工会活动，加入激进的社会团体，参加过1968年5月风暴。[①] 福柯在1968年的造反风潮中略有涉足，但他的思想因这一时期社会动荡而产生了巨大的变化。此后福柯的作品便具有一种更明确的政治倾向，有关权力的问题逐步成为其思想的核心。而且，从70年代早期到1984年去世，他已经成为一名真正的政治人物。他参与了群众性抗议示威活动，撰写请愿书和向议会呈送报告，发表政治言论，并且凭借自己的名声为各类正义事业奔走于国内外。[②] 德里达在20世纪80年代以后也转向政治伦理方面，他还直接参与了一些政治事件。[③]

受战争的影响，第二次世界大战后人们对彰显个人的存在主义哲学进行了反思，这一时期产生的结构主义思潮把目光投向充满偶然和变化的个人之外的社会秩序和文化的深层结构，后结构主义继承了这一点，认为"自治而理性的自我被话语结构或语言结构所取代，并依次作为社会结构之首要逻辑。后结构主义者强调语言在形成个人主观性及社会制度方面所

① 史蒂文·赛德曼. 有争议的知识——后现代时代的社会理论 [M]. 刘北成，译. 北京：中国人民大学出版社，2002：144.

② 史蒂文·赛德曼. 有争议的知识——后现代时代的社会理论 [M]. 刘北成，译. 北京：中国人民大学出版社，2002：149.

③ 维基百科http://zh.wikipedia. 21/8/2011.

起的作用"①。

后结构主义代表人物德里达以男人/女人这对二项对立关系为例，指出这种关系看似一成不变，但实际上在不同民族、阶层、种族、年龄等变量参与后，男人/女人的关系和意义是不同的。也就是说，"符号的意义存在于各种关系中，符号的意义是不稳定的、多义的、变化不定的。……符号的意义因具有社会政治意涵而多有争议"②。的确，如同他的理论所言，正是由于他是从自己政治伦理的视角出发打量符号的，所以他的理论是关乎语言和意义的政治。他认为："只要有人把某种语言或社会秩序说成是固定不变的，或把意义说成是毫不含糊、一成不变的，那么，与其说是在揭示真理，不如说这是一种显示权力的行为，即某一社会团体借助冻结语言文化意义而将其自身意愿强加于人的能力。"③后结构主义所运用的语言和政治颠覆策略被称作"解构"，"它的要义是面向社会，面向世界，解构就是公正。公正高于法律，人可以解构法律，不能解构公正。……'解构'并不是一个否定性的贬义词，解构就是把现成的、既定的结构解开，就是质疑、分析和批判，它和历史上的批判传统是一脉相承的"④。

德里达思想背后深层的社会政治动机是摧毁文化和社会中的等级体系，消除各种形式的压迫和控制，这一点在利奥塔的思想中得到进一步发展，他在《后现代状态》一书中的后现代知识观产生了极其广泛的影响。他抛弃对知识基础、客观性、确定性及普遍真理的探求，以多元、互相冲突的话语生成为特征的后现代知识观取代现代的宏大理论。利奥塔将后现

---

① 史蒂文·赛德曼. 有争议的知识——后现代时代的社会理论［M］. 刘北成，译. 北京：中国人民大学出版社，2002：142.

② 史蒂文·赛德曼. 有争议的知识——后现代时代的社会理论［M］. 刘北成，译. 北京：中国人民大学出版社，2002：142.

③ 史蒂文·赛德曼. 有争议的知识—— 后现代时代的社会理论［M］. 刘北成，译. 北京：中国人民大学出版社，2002：142.

④ 陆扬. 本体论·中西文化·解构——德里达在上海. http://www.culstudies.com/plus/view.php?aid=1231，文化研究网 2003-7-17.

代科学与一种民主多元的社会理想联系在一起，他同样认为："对系统秩序的追求之所以不招人喜欢，是因为普遍理论制造了等级关系，这就使相异的社会类群总处于边缘和受压迫的地位。"①

在后结构主义思潮中福柯无疑是极具影响力的。福柯早期的思想尚未摆脱结构主义的影响，他的知识考古学是一种对知识的社会历史理解，他运用考古学的分析方法，对人文科学知识进行了探讨，认为人文科学知识受制于"话语构成"，他将知识界定为一种话语实践，话语实践依赖于社会制度。考古发现就是分析知识是如何受制于话语规则的。知识考古学的关键概念是非连续性，主要是研究差异的产生。例如，对儿童观念进行考古学的考察，重在考察不同时期有着怎样不同的儿童观，其特殊性是什么，它为什么在这个时期的这种文化背景下产生，这一儿童观念与其他的话语有何联系，有史以来各种话语在儿童观念的形成过程中起什么作用，也就是考察不同类型的儿童观念是怎样产生的，又是如何起作用的。

与知识考古学关注知识的话语条件不同，福柯晚期的谱系学主要关注权力运作与话语的产生。受尼采的影响，他从身体的视角来审视一系列话语是如何被权力（欲望的主体）所建构并传播的，他完全放弃了对客观知识以及事物本质的追求。他的兴趣在于揭示一些被界定出来并被视为自然而然的支配性话语背后的特定社会团体的利益与权力关系，他的谱系学就是要破坏和颠覆这些支配性话语的"标准化"统治。他向人们阐明这些支配性话语是如何将个人建构为具有特定的社会特性的人，从而塑造了特定的社会生活。这些具有公共权威的支配性话语约束并规范着人们的肉体、欲望、自我，而且人类历史始终是拥有支配性话语权者的历史，而另一些群体处于话语的边缘，或者有一些群体无法进入话语体系。谱系学就是发现边缘群体或者被遗忘群体，发出他们的声音。不难看出，女权主义运动、

---

① 史蒂文·赛德曼. 有争议的知识——后现代时代的社会理论［M］. 刘北成，译. 北京：中国人民大学出版社，2002：142.

同性恋抗争、儿童权利保护等一系列社会运动都与福柯的谱系学密切相关。

在后结构主义者看来，人类追求普遍性和同一性的知识带来的政治代价就是社会压制，普遍性的认识制造了权力中心，同时也制造出了边缘群体。追求真理的过程必然是一系列权力关系的角逐。后结构主义的批判既是理论意义上的，也是实践意义上的。可以说，后结构主义者在学术领域坚定地举起了反传统知识观、真理观的大旗，在社会政治生活中吹响了社会边缘人群对集权强权进行全面反叛的号角。无论是就解放人类认识欲望，还是就为边缘群体赋权进行斗争而言，都具有积极的思想价值、社会价值、人类价值。因此，"整个20世纪后半期，人文学科终于在后结构主义这块无边而且无底的地盘上，展开了随心所欲的思想游戏。……后结构主义不仅只是某种知识体系，它同时是充满活力和变数的思想库和工具库"①。

然而，后结构主义者无论在社会批判还是知识观批判中都缺乏建设的立足点。就社会批判而言，"解构"策略解开了传统的结构并进行了质疑、分析和批判，还试图瓦解已有的话语体系和权力结构。但遗憾的是，"德里达从未澄清过指导其解构方案的社会和道德立场……德里达似乎指向停留在一种模糊的希望之中，即希望解构性批评能够多少为表达人们生活开拓更为广阔的社会空间"②。利奥塔表达了民主多元的社会理想，但是民主多元的社会必然要建立在既尊重差异又能达成共识的基础之上。福柯的谱系学企图打破社会传统与规范，但是却没有提供一套有关社会重建的积极议程，它缺乏某种理想社会的观念。人类社会的发展历史同样告诉人们，建设需要共识，需要大理论，也就是说，提出社会重建方案的前提之一可能仍是统一的理论和民众的共识。但是他们努力让一切深受权力压制的人获得话语权是值

---

① 马驰. 区分两种不同的后现代主义——本·阿格文化研究给我们的启迪 [J]. 上海大学学报（社会科学版），2011（3）：36-46.

② 史蒂文·赛德曼. 有争议的知识——后现代时代的社会理论 [M]. 刘北成，译. 北京：中国人民大学出版社，2002：144.

得肯定的。就知识观或者说真理观的批判而言，存在一些很严肃的问题，史蒂文·赛德曼作为福柯主义者，对这些问题进行了概括："如果在制造概念范畴和解释时根本没有什么客观、普遍的立足点，如果所有的立足点都是偏颇和有视角的，那么知识和社会批判如何成为可能？如果所有的基础都反映特定社会利益的和价值的变动不居的组合，所有关于真理的宣传不都是相对的和缺乏可信度的吗？"①一些学者认为后结构主义者描绘的文化前景令人担心："只有永恒的不确定性、模糊性、地方性冲突、变动破碎的身份，并失去了一种道德和社会的中心。"②史蒂文·赛德曼对这些问题乐观地回应道："缺乏固定的中心和确定性反而使知识和社会实践有了新的可能性。我相信，在解决差异时没有中立者，我们必须努力通过一件件具体的事情来协商身份、规范，来达到共同理解；这种务实的知识观，将会促进利益多元主义和民主制度。"③可见，后结构主义者试图以社会实践立场替代认识论立场，这一转变为许多学科领域的关键概念的内涵变化打下了基础，它以人类关于社会经验事实的认识替代了传统形而上学关于事物的普遍性的推论，混淆了经验与逻辑的界限，以实然的描述替代了应然的追问，从而改变了传统概念的基本内涵和外延，为概念歧义创造了语境条件。深受后结构主义影响的童年的社会建构对传统发展主义（本质主义）的童年研究批判的论题不同一就表现在这一点上。

四、对后现代思潮的评价

后现代思潮试图将人们从传统的理性迷思和现代科学神话中解放出

①史蒂文·赛德曼. 有争议的知识——后现代时代的社会理论［M］. 刘北成，译. 北京：中国人民大学出版社，2002：192.

②史蒂文·赛德曼. 有争议的知识——后现代时代的社会理论［M］. 刘北成，译. 北京：中国人民大学出版社，2002：192.

③史蒂文·赛德曼. 有争议的知识——后现代时代的社会理论［M］. 刘北成，译. 北京：中国人民大学出版社，2002：192.

来，它告诉人们，即便是科学知识，也是人们"构造"出来的，而且这种构造与胡塞尔现象学语境中的意识构造不同，是指知识的社会建构过程。"作为我们（无论是日常生活中的普通认知者还是科学研究过程中的研究人员）感觉、意识、言说对象的那些'事物'并非是纯粹'自然'的或'给定'的，相反，所有作为我们感觉、意识和言说对象的东西以及我们的感觉、意识和言说本身都只是一种'符号/话语/文本性'的'实在'，都是由我们所采用的语言符号（及相应的话语/文本/理论）建构起来的。"① 可见，后现代主义者主要是从人类社会建构的角度理解世界的。"后现代主义与其说是一套认识论和推理原理，还不如说是一种社会文化理论（Ben Agger，1992）。"② 与现代主义者追求人类认识探究自然规律、发现真理的基本认识论立场完全不同，后现代主义者认为真理并不是外在于人类认识之外的有待发现的东西，它本身就是人类的创造物，而且这些创造物是一些人从某种动机出发，通过某种权力话语"人为地编造出来的一系列游戏规则和符号系统"，那种认为存在普遍真理并通过理性探究来发现真理的想法是现代性的迷思。后现代主义者的全部工作就是批判和解构现代语境中关于人类认识活动以及人类生活的基本假设，意欲突破人类理性所构建的各种界限，"通过实践智慧、游戏真理和肉身体验，让传统的知识论、真理观、权力论在其独断、抽象和纯粹符号意义上被超越、被否定和被批判"③。

当学术界开始讨论"如何走出后现代""后现代主义曾经是什么"这些问题时，曾经对后现代主义持追随或批判态度的人们，基本上都能够更为冷静、公允地看待这一思想潮流。然而，最初的思想冲突是激烈的，而且这种激烈的冲突很难说是思想智慧的交锋，更像是一种认识本能上的

---

① 谢立中.走向多元话语分析：后现代思潮的社会学意涵［M］.北京：中国人民大学出版社，2009：12.

② 马驰.区分两种不同的后现代主义——本·阿格文化研究给我们的启迪［J］.上海大学学报（社会科学版），2011（3）：36-46.

③ 张之沧.后现代理念与社会［M］.南京：南京师范大学出版社，2005：导论3.

应激反应。J. 奥尼尔在其《后现代主义的贫困》一书中将后现代主义视为一种"精神错乱",一种"巨大的无意义的虚空",一种"心智死寂之时"。① 后现代主义也被视为"拙劣模仿'传统哲学',带有一种虚假的原创性姿态;后现代主义的许多论证带有缺陷,因为它在多数情况下没有注意基本的区分;后现代主义带有自我否定性"②。伊格尔顿在《后现代主义的幻象》一书中这样反问道:"本质主义的比较无伤大雅的形式是这样一个信念,即认为事物是由某种属性构成的,其中某些属性实际上是它们的基本构成,以至于如果把它们去除或者加以改变的话,这些事物就会变成某种其他东西,或者就什么也不是。如此说来,本质主义的信念是平凡无奇,不证自明地是正确的,很难看出为什么有人要否定它。"③ 但他同时也说,后现代的反本质主义也有道理。"的确存在简约地、虚假地、永恒化地、粗暴地、均质化地使用本质概念的情况……在那里本质主义意味着某种类似'把一种永恒的性质或者类型加以物体化'的事情,并且成为父权主义、种族主义和帝国主义者武库中的一件强大的武器……"④ 实际上,很多对后现代主义持保留态度甚至觉得没必要深入理会而任其自生自灭的人,都会对其或多或少地做出一些肯定的评价。对后现代主义持温和拒斥态度的人,如Z. 鲍曼和G. 瑞泽尔等人,尽管他们也认为后现代主义思潮从总体上看是不可接受的东西,无须也不应该接受作为一种新的社会研究程序和方法的"后现代主义",但是他们也都承认后现代主义思潮并不是像一些人说的那样一无是处,而且包含着许多"对社会学理论非常有用的"观点(瑞泽尔),可以用来补充和修正传统社会学研究模式的"真知灼见"。我国学者谢立中认为,后现代思潮所蕴含的,其实是一种与人

021

① J. O'Neill. *The Poverty of Postmodernism*. London: Routledg, 1995: 197. 转引自谢立中. 走向多元话语分析: 后现代思潮的社会学意涵 [M]. 北京: 中国人民大学出版社, 2009: 27.

② Randall Curren. 教育哲学指南 [M]. 彭正梅, 等译. 上海: 华东师大出版社, 2011: 279.

③ 特里·伊格尔顿. 后现代主义的幻象 [M]. 华明, 译. 北京: 商务印书馆, 2002: 112.

④ 特里·伊格尔顿. 后现代主义的幻象 [M]. 华明, 译. 北京: 商务印书馆, 2002: 119.

们通常所熟悉的那些现代主义社会学研究模式很不相同的全新的社会分析模式。这种社会分析模式是一种建立在多元主义的话语建构论立场之上，以"多元话语分析"为基本特征的研究模式（"把话语既当作主题又当作社会学分析的手段"）。还有人就后现代思潮的人文情怀做出了积极的评价。哈贝马斯认为："与经典哲学相比，后现代哲学更贴近现实和生活世界，更关心生活质量、人权、生态、个人发展以及参与社会决策的公平机会，力图消除社会冲突，维护社会秩序，构建和谐人类。"[①] 学者张之沧认为，后现代思潮"表面上看似乎是逆历史潮流而动，实质上恰如一切事物只有在显示其本性时，才是最美和最真实的一样，各种引领时代趋向和为僵硬的社会输送新鲜血液及生命活力的后现代思潮和理念，无疑也是人性的自然表现和思维的自由创造。它对陈旧腐朽的传统的批判，对独裁专制的权威的否定，对权力游戏、虚假意识、标准化和绝对真理的憎恶，对平庸和停滞的反感，对生命的关爱，对身体的颂扬，对发明创造和更新换代的无限好奇，对自由、洒脱、开放、冒险和刺激性生活的酷爱，对自然美、生命美和本真性的热烈追求，对疯狂、奇异、独特个性和最强欲望的极度兴趣，对'成问题化''善于犯错误''维护自身''生活智慧'和'内心体验'的偏爱，如此等等，我们都不可等闲视之，必须从辩证法的高度予以充分理解"[②]。

尽管后现代主义只是一味地批判和解构现代性的基本假设和前提，对于后现代文化并未勾勒出一幅令人满意的蓝图，但是，后现代思潮引领一些具有冒险精神的开拓者开辟了新的学术领地，特别是在文化与社会研究领域。同时，在唤醒和解放人类自我意识、平等意识、批判权威意识方面，后现代思潮无疑做出了巨大的贡献。从20世纪90年代以后，后现代主义由于自身的缺陷和谬误，逐渐走向分化和衰落，但是，它对诸多学科以

---

① 张之沧. 后现代理念与社会［M］. 南京：南京师范大学出版社，2005：导论4.
② 张之沧. 后现代理念与社会［M］. 南京：南京师范大学出版社，2005：导论10.

及社会实践领域颠覆性的影响却会以不可估量的状态绵延下去，正如后现代本身是历史的产物，同样历史也会辩证地走出这段时期。①

第二节　后现代语境中的社会建构

考察后现代语境中童年的社会建构，首先需要在后现代语境中考察"社会建构"及其相应的社会建构主义思潮。在科学哲学领域，"社会建构"这一术语经历了辩证演化的过程，而这一过程也在童年研究领域以同样的步骤得以展开，童年的社会建构正是社会建构思想在童年研究领域的具体运用。

023

一、社会建构主义的辩证演化

尽管"社会建构"（social construction）这一术语具有深远的传统，但是，作为非常具有震撼力的方法论并对自然科学以及人文社会科学诸领域产生深刻影响，则是与后现代思潮相伴而兴起的。它批判地扩展了传统认识论的认识视野，从社会文化维度考察知识的生产过程，认为知识的生产是一个社会的过程，强调社会关系对知识生产的影响。这一术语所承载的思想方式自20世纪70年代以来发展为社会建构主义思潮。由于社会建构主义思潮诞生于后现代语境中，所以"社会建构"这一术语一经诞生就被自由使用，由此导致了该术语的滥用以及歧义丛生。正如瑟乔·西斯蒙多(Sergio Sismondo)所言："'社会建构'这个术语探求的答案并不是简单明了的，因为'社会建构'和'建构'在不同的作者中有不同的意义，甚至

---

① 参考罗文东. 当代西方后现代主义文化辨析 [J]. 江汉论坛，2009（4）：126-130.

在同一部著作中也关注不同种类的对象。"① 这个术语既被用作对知识进行发生学的考察，即考察知识的产生机制，也被用作探究关于某种事实的建构。Kitzinger（1987）对社会建构的作为做了五点描述：解构理性主义的接受知识观；解构社会科学自身的神秘性；认识并欣赏社会科学理论自身的弹性；提供关于世界的激进的不同的定义，以让人震惊、惊吓、生气或惊讶的方式集中批判理所当然的意识；致力于对公开的、明确的道德和政治价值进行选择性建构，而不是将它们视为价值自由。② Robert Audi主编的《剑桥哲学辞典》（第二版）中，对社会建构主义做了这样的描述："社会建构主义虽然观点各异，但是都主张某些领域的知识是社会实践和制度的产物，或者是相关的社会群体互动和协商的结果。温和的观点认为社会要素塑造了关于世界的解释。激进的观点则认为，世界或它的某些重要部分，在某种程度上是理论、实践和制度构成的。社会建构主义思想的持有者通过坚持我们只有通过解释世界的方式接近世界而时常游走在温和与激进的观点之间。"③

由于后现代思潮首先抨击的是关于理性与真理的迷思，因此，关于科学知识如何产生的科学哲学领域是后现代批判的重地，社会建构主义在科学哲学领域产生的影响最具冲击力，并诞生了科学知识社会学（Sociology of Scientific Knowledge，简称SSK），梳理科学哲学领域社会建构主义思潮的发展能够呈现出较为清晰的脉络。

（一）科学知识社会学的强纲领

20世纪70年代初，SSK爱丁堡学派的代表人物D.布鲁尔（David

---

① 安维复，梁立新. 究竟什么是"社会建构"——伊恩·哈金论社会建构主义 [J]. 吉林大学社会科学学报，2008（6）：74-78.

② 转引自Rex Stainton Rogers, Wendy Stainton Rogers. *Stories of Childhood: Shifting Agendas of Child Concern*. New York: Harvester Wheatsheaf, 1992, 11.

③ Robert Audi. *The Cambridge Dictionary of Philosophy*. Cambridge University Press，1999：855. "社会建构主义"一词的英文表达为social constructivism或 social constructionism.

Bloor）发表了其代表作《知识与社会意象》一书，提出了被称之为科学知识社会学"强纲领"的四个基本信条：（1）因果性：它应当是表达因果关系的，也就是说，它应当涉及那些导致信念或者各种知识状态的条件。当然，除了社会原因外，还会存在其他的、将与社会原因共同导致信念的原因类型。（2）公正性：它应当对真理和谬误、合理性或者非合理性、成功或者失败，保持客观公正的态度。这些二分状态的两个方面都需要加以说明。（3）对称性：就它的说明风格而言，它应当具有对称性。比如说，同一些原因类型应当既可以说明真实的信念，也可以说明虚假的信念。（4）自反性：从原则上说，它的各种说明模式必须能够运用到社会学本身。和有关对称性的要求一样，这种条件也是对人们寻求一般性说明的要求的反映。[①] 布鲁尔试图通过社会学分析寻找科学知识的产生机制。他说："存在于知识'之外'的东西，比知识更加伟大的东西，使知识得以存在的东西，就是社会本身。"[②] "强纲领"的"因果性"首先强调要分析影响科学信念产生的条件，用社会原因以及其他可能存在的原因来说明科学信念的形成，说明科学信念与科学共同体社会利益之间的因果关系。科学知识并不是人类对自然进行客观的科学探索的认识结果，而是科学共同体内部成员之间围绕利益关系谈判和妥协的结果。布鲁尔似乎忽略了自然在科学知识生产过程中的作用或者对其存而不论，被科学探究的事物本身似乎与关于事物的知识没有什么关系。"公正性"意在说明所有科学探究的认识结果都应被平等公正地对待，科学信念是平等的，不存在正确信念与错误信念之间的优劣之分。"对称性"进一步说明公平对待每一种科学信念，无论是正确的信念，还是错误的信念，需要对其产生原因进行平等的社会学分析。"自反性"就是运用自己的理论进行自我反思和追

---

① 大卫·布鲁尔. 知识和社会意象［M］. 艾彦，译. 北京：东方出版社，2001：7-8.

② 大卫·布鲁尔. 知识和社会意象［M］. 艾彦，译. 北京：东方出版社，2001：127.

问。为了了解科学知识的社会建构过程，布鲁尔采用人类学的田野考察方法，研究科学家的实验室生活，以便发现科学知识是怎样被科学家团体建构出来的。SSK巴黎学派代表人物B.拉图尔（Bruno Latour）也以同样的假设并使用同样的方法完成了其代表作《实验室生活——科学事实的社会建构》。SSK巴斯学派的主要代表人物哈里·柯林斯（Harry Collins）也曾通过科学实验和科学争论的微观研究指出："在科学知识的建构中，自然世界只是起很小的作用甚至是不起作用……我的规则是，要将社会世界作为真实的和某种我们可拥有充分事实的东西来处理，而把自然界看成是或然性的——看成一种社会建构而不是某种真实的东西。"[①]

SSK无疑深受库恩的影响并放大了库恩的思想（当然思想源泉还可以追溯到康德、休谟等人）。库恩认为："科学尽管是由个人进行的，科学知识本质上却是群体的产物，如果不考虑创造这种知识的群体的特征，那就无法理解科学知识的特有效能，也无法理解它的发展方式。"[②] 的确，科学知识的生产过程是一个社会过程，具有社会建构性、情境相关性，但是，这是否意味着可以将科学知识与科学知识的生产过程等同起来？是否可以放弃了科学知识本身而只关注科学知识的生产过程？SSK需要对自身进行追问，并反思是否可以仅仅用影响科学知识形成的外部力量来说明科学知识本身。

（二）后科学知识社会学对"强纲领"的批判

与传统的科学知识观关注事物本身的性质、追求关于事物的真理所不

---

① 转引自郑玮. 实践与文化的科学观——SSK、后SSK和后现代主义背景下科学哲学之发展 [D]. 东南大学博士论文，2009：13.

② T. S. Kuhn. *The Essential Tension: Selected Studies in Scientific Tradition and Change*. Chicago:Chicago University Press，1977. Preface XX. 转引自郑玮.实践与文化的科学观——SSK、后SSK和后现代主义背景下科学哲学之发展 [D]. 东南大学博士论文，2009：10.

同的是，SSK以科学活动过程作为研究的切入点，即希望通过对科学知识
的实际生产过程的社会学考察来揭示科学知识的性质，将科学知识完全视
为科学家团体的发明，而放弃了认识对象本身在知识生产过程中的作用，
强调知识的多元性、相对性。SSK的"强纲领"招致了广泛的批判，首先
招致批判的是其相对主义的认识论。库恩认为："强纲领（另外一个名称
为'相对主义——建构主义的方法'）已经被广泛地理解为一种观点，这
种观点认为权力与利益是所有的一切。自然自身，无论是什么样，在发
展人们的信念过程中仿佛没有任何意义。对证据的谈论，对证据推理的理
性，与关于这些推理有关的真理或可能性，现在已经被看作是胜利团体
掩盖其权力的修辞手法。科学的知识现在被看作只不过是胜利者的信念。
我是属于那些已经发现'强纲领'观点是荒谬的人之一，在他们那里，解
构已经走向疯狂。……但他们继续几乎都保持着对自然的这种角色的无
知。"① 此外，SSK如何能够依据"强纲领"来说明自身的合法性，它是否
如同自己所宣称的也是代表某个阶级或集团利益的产物？对SSK最为激进
的批判是"索卡尔事件"②，该事件引发了"科学大战"，出现了SSK与后
SSK的论战，给包括社会建构主义在内的后现代思潮带来了严重的冲击，

---

① 转引自郑玮. 实践与文化的科学观——SSK、后SSK和后现代主义背景下科学哲学之发展[D]. 东南大学
博士论文，2009：18. 但是，刘华杰（2010）对SSK相对主义的认识论进行了另外的理解：虽然SSK的认识论
只是哲学史中诸多相对主义认识论中的一个，但它的相对主义有一定的新意，这体现在它的"对手"是谁上。
人们都认为相对主义的对手当然就是理性主义，但SSK主要反对的是绝对主义。这一点很多人没有意识到。如
果这样来理解的话，SSK的相对主义除了认识论意义以外，还有超出认识论的一些人文、政治和道德方面的意
义，也就是说它意味着平权，认为科学与其他文化都处在同一个平面上，而不是说科学高高在上，科学对一切
事物都有绝对的解释权威。

② 由于对SSK流派观点的不认同，纽约大学的量子物理学家艾伦·索卡尔采用了一种极端的批判方式：
他向著名的文化研究杂志《社会文本》递交了一篇文章，标题是"超越界线：走向量子引力的超形式的解释
学"。在这篇文章中，他故意制造了一些常识性的科学错误，目的是检验《社会文本》编辑们在学术上的诚实
性。结果是五位主编都没有发现这些错误，也没有能识别索卡尔在编辑们所信奉的后现代主义与当代科学之间
有意捏造的"联系"，经主编们一致通过后文章被发表。他随即将此事件在1996年5月18日美国《纽约时报》头
版刊登了一条新闻说明了真相，引起了知识界的一场轰动。

引发社会建构主义阵营发生"更多转向"①。在该事件之后，D. 布鲁尔依然坚持自己的立场，B. 拉图尔则转变了立场，从SSK走向后SSK阵营，并同D. 布鲁尔就"对称性原则"展开了争论。拉图尔指出"强纲领"的对称性原则实际上是不对称的，如果说在实证主义者那里，自然是一切知识和现象背后的最终依据，这是一种"自然实在论"，那么，布鲁尔的对称性原则实质上是用社会（包括关于自然的信念）来解释一切，从而就是一种"社会实在论"。为了避免"单向度的科学"，拉图尔提出了自己的"广义对称性原则"："我们的广义对称性原则不在于自然实在论和社会实在论之间的替换，而是把自然和社会作为孪生的结果，当我们对两者中的一方更感兴趣时，另一方就成了背景。"②

拉图尔为了反映自己关于SSK社会建构主义立场的改变，当《实验室生活——科学事实的社会建构》一书在1986年第二次出版之时，他特意将该书1979年初版时的书名副标题中的"社会"一词删除，变成《实验室生活——科学事实的建构过程》。他说："既然我们在第一章里已明确否弃'社会因素'，所以显而易见，我们继续使用这个词，就很尴尬了。这样，谈论'社会'建构有什么意思呢？不必羞于承认，这个词不再有什么意义。……在一切场合，'社会的'主要是一个对抗性的词、一种二元对立的一部分。"③

为了贯彻广义对称性原则，拉图尔转向了对科学实践的研究，他与迈克尔·卡龙（M. Callon）合作提出了科学研究的"行动者网络理论（Actor-network-theory）"④，旨在消解自然与社会的二元对立，把自然

① 安维复. 社会建构主义的"更多转向"［M］.北京：中国社会科学出版社，2008.

② 转引自郑玮. 实践与文化的科学观——SSK、后SSK和后现代主义背景下科学哲学之发展［D］.东南大学博士论文，2009：22.

③ 转引自周昌忠. 后现代科学知识论［J］.哲学研究，2002（7）：61—67.

④ 我国学界把Actor-network-theory译为"行动者网络理论""角色网络理论"或"操作子网络理论"等。但是安维复认为，这种翻译没有充分体现这个词强调建构活动的思想性质，因而没有看到Actor-network-theory中的work这个词素的动态意义。这个忽略几乎改变了Actor-network-theory这个词的精神实质。因此，他将该词译为"角色建构网络理论"。本书为了与国内童年研究领域相关介绍在术语上保持一致，继续使用"行动者网络理论"的译法，但的确应当从作为积极的社会角色的行动者的意义上来理解。

与社会视为具有同等地位、同等力量的行动者，共同参与了科学理论的建构，希望能够同时实现对于SSK与传统科学哲学的超越与整合，他们的理论被称为"混合本体论"。在人类力量与非人类力量的领域中，各种力量相互作用，不断地生成、转换，循环往复。拉图尔认为："本质是具有情景性和历史依赖的，是由行动者的存在所决定的。"① 因此，自然和文化不可能单向地决定本质。所以，不能将科学知识的本质武断地划归到自然或社会文化一边，而只能在追随人与自然的实践关系网络中历史性地考察本质。当然，"混合本体论并不是认为自然与社会之间毫无差别，而是在承认差别的基础上，考察自然与社会交界地带发生了什么"②。拉图尔以"拟客体"来指称自然和社会文化的综合产物，他意在将科学知识的本质放置在人与自然的社会实践关系中来考察。

（三）社会建构的辩证法

经过70年代科学知识社会学的"强纲领"，到90年代"科学大战"中后SSK对"强纲领"的批判之后，在后现代主义退潮的过程中，社会建构主义思想内部也发生了新的变化，出现了在对立统一中谋求辩证发展的新思潮，认为："社会建构主义已经成为消解后现代主义的哲学探索之一，正如R. Pettman所说，'建构主义是社会科学家阻止后现代主义潮流的理念，而共建就是建构主义达到这一目的的方法'。"③ 可见，"当现代主义和后现代主义的对立走向极限的时候，特别是后现代主义走向相对主义极端的时候，一种新型的辩证法就会应运而生"④。因此，社会建构主义或许可以理解为"共建知识的辩证法"。从后现代思潮强有力的方法论发展

① 刘鹏，蔡仲. 从"认识论的鸡"之争看社会建构主义研究进路的分野 [J]. 自然辩证法通讯，2004（4）：44-49.

② 刘鹏，蔡仲. 从"认识论的鸡"之争看社会建构主义研究进路的分野 [J]. 自然辩证法通讯，2004（4）：44-49.

③ 安维复. 库克拉论社会建构主义 [J]. 自然辩证法通讯，2003（6）：43-47.

④ 安维复. 社会建构主义：后现代知识论的"终结" [J]. 哲学研究，2005（9）：60-67.

成为"终结"后现代思潮的思想方式，社会建构主义的含义发生了颠覆性的变化。

究竟应当如何理解社会建构主义作为"共建知识的辩证法"？学者安维复指出："国内外学界把社会建构主义理解为后现代语境的新康德主义、方法论的相对主义或'修辞学转向'，这是对社会建构主义的误解，其实质是把社会建构主义中的某些极端诉求或个别思想家在特定语境中的过激言论，当作社会建构主义的理论实质。这些议论或许都抓住了社会建构主义的某些思想倾向，但并没有把握社会建构主义的思想实质。"① 他认为，尽管社会建构主义思想纷纭，但其理论实质或基本思想是"对知识进行发生学的研究，即从社会生产过程的角度研究知识。……社会建构主义是一种对知识的新的研究方式，一种关于知识是如何生产的哲学思想，这种思想提醒我们在知识的生产或建构过程中了解知识"②。也就是说"从知识的本质判断转向知识的发生过程，即从'知识是什么'的问题转向'知识是如何发生'的问题"③。

安维复认为，作为对后现代主义的超越，社会建构主义主要由三个基本命题所构成：从本质主义转向建构主义，强调知识的建构性；从个体主义转向群体主义，强调知识建构的社会性；从决定论转向互动论，强调知识"共建"的辩证性。④ 社会建构主义反对单向的决定论，强调社会建构过程中人与他的创造物之间相互依存、相互决定的辩证互属关系。安维复将"行动者网络理论"视为"共建知识的辩证法"的代表⑤，认为它克

---

① 安维复. 社会建构主义：后现代知识论的"终结"[J]. 哲学研究，2005（9）：60-67. 但是需要注意的是，实际上即便是温和的社会建构主义者，的确如同Robert Audi主编的《剑桥哲学辞典》中所描述的那样，时常游走在温和激进的观点之间，都或多或少表达一些激进的观点。

② 安维复. 社会建构主义：后现代知识论的"终结"[J]. 哲学研究，2005（9）：60-67.

③ 安维复. 社会建构主义：后现代知识论的"终结"[J]. 哲学研究，2005（9）：60-67.

④ 参考安维复. 社会建构主义：后现代知识论的"终结"[J]. 哲学研究，2005（9）：60-67；安维复. 社会建构主义评介[J]. 教学研究，2003（4）：63-67.

⑤ 尽管"角色建构网络理论"也被视为更彻底的相对主义。

服了"自然"与"社会"的两极化:"从基本范畴看,这种科学观用'自我—他者—事物'的合理重建来整合主客二分(或符合论)与主体间性(或共识论)之间的对峙;从知识谱系看,这种科学观用'个人知识'与'公共知识'的解释循环来超越'主观知识'与'客观知识'的对立;从学术策略看,这种科学观用'包容他者'或'正题—反题—合题'的发现模式来消解自我中心主义和'对称原则'的两难。社会建构主义既不同意主客二分原则或真理符合论,也不同意'强纲领'的主体间性原则或真理贯通论,而是将二者整合起来,提出了'自我—他人—事物'的基本范畴。"①

二、社会建构主义的表达形式

社会建构主义的思想经历了辩证演化的过程,鉴于"社会建构"这一术语的泛滥与歧义,伊恩·哈金(Ian Hacking)基于建构主义的共识,认为社会建构的工作是批判现状,反对必然。他分析论题(X)被建构的路径,给出了一种社会建构主义的普遍表达形式:

(1)X不需要存在,或者说X根本不需要如其所是。X作为如其现在所是的X,不是由事物的本质所决定,X并非是必然的。

(2)如其所是的X是很不好的。

(3)如果能够废除X,或至少从根本上使其转换,我们将会更好。②

论题(1)首先对X进行解构:X的存在或性质不是被它的本质所决定的。X并不是必然的。X是被社会事件、力量、历史等因素所形成或者被塑造,它可以有许多不同的形式。许多社会建构论题很快发展到(2)和(3),对X论题进行政治的、伦理的批判。但是,伊恩·哈金认为这是不必要的。因为他认为认识到某物在当前的事物状态中是不可避免的,并不能说明该事物就是坏的。但是,大多数具有社会建构观念的人试图狂热地

---

① 安维复.科学知识观的社会建构[J].华东师范大学学报(哲学社会科学版),2010(4):16-20.

② Hacking, Ian. *The Social Construction of What*? Cambridge: Harvard University Press, 1999, 6.

批判、改变乃至要摧毁在既定的秩序中他们所厌恶的一些X。[①] 为了进一步说明社会建构旨在批判现状、反对必然，伊恩·哈金又提出了作为社会建构前提条件的（0）命题：在当前的状态下，X被认为是当然的而且是必然的。[②] 他认为，提出（0）命题是因为，如果每个人都知道X是社会安置的偶然结果，那么我们再说X是社会建构就失去了意义。所以命题（0）不是一种关于X的假定或预设。没有命题（0），人们就不会倾向于谈及X的社会建构。也就是说，命题（0）是建构的起点和靶子。

基于以上表达式中所蕴含的社会批判和政治诉求，伊恩·哈金区分了六个层次的社会建构主义 [③]：依次为历史的、反语的、揭露的和改良的、反叛的、革命的建构主义。建构主义的最基本标准是认为X是历史的，他们呈现X的历史，认为X是在社会过程中被历史地建构的，X是历史事件的偶然生成而不是必然的，一个历史的建构主义者拒绝对X的好或坏做出评价。下一个层次的建构主义是对X的反语态度。X，我们认为是世界的不可改变的部分或我们已经形成的观念结构，可能是非常不同的。我们仍然坚持它，它成为我们思维方式的一部分，它将依自己的方式发展，但对于它的发展我们现在是无能为力的。对X的反语就是承认X是高度偶然的，是社会历史和各种力量的产物。第三个层次的建构主义非常重视原则（2）：X是相当坏的。尽管我们不能说没有X我们会过得更好，但我们已经看到X并不是不可改变的，为了减轻X作为坏事的程度，我们至少能够改进它的某些方面。这就是改良的建构主义。像其他类型的建构主义一样，关于X的改良的建构主义是以原则（0）为出发点的。我们戳穿一个观念的虚假形式，不是为了破坏这个观念，而是为了使这个概念从虚假的诉求和权威中解放出来，这就是揭露的建构主义。一个改良的建构主义者

① Hacking, Ian. *The Social Construction of What?* Cambridge: Harvard University Press, 1999, 7.

② Hacking, Ian. *The Social Construction of What?* Cambridge: Harvard University Press, 1999, 12.

③ Hacking, Ian. *The Social Construction of What?* Cambridge: Harvard University Press, 1999, 19-20.

也许是一个揭露性的建构主义者，也许不是，反之亦然。揭露的建构主义者与改良的建构主义者是两种类型。揭露性的建构主义者，至少在曼海姆（Mannheim）的意义上，不仅坚信（1）X不是不可改变的，而且也坚信X是个坏东西，也许还认为（3）舍弃X我们会过得更好。揭露本身就是一种理智实践。如果一个建构主义者同时坚持关于X的（1）（2）和（3），这个建构主义者就可以称之为关于X的反叛的建构主义者。对于X而言，如果这个建构主义者超出了观念世界，试图改变这个世界，那么这个建构主义者就是革命性的建构主义者。

伊恩·哈金通过细致的分析，呈现了"社会建构"的批判立场和批判层次。社会建构主义的工作就是社会批判，从历史追溯、反语、揭露、改良、反叛、革命这一系列不同程度的思想批判乃至社会行动，旨在削弱话语及其话语者的权威，解放受压迫者。正如伊恩·哈金所说："'建构'的一个引人注目的意义就是它同激进的政治态度相联系，从意义含混的批驳和愤怒的揭露，直到改革、反抗和革命。对这个术语的使用往往预示着站在什么立场上。"[1]伊恩·哈金以女性问题为例，揭示了女性的"社会建构"命题中所包含的批判、揭露和革命的社会态度。[2]波伏瓦在其《第二性》中提出了解构传统性别角色观念的著名命题："一个人并非生来就是女人，而是后天变成的。"这一命题的提出是基于对女性的社会境遇的不满，随即女性主义者开始批判传统的关于女性角色特征的建构是男性为了自己的利益而将这些特征强加于女人的，这些特征是一种虚假的意识形态。女性主义者谢曼（Naomi Scheman）将揭露这些目的、意识形态作为自己的任务。而巴特勒（Judith Butler）的态度更为反叛，她坚持认为个体的性别是由他们的实践所决定的，对于个人而言，个人的身体是他的生活的一部分。一个人如何生活决定了他拥有什么样的性别。

---

① Hacking, Ian. *The Social Construction of What?* Cambridge: Harvard University Press, 1999, 35.

② Hacking, Ian. *The Social Construction of What?* Cambridge: Harvard University Press, 1999, 8.

维蒂格（Monique Wittig）则是一种革命性的建构主义，她认为全部的性与性别范畴都应该抛弃，需要采取革命性的行动来颠覆不合理的性别制度安排。

三、对社会建构主义的评价

后现代语境中的社会建构主义在20世纪80年代一度成为社会科学研究的一种重要的方法论取向，然而在"科学大战"之后，伴随着社会建构主义的更多转向，到了20世纪末，伊恩·哈金说："社会建构这个术语曾经具有非常震撼性的价值，但现在这个术语已经疲软了。"[①] 他强调说："在我的著作中，我几乎没有感觉到'社会建构'这个术语有什么用处。当我不得不提及这个词的时候，我只是想摆脱它。这个词既不清楚，又被滥用。在许多语境中，社会建构是一种具有解放作用的理念，但初听起来的解放之物又产生了太多自命不凡与调和，并倾向于有点对正统的回归。这个术语已经变成了符号。如果你高兴使用它，你就变得激进；如果你不用这个术语，你也可以宣称自己是理性的，理智的，得当的。"[②]

的确，各色的社会建构主义作为人类的理智实践，具有一定的进步意义。但是，社会建构主义把人类的认知探索意图与社会政治意图相混淆，从而制造了概念歧义的语境，使得一些原本不是同一论题的讨论层出不穷，造成了智力上的虚假劳作。社会建构主义的社会政治立场对于人类生活的正义无疑是有重要意义的，但是，好的社会政治意图不能替代人类追求真知的愿望，更不能以政治意图歪曲人类认识成果的意涵。这种歪曲事实上会造成新的伤害和不正义。在女性研究和儿童研究中，消解女性与男性的差别、消解儿童与成人的差别就可能造成新的不正义。

从社会建构主义的辩证演化过程中我们看到了人类历史以来的共识：

---

① Hacking, Ian. *The Social Construction of What?* Cambridge: Harvard University Press, 1999, 35.

② Hacking, Ian. *The Social Construction of What?* Cambridge: Harvard University Press, 1999, Preface, Vii.

人类的认识必然是在时代精神的背景下进行的，必然受到社会文化环境的影响，每一个时代人们的认识活动有着历史的局限性，在某些时候，可能会发生认识的偏离，但这并不意味着人类认识活动是任意的，人类认识的目的是在差异中寻找共识，寻找真理。人类认识活动总体上是一个不断尝试、不断检验、不断改进、不断更新的过程，这个过程也是不断去除偏见的过程，是谓"大浪淘沙始见金"，在人类认识的时间进程中，缓慢地积淀着那些与人类生存密切相关的真知，这些真知与人类的存在和幸福的生活密切相关。人类的认识过程是由一个个认识主体或认识主体组成的一个个集团承担的，但是每个人、每个团体的认识活动必然处于历史链条之中，处于社会情境之中，必然是一个社会性的互动过程，人类的认识成果是人类群体智慧的结晶，人类的认识过程是在诸多不确定中寻求确定性的过程，这是人类认识的本性。

第三节　童年的社会建构

伊恩·哈金认为对于某个命题的社会建构是从批判该命题的（0）命题开始的，（0）命题也就是当前存在的被人们认为是理所当然的命题，它是社会建构的前提条件。童年这一命题的社会建构就是以历史以来从发展视角形成的关于童年的基本认识为前提而展开的。

一、童年社会建构的前提

人类历史以来，在最通常的意义上，儿童是指处在生长发育期的人，他们构成人口中的一个群体。童年就是儿童时期这一人生的初期阶段。由于这一时期儿童身体和心智的独特特点，在人类历史上，儿童被赋予各种象征意义，形成了许多判断。如幼童洁净光滑的肌肤、尚未发育的性征与成人形成鲜明对照，儿童被赋予"纯洁""圣洁"等象征意义；在宗教观念中，也有"原罪的儿童"与"纯真的儿童"两种截然不同的宗教信念；童年早期理解事物的方式以及与环境互动的方式不同于成人，完全出于自己的天性行事，不受成人文化习惯的约束，这种心智特点和行为方式被认为"天真""纯真"，或者被认为"野蛮""顽劣"；由于儿童柔弱，需要依赖成人，因此，从个体生命的内在诉求而言，人们认为纯洁、天真的儿童应当受到成人的关爱和保护，在自由自在的游戏中幸福地度过童年时期。因此，人们将童年生活的应然状态表达为"金色的童年""无忧无虑的童年"；由于儿童柔弱，缺乏成人的理性认识，儿童被视为"不健全的人""缺乏能力的人""需要教育的人"，也被视为充满各种发展可能性并富有想象力的人。

人类认识不仅仅考察事物的实然状态，还保持着对应然状态的执着追求，特别是关于人类生活应然状态的追求，与人类种群的生存及其延续密切相关。儿童的诞生和成长作为人类生命延续最为重要的事件，怎样让他们按照自己的方式生活在一个适合他们成长的世界中，是人类认识和实践领域的一件至关重要的事。人类历史以来已经积累了许多宝贵的经验。现代以来，哲学、宗教、美学、生物学、人类学、心理学、教育学等各个学科领域都展开了关于人类儿童期的认识，取得了丰富的认识成果。基于对儿童阶段成长事实的认识以及对儿童应该怎样生活的期望，人类已经达成了关于儿童和童年的共同认识：童年是人一生中最美好的时期，童年的生活对人的一生产生重要影响。受身体发育的制约，儿童是柔弱的、依赖成人的、需要保护的。儿童一出生就在与成人的互动中进入特定的文化之中，儿童需要接受教育。儿童时期是可塑性很强的时期，儿童拥有天生的学习能力。但是，受大脑发育进程的影响，儿童学习和认识事物的方式与成人是不同的，儿童只能以游戏的方式展开自己的生活。儿童是积极主动的生命个体，需要在自主的活动中获得身心的发展。以上这些认识20世纪以来也以法的形式得以确认，以便确保为儿童创造良好的成长环境，使儿童能够度过欢乐和幸福的童年。

可见，现代以来西方关于儿童和童年的这些认识是从生命的自然发展和文化的个体发生的角度出发、从普遍意义上来认识儿童的。特别是对生命前十年的认识，重点考虑发育进程对儿童生活状态的决定性作用。当然，从自然维度入手是为了与生命发生的过程相一致，儿童进入文化世界是以儿童自然的生命过程为前提条件的。发展心理学、社会学、人类学领域对儿童心理发展、儿童社会化或者说文化适应所做的研究，都基于儿童自然发展过程中的文化习得状况，将童年视为一个特殊的发展时期。

二、童年的社会建构

继阿利埃斯提出"童年是一种社会建构"，拉开了社会建构①童年的序幕之后，历史学家致力于跨时代的比较、人类学家致力于跨文化的比较来揭示童年的社会建构。到了20世纪80年代，西方受社会建构思潮的影响，掀起了媒介与文化研究的热潮，认为现代以来所"发现"的童年逐步被媒介文化所解构，童年正在"消逝"（波兹曼，1982），从童年的"发现"，到童年的"消逝"，说明不存在普遍的、固定不变的童年，童年是一种"发明"（Hugh Cunningham，2007）。20世纪90年代新童年社会学迅速兴起，社会学家致力于考察社会中各种权力关系对童年的建构，与历史和文化研究的建构潮流合流，将童年视为一种社会现象，一种社会结构，一种人口中的分类标签，儿童是积极的社会行动者而非被动地接受社

---

① 在西方的相关著作中，"社会建构"一词在历史研究中多用social construction，在社会学中多用social constructing。这可能是由于历史研究重在解释作为社会事实的童年的建构，社会学研究则包含着揭露和批判现实的行动，有着改良或反叛现状的愿望以及变革现实中不合理状态的诉求，具有社会行动意识。

会过程影响的人，并且通过儿童的研究参与和社会参与以及年轻一代对新媒介技术的主动驾驭所带来的生活方式的改变来对童年观念进行革命性的建构。社会学家的这些努力旨在帮助儿童发出声音，获得社会身份，为儿童赋权。童年的社会建构经过了历史的、媒介文化的、社会的途径，取得了丰富的认识成果，推动了童年的社会政策实践。从20世纪70年代开始，西方"关于儿童发展的问题备受关注，成为一个充满热情的问题，甚至成为政策的中心。不仅在学校教育和家庭教育中，而且在更广泛的政策讨论中，如城市中的反贫困项目、国家财政政策，甚至在帮助和关注儿童教育的国际政策中，儿童阶段的养育都成为讨论的中心"[1]。总之，儿童在社会中的边缘境遇逐步得到改善，童年也成为社会科学的一个多学科问题域。

童年的社会建构与传统发展框架中探寻儿童和童年本质的认识路径不同，它深受20世纪西方哲学反传统形而上学思维方式的影响，作为一种彻底的批判性思维，是在批判以往本质主义的儿童观的基础上发展起来的。社会建构主义者将现代儿童观念视为传统"支配框架"下"发展主义"的认识，属于"自然本体"的本质主义的儿童观，他们认为现代儿童观是在现代的发展和进步的思想观念的影响之下，将儿童视为自然的存在，童年的奥秘在于基于儿童自然发展基础之上的特性。在这种框架之下形成的关于儿童发展规律和社会化过程的认识，隐含着一个基本假设：童年是存在于个体身上的固有特点，童年是一个自然的事实，通过科学的方式，可以发现它的内在的客观规律。社会建构主义者站在后现代主义的立场上，对这种把童年当成自然事实的观点提出了质疑，认为这是本质主义的预设，是一种理性迷思。受后结构主义特别是福柯谱系学的影响，社会建构主义者以全新的批判姿态对这些传统立场上

---

[1] Brian Hopkins. *The Cambridge Encyclopedia of Child Development*. New York: Cambridge University Press, 2005, XⅢ.

的儿童观进行解构，将童年视为特定历史和文化的社会建构的产物，而非对客观规律的反映。关于童年的认识总是与情景相关的，不存在超越时空的普遍的童年观念。关于童年的认识不过是特定文化条件下的话语建构，在特定的社会中，人们所建构出的儿童观是同社会需要、群体利益、权力关系紧密相连的，反映了社会文化的内容和要求，是时代的产物，是文化的产品。社会建构论者主张童年研究应当实现一场范式的革命，童年或者儿童研究就是在社会历史背景中，对建构童年的话语进行分析，发现不同时代、不同文化背景中那些建构出当时儿童观念的话语及其关系。童年是社会建构的结果，作为社会发展和文化多样性的派生物，不同的时空中有不同的童年。对童年的认识不应当是成人将儿童作为对象进行研究操作，儿童也应当参与到研究过程中来，共同建构关于这一主题的认识。在建构主义者看来，现代以来，科学心理学、社会化理论等传统发展主义的儿童观从人的生物发展的观点出发，将童年划分为一个为成人做准备的不成熟的阶段，这是一种意识形态霸权，这种意识形态在实践中成为成人制度化地统治儿童的理论依据。历史与社会文化研究就是要揭示不同时代中别样的童年，从而揭露那些关于童年的普遍性的虚假认识，颠覆成人霸权的理论依据。温和的社会建构主义者并没有否定儿童的生物发展过程，只是认为儿童观的形成受到社会力量和文化等多种因素的影响。而激进的社会建构主义者认为那些被视为"自然事实"的儿童观念，也是成人根据自己的利益需要建构出来的。

如果套用伊恩·哈金的社会建构表达式，可以将对现代童年观念这一论题（X）的社会建构表达为以下步骤：

第一，本质主义者认为童年是人生的一个固定的、独特的阶段，在这个阶段中儿童处在发展之中，是不成熟的、柔弱的、纯真的、依赖的、游戏的、需要教育的……在社会建构主义者看来，这些认识并不是由童年的本质决定的，或者说童年并不必然是这样的。

第二，这样的认识对于儿童社会身份和地位以及相应的社会生活来说是一个阻碍因素。它是成人控制儿童、约束儿童的合法性根据，是成人施加于儿童的一种意识形态霸权，是成人（发达国家中产阶级）儿童观的强制推行，儿童未必要这样来看待。

第三，打破这样的观念状况（摒弃这样的童年观念），会将儿童从成人社会的压迫中解放出来，儿童才可能以自己的方式生存，从而实现儿童的最佳利益。

三、童年的本质与童年的建构

西方过去两千年来都是在本质主义的思维框架下认识事物的，对于童年的认识，不论是哲学的、宗教的、美学的、科学的认识，都将童年视为具有独特性的人生阶段，思考人类童年作为独特的人生阶段的普遍特点，追问童年究竟是怎样的，儿童应该怎样度过自己的童年。而社会建构主义则使用历史的、经验的方法分析童年的生活，关注童年实际上是怎样的，表现为怎样的生活状态和内容，从中反映出人们关于童年的观念。但是他们不对这些现实状况中反映出的童年观念进行应然的分析，只做实然的描述，只关心存在怎样的儿童观而不关注这种儿童观是否是"好"的儿童观。"社会建构"范式的童年研究是在批判传统的"发展"范式童年研究的过程中得以展开的，但是许多批判并不是在论题同一这一原则上进行的智慧较量，而更像是"借题发挥"自己的观点，如认为儿童并非是不成熟的、依赖的，而是有独立行动能力的人；以青少年犯罪、性行为等大量事实颠覆了关于儿童的"纯真"的观念；以儿童劳工、儿童虐待等社会现象批判浪漫主义的"金色的童年"的观点；以真实的童年生活中的不良社会行为瓦解审美意义的儿童崇拜。这些批判都需要将彼此的论题放置在这些论题产生的语境中进行分析，从而避免一些混乱的讨论。

实际上，本质主义与建构主义是针对不同问题所采取的不同解释框架，二者思想性质不同，思想功能也不同，均对理解儿童和童年具有重要的作用。童年研究是复杂的，本质主义者从生命本体的普遍性出发，思考童年的基本特性以及应然的童年生活状态，社会建构主义者更倾向于关注生活在时空中的儿童的真实生活状况。因此，就各自的研究视角和关注的研究问题而言，其实并没有对立面和直接的冲突，而且对儿童和童年的任何一个视角的研究都有助于形成关于儿童与童年的更为整体的、全面的认识。

激进的社会建构主义者将童年完全视为社会的创造物，这实际上也是一种本质主义的观点，如果说传统的儿童观是"自然本体"的本质主义观点，社会建构的儿童观就是"社会-文化本体"的本质主义观点。将童年完全视为社会建构的结果，其中隐含两大危险：一是放弃了儿童本身来建构关于儿童的观念，二是把建构观念的过程与关于儿童的观念简单地等同起来。人类认识的过程的确是一个社会建构的过程，但是这个过程不仅仅是为了了解事物之间的个体差异，还为了通过认识个体而形成普遍性的认识。从人类有史以来关于儿童的认识来看，比如关于儿童期的可塑性、儿童游戏等认识，恰恰是对儿童的普遍性认识，这些认识在任何时代和任何社会都具有普遍性。

从本质主义到建构主义的转折表明一种新的研究范式的诞生。社会建构童年研究范式的亮点就是基于批判的社会政治立场，为儿童争取权利，让儿童发出自己的声音，使儿童获得平等的社会身份，思考全球性的童年危机，这些努力对于儿童的现实社会生活来说是至关重要的。就童年研究本身而言，温和的社会建构理论使我们认识到从文化维度研究儿童和童年的重要性。激进的社会建构论者采取了认识论上的极端策略，勇敢地将研究的焦点从儿童转移到儿童置身于其中的社会文化，儿童被忽略在一旁，将话语权留给社会文化，从而造成"自然"的失语，并放弃了对童年本质的追问。

人类在漫长的生存过程中，从生存选择中筛选并延续下来一些永恒的具有生存价值的认识，是需要引起人们重视的。人类对于自身的追问从来没有停息过，而且在当代多学科交叉、多种技术手段广泛应用、多种思想相互激发的背景下取得了很大的成就，以往被视为推论的儿童观念现在逐步被科学所证实，如关于游戏之于儿童的发展价值已经在多个学科的共同研究中获得确认。当然许多推论本身是不需要去证实的，它的提出本身就是基于生命的直觉而形成的规范，如儿童对于爱和关心的需要，这些规范的价值依据还是人的生命本性。在研究人的问题上，一定不能将研究文化的方法用来研究人的自然。儿童处在进化与发育的联结点上，特别是婴幼儿期是受生命自然进程影响最大的时期，必须立足自然的过程来看文化的发生，而不能立足文化的立场裁剪自然。

近几年来，无论是历史研究还是社会文化研究，都开始从研究方法、研究的逻辑起点等方面进行反思。一些历史研究开始放弃微观分析的方法，转向宏观的分析，从宏观的历史过程中找寻永恒不变的童年。[1] 新童年社会学研究也在反思中发现了以往研究缺乏逻辑起点的困境，开始将目光转向关于童年本质的追问，也开始思考怎样的童年是好的童年。[2] 当然，天性与教化的问题（自然与文化）一直都是儿童发展研究的核心问题，对于这一问题，发展的生态学理论和情景理论都着力探讨儿童发展的社会文化环境的影响。可见这两种研究范式实际上是相互影响、相互补充的。童年研究中自然与文化的分离、事实与价值的分离已成为一段时间以来社会建构童年研究范式反思的基本问题，正如科学哲学领域的行动者网络理论走向"自然-文化"的混合本体一样，社会建构范式开始着力消除之前研究中自然与文化的二元对立。儿童成长的过程是文化与自然协同发展的过程，关于童年的认识必须综合考虑自然与文化的共同作用。这样二

---

① A. R. Colón, P. A. Colón. *A History of Children: A Socio-cultural Survey Across Millennia*. London: Greenwood press，2001.

② Leena Alanen. *Critical Childhood Studies*? Childhood, 2011, Vol. 18(2), 147–150.

者之间的对立消失了，新的本体成为以两者的相互关系为基础的一个行动网络，出现了一种自然与社会文化之间的本体论混合状态。这一研究本体的变化必然会将事实研究与价值研究结合在一起，因为基于生命本体的研究无法回避价值问题。因此，经过社会建构批判之后的儿童与童年研究又将在新的层次上思考童年的根本问题，重新认识童年的本质，思考怎样的童年是适合人类个体发展和人类福祉的童年。

第二章
童年建构的历史途径

与伊恩·哈金所分析的社会建构的步骤同步，对"童年"这一命题的社会建构首先是从对童年观念的历史探讨开始的。1960年，阿利埃斯在《儿童的世纪》一书中首次考察了现代童年观念的历史建构过程，引发了其后半个世纪以来童年的社会建构。童年的历史研究的目的就是呈现不同044历史时期的童年观念和儿童生活，旨在说明对童年的认识不是永恒不变的，而是一个社会的历史的建构过程。

第一节　作为开端的阿利埃斯

在20世纪60年代之前，关于儿童和童年的历史研究几乎是一块处女地。与其说历史学家势利，即经过有意识的权衡之后，不去关注"未成人"的儿童，不如说，儿童及其生活根本就没有进入历史学家的意识层面。1960年，阿利埃斯的《儿童的世纪》一书问世，1962年，该书英文版出版。在这本被视为第一本西方家庭史的著作中，尽管作者的初衷并非研究童年，但是该书也被视为第一部展现儿童生活及童年观念的历史著作。对于此，阿利埃斯做了这样的说明："童年观念与家庭观念之间有一种联系，我们有理由假定这种联系在很远的过去就存在，考察其中一方有助于了解另一方。这就是我为什么把童年观念和家庭观念放在一起来研究。在10世纪，画家画出的儿童就是一个成人的缩影。我们怎样从这种观念走到19世纪纯真的儿童成为家庭的中心？这个观念演化的过程有多远？而且是否有一个家庭观念的平行演化？"① 因此，他将童年与家庭放在一起来考察，并试图通过儿童社会生活的变迁去展示欧洲家庭的社会文化变迁。可以说，阿利埃斯是第一个有意识地研究儿童历史的人。而且，与"发现儿童"的卢梭从儿童生命本身内在地研究儿童所不同的是，阿利埃斯是第一个从社会文化的角度研究儿童生活的人。该书经过了短暂的沉寂之后，掀起了西方家庭以及童年历史研究的热潮。

一、研究的背景

20世纪60年代左右，西方社会从思想到社会生活层面都发生了剧烈的动荡。在思想领域，后现代思潮开始形成并迅速产生了广泛的影响。实际上，后现代思潮在西方史学领域是较早兴起的，大约50年代中期，史学领域就出现了明显的转折，新史学逐渐取得主导地位，成为西方史学的主流。"新史学反对单纯的'政治史'和'精英人物史'，主张对历史进行多层次、多方面的综合考察以从整体上去把握。"② 同时，受文化人类学的影响，"新史学家把兴趣从研究客观结构和过程转向了研究文化，研究过去人们日常意识的现实内容。这种转向是有方法论上的原因的：前端盛行的用以分析结构和过程的社会科学理论很难用来研究历史上个人和群体的行为，而业已存在的注重构建不同时代的人们的'世界图像'的心态

---

① Philippe Ariès. *Centuries of Childhood: A Social History of Family Life*.Translated from the French by Robert Baldick. New York: Alfred A. Knopf, 1962：10.

② 何兆武，陈能. 当代西方史学理论［M］. 上海：上海社会科学院出版社，2003：23.

史却为此提供了可能"①。传统史学认为历史学家的任务就是如实再现历史，重视史料挖掘，而新史学在研究取向上表现为心态取向、大众取向和微观史取向，呈现了丰富多彩的历史内容。阿利埃斯受新史学的影响，采取科学的实证分析的方法，研究日常家庭活动、学校教育中成人与儿童的关系。阿利埃斯不是传统的历史学家，在其1948年出版的著作中，他认为自己是量化的历史学家，他对19世纪区域的人口变化，特别是迁徙的原因和结果进行细节的分析。在《儿童的世纪》一书的导论中，他将自己视为人口统计学历史学家。

二、研究的内容

《儿童的世纪》是一部内容丰富的史学作品，该书的主题是关于家庭生活的现代观念的形成以及儿童本质的现代想象，主要考察19世纪前法国和英国的家庭、孩子以及学校。其考据视角的独到、发掘史料的创意、对日常生活细节的敏感以及观点鲜明的推论，都使得这本书无法不引起广泛的关注。从该书出版至今，凡是关于儿童史以及童年研究的著作中，无不首先从该书谈起。该书分为三大部分，第一部分为"童年的观念"，阿利埃斯首先考察了生命的年龄，指出："年龄并不简单地与生物阶段相对应，同时也与社会角色相对应。"② 接着，他从绘画中儿童形象的演变、儿童服饰的演变、游戏和娱乐以及人们对其态度的演变等方面考察了现代童年观念的诞生过程，特别是"纯真"的儿童观念的诞生。第二部分为"学校生活"，考察了中世纪学生、学院、学校班级的起源、小学生的年龄、规训的发展、从白日学校到寄宿学校、小学校、学童的不愉快生活等多个方面，关注了学校形式、课程内容、年龄区分、学童生存状态特别是

---

① 何兆武，陈能.当代西方史学理论［M］.上海：上海社会科学院出版社，2003，48.

② Philippe Ariès. *Centuries of Childhood: A Social History of Family Life*.Translated from the French by Robert Baldick. New York: Alfred A. Knopf, 1962，24.

成人与学童的关系等问题，呈现了学童不愉快的学校生活以及学校催生了童年概念并延长了儿童的童年。第三部分为"家庭"，细节地呈现了家庭生活的图景，考察了从中世纪到现代社会家庭结构、家庭与社会的关系以及家庭观念的演变，特别是家庭情感关系的发展过程。总体而言，第一部分和第三部分围绕以家庭为中心的社会关系，呈现了从中世纪到现代家庭生活的变迁，特别是围绕亲子关系变化呈现家庭情感关系以及家庭演化中儿童观念的变化过程。第二部分的学校生活则主要揭示学校在童年生活以及童年观念的制度化建构中的角色、具体做法以及产生的影响，当然也包括整个社会物质与文化生活对学校以及家庭生活的综合影响。阿利埃斯基于将童年的观念与实际生活中对儿童的情感相区分的态度，分别提出了两个重要的假设：一是在中世纪的社会中，童年的观念并不存在。这"并不是指孩子受到忽视、舍弃或被轻视，也不能等同于人们对孩子的情感。儿童的观念是与人们对儿童具有某种特殊的本质这样的意识相适应的，这种特殊的本质把孩子与成人，甚至把孩子与少年区别开来。而在中世纪社会里，这样的意识是没有的"[①]；二是中世纪时期，由于婴儿死亡率极高，故父母对孩子（特别是对婴儿）的情感关系淡漠。这两个假设是相互联系的，本书就是论证这两个假设，并说明现代童年观念的诞生过程，以及家庭情感关系变化中"纯真的"儿童成为家庭中心的历史过程。鉴于本文的研究目的，本文将重点且详细地考察阿利埃斯对现代童年观念的建构过程的分析。

在《儿童的世纪》的第一部分，阿利埃斯从肖像画、儿童服饰、玩具、游戏与娱乐入手，考察了从中世纪到18世纪儿童观念的变化，特别是"纯真的"儿童观念的诞生。

（一）肖像画中的儿童形象的演变

阿利埃斯发现，在中世纪的宗教画像中儿童就是小大人。"在10、11

---

① Philippe Ariès. *Centuries of Childhood: A Social History of Family Life*.Translated from the French by Robert Baldick. New York: Alfred A. Knopf, 1962，128.

世纪，人们不仔细地去想象儿童，对此问题他们既不感兴趣，也不现实。这些例子同样说明，在真实生活里，而不仅仅在审美活动中，童年只是一个过渡时期，这个时期很快就会结束，正如人们很快就会遗忘它一样。"[1]"直至12世纪，中世纪的艺术都不知道儿童，或者说没有试图描绘儿童。很难相信这种对儿童的忽视是由于没有能力实现，而更可能是在中世纪儿童没有地位。"[2] 在福音书耶稣让小孩子到他身边来这一情景中，这里的小孩子用拉丁文中的"婴儿"一词，但是微型像画家则呈现的是八个男人围在耶稣周围，他们没有任何儿童的特征，只是体型缩小了。阿利埃斯的切入点就在于，艺术中的儿童形象怎样从儿童就是小大人的状态发展到凡尔赛宫艺术作品中的小顽皮的形象，以及家庭影集中任何年龄的孩子的照片。

大约从13世纪开始，可以发现一些儿童的模样与现代儿童的观念较为接近。阿利埃斯分别进行了详细的考察：第一种类型是天使[3]，其形象被描绘成非常年轻的男孩装束，画家们在描绘时强调圆润、美丽，有点女性的柔美，他们几乎刚刚走出儿童期。这种青少年天使的形象在14世纪相对普遍并一直持续到意大利文艺复兴初期。第二种类型是圣婴基督的形象。[4] 起初，像其他孩子一样，圣婴基督也是一个缩小的成人，在后来的发展中对圣婴基督的表征逐渐朝着更加现实的充满感情的方向发展。在12世纪后半叶的微型人像中，耶稣穿着一件瘦的、几乎透明的衣服，站在妈妈身边，他的胳膊环绕着妈妈的脖子，依偎着妈妈，脸颊紧贴在一起。由于

---

[1] Philippe Ariès. *Centuries of Childhood: A Social History of Family Life.* Translated from the French by Robert Baldick. New York: Alfred A. Knopf, 1962，34.

[2] Philippe Ariès. *Centuries of Childhood: A Social History of Family Life.* Translated from the French by Robert Baldick. New York: Alfred A. Knopf, 1962，33.

[3] Philippe Ariès. *Centuries of Childhood: A Social History of Family Life.* Translated from the French by Robert Baldick. New York: Alfred A. Knopf, 1962，34-35.

[4] Philippe Ariès. *Centuries of Childhood: A Social History of Family Life.* Translated from the French by Robert Baldick. New York: Alfred A. Knopf, 1962，35.

圣母玛利亚，儿童进入了图画表征的世界。在13世纪，它激发了其他家庭图景。在圣路易斯的伦理圣经中，有各种家庭场景，父母被孩子们围在一起，孩子们对父母有着耶稣对圣母一般的温柔的敬爱。这样，在一些家庭画像中，丈夫与妻子手拉手，孩子们（小大人）围坐在他们周围，他们朝母亲伸出小手。这些罕见的案例是接近童年的，但仍然局限于圣婴，直到14世纪，意大利艺术传播并发展了家庭画像。第三种类型的儿童形象是出现于哥特式时期（12—16世纪）的裸体的儿童。① 之前圣婴耶稣几乎从未被描绘为裸体的孩子，这一演变经历了较长的过程，直到中世纪末，才被描绘为赤裸的孩子。在伦理圣经中仅有的几幅关于儿童的微型图像中，他们都衣着严实。在关于死亡和灵魂的寓言中通过孩子气的裸体图像隐喻灵魂离开或进入现实世界。在法国中世纪艺术中灵魂被描绘为很小的裸体的无性征的孩子模样。死亡的男人从口中呼出儿童这一形象象征性地表征灵魂离开了他的肉体。灵魂怎样进入世界也是以孩子形象表征的，不论是它代表一个神圣的、不可思议的概念——天使传报时童贞女玛利亚领报了裸体的孩子，即耶稣的灵魂，还是代表一个完美的自然概念：一对夫妻在床上休息，显然十分纯洁，但是可以看到一个裸体儿童从空中飞来并进入女人的口中——以自然的方式创造人类灵魂。

在14世纪，特别是15世纪，这些中世纪的样式获得了进一步的发展，但是这种趋势在13世纪中已现端倪。天使侍者（angel-cum-altar-boy）将继续发挥它的作用，在15世纪宗教绘画中没有发生多大的变化。另一方面，神圣的童年（Holy Childhood）主题从14世纪开始无论在范围还是种类上都在不断发展，它的普及和多产就是进步的证明，在集体无意识中，只有敏感的观察者可以区分出13世纪的儿童的观念中有着11世纪时根本没有的东西。在耶稣和圣母的组图中，艺术家强调优雅、亲爱、天真等早期

---

① Philippe Ariès. *Centuries of Childhood: A Social History of Family Life.*Translated from the French by Robert Baldick. New York: Alfred A. Knopf, 1962，35-37.

儿童的特征：孩子看着妈妈的胸脯，准备去亲吻或爱抚妈妈。孩子玩着传统的童年游戏、吃着流体的食物，身体被裹婴布裹着。每一个姿态至少说明有人去注意他们，因此会以图画的形式表现他们。这些情感特征的现实主义还需要很长的时间才能超越宗教绘画的边界。

圣母和圣婴的特征变得越来越走向他们日常的生活图景。[①] 起初，这种变化是小心翼翼的，随后迅速增加。圣婴画家开始超越耶稣，首先转向童贞女玛利亚的童年，这一点至少激发了两个新的流行主题：一是关于玛利亚的出生，人们在圣安妮的卧室为新生儿的出生忙乱，用裹婴布裹她并给妈妈看；二是关于玛利亚的教育，玛利亚阅读着妈妈手中的书。接着画家开始描绘其他神圣的儿童，圣约翰、圣婴耶稣的游戏伙伴、圣詹姆斯以及其他圣母的孩子们，一种全新的肖像画出现了，开始将神圣的儿童聚集在一起，妈妈在身边或者不在身边。这种肖像画一般来说开始于14世纪，与过去丰富的传说相一致。无论如何，我们有机会去回顾宗教实践中的儿童。然而，宗教画像中的这些发展并没有立即引起现实生活中儿童观念的改变，从来没有一个关于真实儿童的肖像画。

15、16世纪世俗的肖像画最终将自己从宗教的儿童画像中分离出来，但这还不是关于儿童自己的画像。在后来的主题绘画和叙事绘画中，儿童成为常见的角色。孩子和他的家庭，孩子和他的玩伴（通常是成人），以及孩子们聚集在一起，但是非常明确的是聚集于妈妈的怀中，或牵着妈妈的手，或者玩耍甚至撒尿。这些主题绘画不是以大众的习惯致力于单纯的儿童绘画，儿童只是作为绘画中的角色。阿利埃斯认为，这里隐含着两种观念：一是在日常生活中，或者为了在一起工作，或者为了休闲，儿童与成人聚集在一起；二是画家特别喜欢描绘儿童，因为儿童优美或独特，画家还喜欢突出很多孩子在一起或一群孩子在一起。阿利埃斯认为这两个观

---

① Philippe Ariès. *Centuries of Childhood: A Social History of Family Life*. Translated from the French by Robert Baldick. New York: Alfred A. Knopf, 1962，37.

念中前者在我们看来显然是过时的，不管是今天还是19世纪末，我们大都倾向于把儿童与成人的世界分开；而后者预示着现代儿童观念的到来。[①]

在现代儿童观念尚未彻底到来之前，实际上出现了新的趣味，即小生命独特的、令人愉快的方面，迷人的孩子以及逗孩子玩的观念与以往关于婴儿直率的、动作滑稽的观念相分离。[②] 这种肖像的新兴趣表明儿童从极其微小的生存机会所决定的匿名的状态中开始胜出。事实上十分明显的是，在人口统计学损耗（高死亡率）的时期，任何人都能够感到一种渴望记录并保存儿童的形象，不管这个孩子将存活下来或者死去。关于死亡孩子的肖像尤其证明了孩子不再被广泛地认为是一个不可避免地要失去的东西。直到19世纪，伴随着马尔萨斯人口理论和避孕措施的运用，那种必需的浪费（即孩子的死亡）的观念才逐渐消失。[③]

儿童肖像画是在特定的生活片段需要时才出现的，最初的儿童的肖像画是从葬礼画像开始的。起初孩子不是被单独地画出，而是出现在父母的墓碑上。16世纪给死亡孩子画像的出现是情感历史的一个重要标志。[④] 事实上从16世纪开始有一种习惯广泛传播并保持到19世纪中期。在凡尔赛博物馆中有一幅关于路易十四以及他的弟兄的家庭画像中，有这样一个细节：在画的最显著位置，路易十四的脚边，画家画了一个加框的画，描绘

---

① Philippe Ariès. *Centuries of Childhood: A Social History of Family Life*.Translated from the French by Robert Baldick. New York: Alfred A. Knopf, 1962，37–38.

② Philippe Ariès. *Centuries of Childhood: A Social History of Family Life*.Translated from the French by Robert Baldick. New York: Alfred A. Knopf, 1962，39.

③ Philippe Ariès. *Centuries of Childhood: A Social History of Family Life*.Translated from the French by Robert Baldick. New York: Alfred A. Knopf, 1962，40.

④ 墓碑画像中的孩子不一定都是夭折的孩子。在墓碑日期为1615—1620之间的一幅墓碑画中，伯爵和伯爵夫人平躺着，他们的女儿围着跪在他们的脚下，双手合起祈祷。但是这些画像中的孩子并不都是已经去世的孩子，在尚在世的这些祈祷的孩子边上，画家画上这个家庭中已经过世的孩子，他们显得更小，手中握着十字架。Philippe Ariès. *Centuries of Childhood: A Social History of Family Life*.Translated from the French by Robert Baldick. New York: Alfred A. Knopf, 1962，40.

了两个在婴儿期就夭折的小孩。① 总之，孩子与父母相分离的画像直到16世纪末都非常稀有。

父母与孩子相分离的画像在17世纪一开始就变得非常普遍，很显然通过画家的艺术保存孩子短暂的童年神情已经成为习惯。孩子在画像中不再是作为家庭的陪衬而出现，而是为了他们自己而被描绘，这是17世纪非常新颖的事情。孩子成为最受喜爱的模特之一，如画小王子，或者贵族的孩子。有时，画上会写上孩子的名字、年龄，就像曾经给大人画像上标注的那样，孩子经常单独出现在作品中，画家通常把一个家庭中的许多孩子画在一起，这逐渐成为一种流行的绘画，成为许多无名画家的爱好。② 因此，每个家庭都想去画他们的孩子，画他们幼小的时候，这个习惯起源于17世纪，并流传至今。19世纪拍照代替了肖像画，但这一观念是相同的。这样，在13-17世纪之间，尽管人口统计学条件没有发生多大的变化，孩子的死亡率一直保持在很高的水平，但是一种新的意识是承认这些脆弱的、受到威胁的生命的迄今为止未能被认识的一个特征——似乎仅仅这时共同的良心被发现，孩子的灵魂也是不朽的。毫无疑问，孩子人格的重要性与基督教关于生活和举止的思想影响的迅速提升有关。③ 后来，一些家庭给孩子接种疫苗，这些预防措施预防了天花。这同时说明了一种心理状态，即对卫生实践的重视，较低的死亡率与逐渐增加并迅速传播的控制出生率达到了一种平衡。

阿利埃斯还专门分析了儿童的裸体像。儿童裸体像大约出现于14世纪

---

① Philippe Ariès. *Centuries of Childhood: A Social History of Family Life*.Translated from the French by Robert Baldick. New York: Alfred A. Knopf, 1962，41-42.

② Philippe Ariès. *Centuries of Childhood: A Social History of Family Life*.Translated from the French by Robert Baldick. New York: Alfred A. Knopf, 1962，42.

③ Philippe Ariès. *Centuries of Childhood: A Social History of Family Life*.Translated from the French by Robert Baldick. New York: Alfred A. Knopf, 1962，43.

末，裸体像显然是希腊爱神的复苏。[①] 裸体儿童这一主题受到人们狂热的欢迎，即使在法国这样对意大利艺术有所拒斥的国家也是如此。16世纪，儿童裸像广泛渗透在世界绘画中，变成一种装饰主题。儿童裸像影响到后来的装饰艺术，这可被视为是对儿童的一种广泛的、迅速增加的兴趣。[②] 到了17世纪，儿童肖像画中将裸像装饰运用到儿童肖像画，使这一类型的绘画变得普遍。在17世纪后半叶，裸体儿童成为儿童肖像画中必需的传统，[③] 宗教艺术也追随它，安琪儿不再只是青少年，他可以变为裸体的儿童，但为了表示含蓄，裸体儿童有云、雾、纱的遮掩。

通过以上对艺术作品中儿童形象演变的分析，阿利埃斯强调了艺术中童年主题发展过程中17世纪的重要性："17世纪画家为儿童作画成为大量的平常的事情。在17世纪，家庭画像这种古老的类型，也倾向于围绕孩子来设计。主题绘画中的孩子被放置在引以为自豪的地位，这表明儿童主题进展的重要性。"[④] 他得出了自己的结论："不容置疑，儿童的发现始于13世纪，它的进步循着14到16世纪艺术史的展开而展开，但是从16世纪末到整个17世纪，其发展的迹象越来越丰富且有意义。"[⑤] 他还认为，不仅绘画中，童年的文学作品中，儿童的语言、儿童的身体也逐渐被发现。

（二）儿童服饰的变化

阿利埃斯不仅考察了各种艺术画像中儿童形象的演变过程，还通过考察各种肖像画中人物的着装、各种关于着装的文字记载（如日记）等来说

053

[①] Philippe Ariès. *Centuries of Childhood: A Social History of Family Life.* Translated from the French by Robert Baldick. New York: Alfred A. Knopf, 1962，43.

[②] Philippe Ariès. *Centuries of Childhood: A Social History of Family Life.* Translated from the French by Robert Baldick. New York: Alfred A. Knopf, 1962，44.

[③] Philippe Ariès. *Centuries of Childhood: A Social History of Family Life.* Translated from the French by Robert Baldick. New York: Alfred A. Knopf, 1962，43.

[④] Philippe Ariès. *Centuries of Childhood: A Social History of Family Life.* Translated from the French by Robert Baldick. New York: Alfred A. Knopf, 1962，43.

[⑤] Philippe Ariès. *Centuries of Childhood: A Social History of Family Life.* Translated from the French by Robert Baldick. New York: Alfred A. Knopf, 1962，47.

明儿童服饰演变中所蕴含的儿童观念的变化。

阿利埃斯认为，在中世纪，每个年龄段的衣服是不可选择的，仅仅关注不同阶层的服饰特点，而且儿童与成人的服饰没有任何区别。直到13世纪，童年的特征才通过服装表现出与成人的不同。而在此之前，孩子过了缠绕裹婴布的年龄后，他们穿的衣服与他们当时所处阶层的成人一样。

在17世纪，至少是富人家的孩子，开始与大人穿不同的衣服。但是这主要是男孩服饰的变化，对于女性而言，成人与儿童之间的区别依然不存在。男孩服饰的变化在17世纪的肖像画中一目了然。阿利埃斯引用了路易十三的医生（Heroard）的日记记载，表明那个时代对待儿童的着装是十分认真的，从中可以反映出成长为成人的各种年龄阶段，这些阶段成为备受重视的仪式。作者这样记录：

1602年7月17日：王子（路易十三不到9个月）的长袍上缝上了学步绳（大人牵着绳子教孩子学步）。这样的衣服大约要穿两年。3岁零两个月时，他拥有了第一件没有学步绳的长袍。在4岁生日时，他在长袍下面穿上了一条马裤。5岁时，即1606年8月7日，他摘下童帽换上了男人的帽子。这是个关键的日子：现在，你摘下了童帽，你就不能再像一个孩子了，你必须开始像一个男人。但是6天后，女王让他重新戴上童帽。1607年1月8日，他询问什么时候允许他脱掉长袍穿上马裤，被告知当到了8岁的时候就可以了。1608年6月6日，当他7岁8个月时，Heroard有点一本正经地记录道：今天，他穿上了紧身上衣和马裤，换掉了儿童的衣服（也就是长袍），带上斗篷和剑。过了些日子，他又被换上了长袍，就像以前重新换上童帽一样。可见衣服的样式不是一件随意的事，服装和关于它的象征的理解是显而易见的。①

当需要从外表上区分儿童和成人时，在16世纪末，一种特殊的童装

---

① Philippe Ariès. *Centuries of Childhood: A Social History of Family Life.* Translated from the French by Robert Baldick. New York: Alfred A. Knopf, 1962，52-53.

迅速在上层社会得到普及，这是童年概念的重要转折点。装束标志着儿童从此作为一个单独的群体。[①] 18世纪以后，孩子的服饰开始变得轻便、宽松，更便于自由活动。通过特定的服饰分析，我们看到服饰习俗中对儿童的界定，这些习俗中，儿童的服饰和大人的服饰有所区分，呈现了对儿童的新的愿望。[②]

但是，服饰的变化主要体现在男孩子服饰上，女孩子的服饰变化很小。直到18世纪，女孩与成人的服饰才出现区别。[③] 服饰提供的证据证实了历史规矩提供的其他迹象：男孩子是最先被发现的儿童，从16世纪后期到17世纪早期他们开始大量进入学校，而对女孩的教育是以一种微小的规模进行的，而且发展得十分缓慢。女孩没有进入正规的教育系统。没有人想起以视觉形式，如借助服饰，像现实中将男孩从大人中区分出来那样来区分女孩。[④] 17世纪，新制服（类似军人服饰，如海员服）在中产阶级的孩子中普遍推广，一直持续到今天。[⑤]

阿利埃斯对儿童服饰的演变进行了总结[⑥]：我们从小孩与大人穿同样服饰的16世纪走来，到儿童有着和今天一样的特殊制服，这个变化对男孩的影响大于女孩，关于儿童的观念使男孩比女孩受益更早，女孩对传统的大人与孩子一样的生活方式保持了更长的时间。我们不止一次地注意到这

---

① Philippe Ariès. *Centuries of Childhood: A Social History of Family Life*.Translated from the French by Robert Baldick. New York: Alfred A. Knopf, 1962, 57. 在日常生活中，成人基于对儿童独特性的认识而表达出对儿童特有的关爱肯定要比出现相应的符号表征要早很多。

② Philippe Ariès. *Centuries of Childhood: A Social History of Family Life*.Translated from the French by Robert Baldick. New York: Alfred A. Knopf, 1962，54−55.

③ Philippe Ariès. *Centuries of Childhood: A Social History of Family Life*.Translated from the French by Robert Baldick. New York: Alfred A. Knopf, 1962, 57.

④ Philippe Ariès. *Centuries of Childhood: A Social History of Family Life*.Translated from the French by Robert Baldick. New York: Alfred A. Knopf, 1962，58.

⑤ Philippe Ariès. *Centuries of Childhood: A Social History of Family Life*.Translated from the French by Robert Baldick. New York: Alfred A. Knopf, 1962, 60.

⑥ Philippe Ariès. *Centuries of Childhood: A Social History of Family Life*.Translated from the French by Robert Baldick. New York: Alfred A. Knopf, 1962，61.

阻碍了妇女采用基本的男性文明的视觉方式。从服饰提供的史实来看，我们从关于孩子服饰的详细描述中发现这在很长一段时间内仅限于男孩，而且变化仅发生于中产阶级或贵族家庭中。下层民众的孩子，如农民和工匠的孩子，他们在乡村田野和城市街道上玩耍，在于工作坊、客栈房间、厨房里，儿童却穿着与成人一样的衣服……他们保持着古老的生活方式，这种方式使得成人与儿童之间没有区别，无论是服饰、工作还是游戏。

（三）儿童的游戏与娱乐

阿利埃斯通过Heroard医生对路易十三的生活记录，呈现了17世纪的儿童生活以及在不同发展阶段所玩的游戏。尽管他关注的是王子的实际生活，但是他发现，贵族和平民的孩子在游戏方面没有真正的区别。到路易十三7岁时，他不再穿儿童的服装，从此以后，他的教育交给了男人，开始不允许他玩婴孩的游戏以及玩具，显然，7岁对于他来说是一个重要的转折点。这个年龄在17世纪被规定为接受道德教育的阶段，也是开始学校生活或开始工作的年龄。[1] 但是，阿利埃斯同时强调，我们必须谨防夸大它的重要性，尽管王子应当停止玩婴孩的游戏以及那些玩具，但是他仍然继续着以前的生活，如依然打陀螺，他的娱乐与以前几乎没有区别，继续玩捉迷藏的游戏。[2] 而且，通过对路易十三儿时游戏的考察，阿利埃斯发现，在17世纪早期，儿童和成人的游戏没有今天这样的严格区别，儿童和成人玩着同样的游戏。[3]

阿利埃斯还对儿童游戏的起源和人们对儿童游戏态度的演变进行了考察。他认为儿童从人类社会中最传统的地方走来，他界定了儿童游戏的两

---

[1] Philippe Ariès. *Centuries of Childhood: A Social History of Family Life.* Translated from the French by Robert Baldick. New York: Alfred A. Knopf, 1962，66.

[2] Philippe Ariès. *Centuries of Childhood: A Social History of Family Life.* Translated from the French by Robert Baldick. New York: Alfred A. Knopf, 1962，66.

[3] Philippe Ariès. *Centuries of Childhood: A Social History of Family Life.* Translated from the French by Robert Baldick. New York: Alfred A. Knopf, 1962，71.

个起源：一是模仿成人，二是人类古老的宗教游戏，后来生活化，成为儿童的游戏。[①] 古老的宗教仪式在历史的演变中逐渐失去了信仰的意义，下降到日常生活层面，成为儿童的游戏。因此，"儿童游戏成为成人丢弃其习俗的仓库"[②]。关于人们对于儿童游戏态度，阿利埃斯发现不同的人对游戏的态度不同：大多数人对游戏的接受是不加区别和毫无保留的，而一个有教养的、态度强硬的伦理学家群体几乎谴责所有的游戏，他们抨击游戏并将其视为不道德的事，几乎不容任何例外。中世纪的教堂也谴责各种形式的游戏，尤其是学术研究团体中的成员，他们对游戏的态度后来成为学院和大学中的制度。研究中世纪大学的英国历史学家J. Rashdall被当时对娱乐的全面禁止所震惊：那时拒绝接受任何可能有一点天真的游戏。他们谴责机会游戏的不道德、流行游戏的世俗、戏剧和舞蹈以及身体运动的残忍。大学也以这种方式草拟了条例来限制娱乐机会，尽最大可能减少不良行为。中世纪大学中认为体育无用。学校禁止学生游戏，而学生则偷偷地玩。

到了17世纪，对游戏的彻底反对的态度发生了变化，出现了妥协。这一妥协预示着与过去完全不同的游戏态度，即现代的游戏态度出现了，这主要归功于耶稣会士。[③] 文艺复兴时期的人文主义者认为游戏中蕴含着教育的可能，娱乐被视为有益的东西被接受，并从此以后作为教育的方式，不再将游戏视为不道德的事。17世纪，学校有舞蹈、网球等球类游戏

---

① Philippe Ariès. *Centuries of Childhood: A Social History of Family Life*.Translated from the French by Robert Baldick. New York: Alfred A. Knopf, 1962，69. 阿利埃斯并未从儿童自身来说明儿童游戏，仅从儿童游戏的社会文化内容来说明儿童游戏的起源。

② Philippe Ariès. *Centuries of Childhood: A Social History of Family Life*.Translated from the French by Robert Baldick. New York: Alfred A. Knopf, 1962，71. 亦可参考该书第69页相关论述，认为儿童游戏的仓库就是人类集体活动的储藏室。

③ Philippe Ariès. *Centuries of Childhood: A Social History of Family Life*.Translated from the French by Robert Baldick. New York: Alfred A. Knopf, 1962，86-88.

课。①阿利埃斯认为对游戏的新态度为对待儿童的新态度提供了证据。这种新的游戏态度就是期望维护游戏的道德，并且通过禁止玩那些被视为邪恶的游戏而鼓励玩那些被视为善的游戏来教化游戏。②

这样，"在人文主义教育家、启蒙运动中的学者们以及最初的国家主义者的成功影响之下，我们从中世纪暴力的令人怀疑的游戏走向体育和军事训练，从流行格斗到体育社会。这个进步被表述为对道德、健康、幸福的考虑。与其相平行的演化是根据年龄和阶层将游戏分开，这些游戏起初是整个社会的共同游戏"③。

（四）"纯真"的儿童的诞生

阿利埃斯认为，现代道德一个最严格、最郑重的不成文的法则是，要求成人在儿童面前避免任何提及——首先是任何幽默地提及与性有关的事情，而这种观点在过去的社会中是不存在的。阿利埃斯对Heroard的日记中关于路易十三幼时（1-4岁）与身边的成人谈论自己性器官④的事情无法接受——作为一个现代西方人而无法接受，但在17世纪初这一切都被视为完全自然的事件。根据Heroard的记录⑤，在孩子五六岁时，人们就开始停止在孩子面前谈论此类话题，而王子则开始谈论身边其他人的性器官。但是6岁半左右他就不再以此作为玩笑的话题。到了7岁这一关键的年龄，他

① Philippe Ariès. *Centuries of Childhood: A Social History of Family Life*.Translated from the French by Robert Baldick. New York: Alfred A. Knopf, 1962，88-89.

② Philippe Ariès. *Centuries of Childhood: A Social History of Family Life*.Translated from the French by Robert Baldick. New York: Alfred A. Knopf, 1962，81-82.

③ Philippe Ariès. *Centuries of Childhood: A Social History of Family Life*.Translated from the French by Robert Baldick. New York: Alfred A. Knopf, 1962，90.

④ 详细描写参考Philippe Ariès. *Centuries of Childhood: A Social History of Family Life*.Translated from the French by Robert Baldick. New York: Alfred A. Knopf, 1962，100-102. 实际上这些有关成人与幼小男童关于其性器官的玩笑话题在今天的中国文化中依然存在。Heroard医生记录的1岁到4岁王子关于自己性器官的认识恰恰说明了孩子的纯真无邪，说明在幼小的孩子看来，自己的性器官与其他身体器官是同样的，对性禁忌尚不知晓。

⑤ Philippe Ariès. *Centuries of Childhood: A Social History of Family Life*.Translated from the French by Robert Baldick. New York: Alfred A. Knopf, 1962，102.

就必须接受庄重的语言和行为的教育。10岁的孩子被迫谦逊行事，而没有人会对5岁的孩子有这样的期望，教育（指当时的道德教育）很少在7岁前开始。从这些记录中可以发现，成人认为至少5岁之前的儿童对性事浑然不觉，对性器官的认识也与成人的认识完全不同。也就是说，"性"这一文化禁忌对于5岁之前的儿童来说，是不能与成人相提并论的，由此，与成人的认识相比，成人将儿童对性的无知赋以"纯真"这一标签。而且，"在15、16世纪，人们会看到一些特定的主题画，如吃奶的孩子，撒尿的男孩，很明显这是关于儿童的新兴趣的标志"[1]。阿利埃斯认为："一个实质性的观念胜出：纯真的儿童，在蒙田那里已经出现，一百年以后，纯真的儿童的观念成为一个普遍的概念。"[2]

阿利埃斯从一些作品中发现，童年由于基督的童年而变得特别。他从肖像画的发展以及文学作品中考察了儿童观念的诞生以及圣婴基督的形象对世俗的儿童观念的影响。如17世纪道德教育类文学作品中关于儿童的描写，引用《圣经·新约》中耶稣对儿童的喜爱和赞美。人们不仅关注耶稣是怎样看待孩子的，而且还发现，儿童拥有了保护自己的天使，阿利埃斯认为："似乎耶稣仅仅同意儿童有权拥有保护人——安琪儿，这不是说成人无权享受这一权利，而是成人被从儿童中区别出来，天使更喜欢顺从的儿童而不是反叛的成人。"[3] 在这里，保护"纯真"的儿童这一观念是确定无疑的。这些关于儿童的信仰不仅是关于儿童的纯真特质的认识，同时这些认识一旦表达为集体的信仰，就会在广大信众的日常行为中产生重要的影响。

[1] Philippe Ariès. *Centuries of Childhood: A Social History of Family Life*.Translated from the French by Robert Baldick. New York: Alfred A. Knopf, 1962, 105

[2] Philippe Ariès. *Centuries of Childhood: A Social History of Family Life*.Translated from the French by Robert Baldick. New York: Alfred A. Knopf, 1962，110.

[3] Philippe Ariès. *Centuries of Childhood: A Social History of Family Life*.Translated from the French by Robert Baldick. New York: Alfred A. Knopf, 1962，124.

同样，受宗教观念影响的另一个关于儿童的辩证认识是：儿童是弱的，没有成熟的理性，而这种理性的不成熟与纯真相联系，是神圣的纯洁的真实反映。对"纯真"的认识也使当时的伦理学家将教育放置在人的义务之前列，反对对儿童的漠不关心，反对将儿童视为玩物而过分地溺爱儿童，认为对孩子的教育是世界上最重要的事情。

阿利埃斯认为，孩子气的纯真这一概念导致了对童年的两种态度和行为：首先，保护孩子不受生活的污染，特别是关于性方面。第二，发展他们的性格和理性，使他们成长起来。在这里我们可能看到了矛盾：一方面是保持儿童的纯真或不成熟，而另一方面是使儿童变得更成熟。他认为这种矛盾仅仅存在于20世纪（人的认识之中）。与原始状态和非理性状态或前逻辑主义特征相联系的儿童是我们现在所拥有的儿童观念，这个观念是从卢梭那里开始的，但它属于20世纪，它仅仅是在最近，通过心理学家、教育学家、精神病医生以及精神分析学家的努力，进入公共观念之中的。另一个童年的概念，是一个不同的古老的观念，它诞生于15、16世纪，并在20世纪变得更为流行。这个概念看似古老却与我们当代观念有着联系，但是它在中世纪是新观念，即纯真和理性并不是矛盾的。①

总之，阿利埃斯通过对肖像画、儿童服饰、游戏等方面的考察，认为在中世纪早期的社会里，人们没有意识到儿童与成人的本质区别，一旦儿童不需要妈妈、保姆或其他照料者持续不断的关怀和照顾的时候，他就完全融入了在我们今天看来同样幼稚的成人社会，与成人穿同样的衣服，玩同样的游戏。在那时的语言中，child这个词并没有拥有严格的意义，人们在日常生活中说child就像说lad一样。在任何社会活动中，儿童与成人都没有被区别对待，在任何集体活动中都可以发现儿童。13世纪，出现了变化的端倪。从14世纪开始，在肖像画、死亡仪式中，儿童的形象都开始拥有

---

① Philippe Ariès. *Centuries of Childhood: A Social History of Family Life*. Translated from the French by Robert Baldick. New York: Alfred A. Knopf, 1962，119.

特殊的本质。到了16、17世纪，特定的服饰将孩子与大人区别开来。新的儿童观念是以成人对儿童特征的认识和喜爱为基础的，但是，起初由于孩子单纯、甜蜜、有趣，孩子成为成人娱乐、休闲的资源，特别是孩子的照料者溺爱孩子，这种17世纪的溺爱并未实践开来，仅仅是在上层社会生活中有所体现。其次，相反，在家庭以外穿长袍的牧师和绅士，在16世纪前很少却在17世纪大规模出现的伦理学者，热心于训练理性的态度，他们将儿童视为上帝脆弱的生灵，他们既需要保护又需要感化发展。这种概念反过来又转化到家庭生活中。① 在18世纪，家庭中对儿童的喜爱和教育与关注卫生和身体健康的意识融合起来了。总之，从17世纪以来，伦理学家和教育学家都体现出对儿童的喜爱，"对儿童的溺爱开始转向心理学兴趣和道德关怀。少数律师、牧师、伦理学家开始意识到孩子的天真和柔弱，设法开始在中产阶级中形成个体有较为漫长的儿童期的认识。换句话说，在文化领域出现了一个转向，这归功于基督教影响力的不断提高以及对教育的一种新的兴趣"②。特别是关于对儿童教育的重视标志着一个严肃而现实的童年概念的开始：为了纠正儿童的行为，人们必须首先理解儿童，在16、17世纪的教育作品中充满了儿童心理学的评论，作者都表现出对儿童的极大关注，与他们深爱的基督和天使相提并论。在18世纪的作品中，可以发现，成人对儿童的生活十分关心，任何与儿童有关的家庭生活都成为一个值得关注的问题，不仅是孩子的未来，而且孩子的当下都需要关注：孩子在家庭中居于中心地位。③

从儿童被忽视到将儿童视为有趣迷人的玩具，同他们亲切、自由地玩

---

① Philippe Ariès. *Centuries of Childhood: A Social History of Family Life.*Translated from the French by Robert Baldick. New York: Alfred A. Knopf, 1962，133.

② Colin M. Heywood. *A History of Childhood : Children and Childhood in the West from Medieval to Modern Times.*Cambridge:Polity Press, 2001，19.

③ Philippe Ariès. *Centuries of Childhood: A Social History of Family Life.*Translated from the French by Robert Baldick. New York: Alfred A. Knopf, 1962，133.

要而不需要考虑任何道德或者教育，再到将儿童看成是上帝创造出来需要保护和教育的脆弱的生命，以及关注儿童的教育和成长，儿童成为家庭的中心，现代儿童观念诞生了。

第二节　童年历史研究的发展

《儿童的世纪》一书在20世纪60年代末引起了广泛的关注，由此引发了半个世纪以来的儿童史研究。历史学家揭示了人类儿童养育的历史及历史中儿童的命运，特别是关于生育仪式、杀婴弃婴、婴儿死亡率、儿童的遗弃和收养、学徒、苦役、寄养等方面，考察了家庭结构和家庭情感关系的发展变化，以及童年的年龄划分、学校的演化、信仰的多元化对家庭生活的影响、性别对童年的影响等等。对于半个世纪以来的儿童史研究，不同的研究者尝试对其发展趋势进行了大致的归纳。学者俞金尧（2001）梳理了1960年到20世纪末的四十年里，儿童史研究的发展线索[1]：20世纪70年代，儿童史学家和家庭史学家发表了大量论著，纷纷探讨历史上儿童所遭受的苦难，以及父母与子女之间的感情关系淡漠的问题。总体而言，20世纪70年代末以前，儿童史的主流观点还是强调历史上儿童的悲惨境遇以及儿童历史的变迁，即儿童命运的根本性改善。从80年代以后，儿童史研究发生了范式的转变。有更多的人发现，历史上的欧洲人拥有儿童的观念，父母对于子女有强烈的感情。他们关心孩子的特殊需要，关怀他们的成长。研究者还发现，在历史发展过程中，父母与子女的关系并未出现

---

① 俞金尧. 西方儿童史研究四十年［J］. 中国学术，2001（4）：298–336.

重大转变，而是具有延续性的。台湾研究者陈贞臻（2011）认为，阿利埃斯之后，儿童史主要循着两条路线：一是70年代开始的"社会建构论"，一是80年代奠基于批评社会建构论的"生活经验论"。[①] 国外学者Margaret L. King（2007）将阿利埃斯之后近半个世纪以来的儿童史研究划分为两个时期[②]：一是英雄时期（The Heroic Era），指从60年代中期到80年代中期的研究，通过历史学、人类学途径，研究了各种家庭结构的演化、家庭生活与家庭功能的变化以及所有变化对孩子的影响。二是填充时期（Filling in），指从80年代至今的专著和调查研究。首先是连续性地考察某一段历史时期童年生活的专著，如 John Sommerville的《童年的起落》（*The Rise and Fall of Childhood*, 1982）考察了从古代到20世纪80年代的童年历史；Hugh Cunningham 的《十六世纪以来西方社会的儿童和童年》（*Children and Childhood in Western Society Since 1500*, 1995）、Colin Heywood的《童年的历史》（*A History of Childhood*, 2001）考察了从中世纪到现代的童年历史。在这些著作出现的同时，关于不同主题的专门的儿童史调查研究的专著也大量涌现，如英格兰、意大利、法国以及其他地区的学者关于本地区各种童年主题的历史研究。

063

本书根据儿童史研究的发展从"社会建构""批判社会建构"两种立场入手，对阿利埃斯之后儿童史研究的发展线索进行梳理和分析。前者主要指70年代从社会建构立场研究儿童和童年的历史，重在了解从不同时代、地域、阶层、文化、性别、种族等方面差异地理解儿童和童年，不关注或者否定人类童年的普遍性，从童年的时空条件上的差异性入手研究

---

① 陈贞臻. http://saturn.ihp.sinica.edu.tw/~huangkc/nhist/15-1CCCC.html，2011.

② Margaret L. King. Concepts of Childhood: What We Know and Where We Might Go. *Renaissance Quarterly*, 2007, Vol. 60(2): 371–407.

童年的多样性和变迁。这些史学家也被称为"第一代"儿童史学家[1]，相关研究也被称为"阿利埃斯范式"的儿童史研究。后者主要指从80年代开始到近期的研究，基于连续性和普遍性的立场，在呈现童年的变化和多样性的基础上，分析其中普遍的、永恒的内容，即从多样性中发现普遍的特性，也有些研究者只关注细节地考察某时某地童年的实际状况。从90年代中后期开始，通过差异性的调查寻找普遍的认识成为重要的研究取向，一方面，大量的研究以人类心理历史作为切入点，从人类心理发展史的逻辑线索来理解人类家庭情感关系特别是亲子关系，以及对待儿童态度的普遍性；另一方面，人们认识到，关于儿童的认识是一个社会的历史的过程，的确存在着不同时空中童年的现实形态，呈现这些不同的童年生活，也有助于人类认识和改善儿童的生活状况。

一、童年的"变迁"

阿利埃斯关于童年和家庭研究的先驱性工作起初是备受赞誉的，一些历史研究者，特别是部分中世纪史学家狂热地追随阿利埃斯的童年研究，在20世纪70年代产生了大量的研究成果。这些研究以阿利埃斯的研究结论为前提，从不同的视角搜集了丰富的资料，如肖像画、服装、哺育婴孩的方式、襁褓的使用、弃婴、弑婴、儿童死亡率、儿童读物、游戏、玩具，以及儿科医生的论述、育儿手册、伦理学家的言论、个人日记等资料都成为分析的依据。这些研究通过大量的分析来说明中世纪以来人们的儿童观念以及对待儿童的情感态度的变化，如认为"中世纪的母亲不知道对她们的婴孩付出真正的情感，这在很多情况下首先导致她们的孩子死亡，或者

---

[1] Mary Hilton, Jill Shefrin. *Educating the Child in Enlightenment Britain*. Burlington: Ashgate Publishing Company, 2009, 6; Albrecht Classen. *Childhood in the Middle Ages and the Renaissance: the Results of a Paradigm Shift in the History of Mentality*. New York: Walter de Gruyter ,2005，19.

因为很高的死亡率，她们谨慎地抑制对孩子的情感上的依恋"[1]。总之，相关研究关注历史上儿童的悲惨境遇以及家庭情感关系和儿童的境遇在历史变迁中得到根本改善这一主题，以"变化和发展"为主旨来说明现代儿童观念的建构过程。关于70年代的儿童史研究，国内学者俞金尧早在2001年就进行了较为全面而系统的梳理，下面结合相关研究的原著以及俞金尧[2]与Margaret L. King[3]的研究，按照时间顺序简要梳理70年代产生重要影响的研究。

Ivy Pinchbeck和Margaret Hewitt（1969）研究了英国自都铎时代以后对待儿童的公共政策的演变，认为在都铎王朝统治下的英国社会里，儿童被视为父母的财产，被当作小大人对待，儿童期仅仅是走向成人期的过渡阶段。从70年代开始一批研究者从心理历史途径（psychohistorical approach）研究童年，尽管这与阿利埃斯的研究重心不同，但是却殊途同归，说明中世纪没有儿童观念以及亲子关系中的情感冷漠。之所以说研究重心不同，是因为阿利埃斯明确表示，儿童的观念不能与对儿童的情感相混淆，它与儿童不同于成人的特殊本质相关。为了发现中世纪的人是否能够将成人与儿童区别对待，阿利埃斯主要从他认为客观反映儿童观念的各种外部表征，如肖像画、服装、对游戏的各种态度、条令以及学校中的年纪等方面来说明儿童的观念是现代以来的发明。而阿利埃斯的部分后继者则从历史上人们对儿童的情感演变入手，从家庭中对于孩子的情感态度的变化说明儿童观念的产生过程。当然这一路径一定深受阿利埃斯关于父母与孩子情感关系淡漠这一假设的影响。同时，历史上儿童的悲惨境遇，弑婴、弃婴、对儿童的严厉态度等具体状况也成为70年代儿童史研究中备受

---

① Albrecht Classen. *Childhood in the Middle Ages and the Renaissance: the Results of a Paradigm Shift in the History of Mentality*. New York: Walter de Gruyter , 2005，19.

② 俞金尧. 西方儿童史研究四十年［J］.中国学术，2001（4）：298-336.

③ Margaret L. King. Concepts of Childhood: What We Know and Where We Might Go.*Renaissance Quarterly* , 2007, Vol. 60(2): 371-407.

关注的问题。David Hunt（1972）研究了17世纪法国的儿童和家庭生活；Lloyd de Mause的《童年的演变》（1973）一文是心理历史途径的宣言，发表于《童年史季刊》的第一卷并在1974年作为《童年的历史》论文集的导言而重印。他考察了从遥远的野蛮时期到精神自由的黎明时分这一漫长时期童年的发展过程；Edward Shorter（1975）则聚焦18-19世纪家庭的演变，研究了18世纪中期中产阶级中母乳喂养的问题，并把奉献的母爱的发展作为现代家庭的基石；Peter Laslett（1977）从事了关于家庭的历史社会学研究①；Lawrence Stone（1977）假设了英国的家庭情感的发展路线，得出了与阿利埃斯同样的结论，也迎来了类似于阿利埃斯的研究所遭遇的各种严格的批判。他与Lloyd de Mause一样，采取了依照年代顺序构想包括父母与子女的关系在内的家庭情感的阶段性发展路线，把从1500年到1800年英国婚姻、家庭关系的发展分为"开放性世系家庭"（open lineage family，1450-1630）、"有节制的父权制核心家庭"（restricted patriarchal nuclear family，1550-1700）、"封闭的讲究家庭生活的核心家庭"（closed domesticated nuclear family，1640-1800）三个类型②，他同时认为，只有到了"封闭的讲究家庭生活的核心家庭"的阶段，也就是17世纪中后期以后，家庭情感关系发生了根本性的变化。这与阿利埃斯提出儿童观念的重大转折的时间节点是一致的。阿利埃斯和Lawrence Stone在关于家庭生活里程碑式的研究中，都认为在婴儿高死亡率的时期，父母对孩子的情感冷淡是一种保护机制，是为了免受孩子夭折所带来的情感痛苦而采取的保护反应，甚至认为对短暂的小生命投入太多的情感资本是愚蠢的。但是Lawrence Stone后来补充道："采取这种还原主义者的态度是愚蠢的，即认为在任何历史时期，死亡率与感情的多少和等级之间有着简单的直接的

---

① Peter Laslett. *Family Life and Illicit Love in Earlier Generations*. Cambridge: Cambridge University Press, 1977.

② 俞金尧. 西方儿童史研究四十年［J］. 中国学术，2001（4）：298-336.

关系。"[①] Louis Haas发现，早期的历史学家关于佛罗伦萨童年研究的一般观点就是，从虐待和忽视发展到爱与照料这一过程，他们通过大量的案例，呈现从忽视到产生积极变化的具体时刻。[②] Christiane Klapisch-Zuber考察了15世纪文艺复兴时期的佛罗伦萨对儿童的态度转变得很好，更加注重开导和情感表达，对圣婴的膜拜不断升级，建立了育婴堂，伦理学家关于儿童和童年的教育手册不断增多，画像中的儿童更加生动。简而言之，出现了"现代的"对待儿童的态度。[③] David Herlihy 和Christiane Klapisch-Zuber通过对托斯卡纳人的考察，认为托斯卡纳的父母们的行为在一定程度上支持了阿利埃斯的观点，他们中的许多人的确不欢迎新生儿进入家庭中或自己心中，直到度过了危险的早期几年。14世纪的灾难，特别是人口灾难，加剧了对儿童的这种否定的态度，David Herlihy 和Christiane Klapisch-Zuber认为，幼小儿童可怕的死亡率使父母丧失了与新生儿保持深厚情感的勇气。Herlihy还认为前现代时期新生儿的高死亡率，包括儿童以及成人的高死亡率削弱了夫妻之间、父母与孩子之间关系的牢固性与稳定性。Herlihy发现了佛罗伦萨家庭生活中一个有趣的人口事实，由于种种原因，丈夫比妻子年长很多（大约年长14岁左右），而且佛罗伦萨的男人几乎到40岁才有第一个孩子，这样迥异的年龄和生活经历很难形成夫妻彼此之间亲密的情感关系。根据这一信念，Herlihy得出结论：在中世纪末期和文艺复兴时期，佛罗伦萨家庭遭遇着内部的情感危机。同时，这个危机本身明确地显示了父母与孩子的关系：理性的父亲（即便不是很年长）很难与他们的孩子交流。这就是为什么在Sommerville看来，佛罗伦萨的父亲

[①] 转引自Robert Woods.*Did Montaigne Love His Children*? Demography and the Hypothesis of Parental Indifference. Journal of Interdisciplinary History, ⅩⅩⅩⅢ：3 (Winter, 2003), 421-442.

[②] Louis Haas.*The Renaissance Man and His Children: Childbirth and Early Childhood in Florence 1300-1600.* New york:St. Martin's Press,1998，4-5.

[③] Christiane Klapisch-Zuber.*Women, Family,and Ritual in Renaissance Italy.* Chicago:The University of Chicago Press, 1985.

们为他们的孩子创作了很多的书，正是因为他们无法与孩子面对面进行沟通。因此，是母亲而不是父亲成为孩子最初的交流者。Herlihy完全同意阿利埃斯的观点，认为婴孩较低的存活率使得成人与他们保持特定的情感距离，以便避免与他们形成情感依恋，直到孩子幸存下来后才逐步建立牢固的关系。①

根据推测，有充分的证据说明佛罗伦萨人对儿童的忽视以及缺乏关心，这可以从将孩子送给雇佣的保姆养育这一事实中得到反映。Sommerville直截了当地说："简而言之，保姆意味着对所有孩子的无视。"②儿童在育婴堂中受到更为残酷的对待。这些生活事实都呈现了大人忽视孩子而给孩子带来的悲惨境遇。

以上研究被称为阿利埃斯式的儿童史研究，这些研究基于历史发展与进步的假设，建构了历史上欧洲人对待儿童的态度以及家庭关系的演变过程，说明"爱"与"童年"的诞生过程，或者说证明了直到现代儿童才被发现，而在此之前，人们恶劣地虐待他们的孩子，忽视他们的存在或者经常残忍地打他们，甚至弑婴、弃婴现象较为常见。特别是Lloyd de Mause组织创刊的《儿童史季刊》在问世后的头几年里，发表了不少反映历史上的儿童悲惨境遇的文章，弃婴、杀婴以及对待儿童的严厉态度得到了集中的反映。他在《童年的演进》一文中，采用按年代顺序的途径研究童年的历史，依时间顺序分为六种模式③，分别是"杀婴"的古代，4-13世纪的"遗弃"，"矛盾"的14-17世纪，接下来是他的年代序列表上的进步转

① Louis Haas.*The Renaissance Man and His Children: Childbirth and Early Childhood in Florence 1300-1600*. New York:St. Martin's Press, 1998，5.

② Louis Haas.*The Renaissance Man and His Children: Childbirth and Early Childhood in Florence 1300-1600*. New York: St. Martin's Press, 1998, 5.

③ 参考俞金尧.西方儿童史研究四十年［J］.中国学术，2001（4）：298-336；Willem Koops and Michhael Zuckerman. *Beyond the Century of the Child: Cultural History and Developmental Psychology*. Philadelphia: University of Pennsylvania Press, 2003，23.

折，即18世纪教育的"侵入"①，19世纪的"社会化"以及20世纪的"帮助"。Lloyd de Mause认为："儿童的历史是一场噩梦，我们只是刚刚开始从噩梦中醒来。越是追溯历史，就越能发现儿童受到的关爱之少，而且儿童越有可能遭到虐杀、毒打、恐吓，还受到性虐待。"② 儿童的历史简直就是一部苦难史，或者说18世纪以前的儿童生活在一个充满恐怖的黑暗世界里，缺乏爱和关心，甚至缺乏生命保障。

在20世纪70年代中后期，也出现了与同一时期观点相异的研究。Ilene H. Forsyth（1976）经过对9-12世纪的艺术作品的研究，确认儿童的形象在中世纪早期的艺术作品中已经出现了。Alan Macfarlane（1977）对17世纪牧师的家庭生活进行了历史人类学考察③，提出了与 Lawrence Stone（1977）关于英国的家庭研究显著不同的观点。他发现清教徒父母对待孩子实际上并不是像有些历史学家所描写的那样严厉苛刻并施行强力控制。Macfarlane在他的《英国个人主义的起源》（1978）和《英格兰的婚姻和爱》(1985)中，较早地奠定了关于家庭的丰富情感以及亲密关系的认识。Macfarlane对Stone的观点的深刻评论也是备受关注的。Macfarlane对英国的研究与Jean-Louis Flandrin（1979）和James Traer（1980）对法国的研究是一致的。④ Flandrin对13世纪末和14世纪初法国小山村蒙塔尤的研究表明，蒙塔尤人

① 国内学者俞金尧将此阶段翻译为"介入"，本义中根据阿利埃斯考察童年的历史时，通过将学校教育与之前儿童和成人一起的自由生活相比较时所表达的忧虑（参考Philippe Ariès. *Centuries of Childhood: A Social History of Family Life*. Translated from the French by Robert Baldick. New York: Alfred A. Knopf, 1962,413），以及相关研究呈现出来的成人教化儿童时的严厉和强力控制，包括今天的大多数学童的生活被简化为学校生活，在翻译"intrusive"一词时，直觉地运用了"侵入"一词。

② 转引自俞金尧. 西方儿童史研究四十年［J］. 中国学术，2001（4）：298-336；参考John Cleverley, D.C. Phillips. 陈正乾译.西方社会对儿童期的洞见——从洛克到史巴克具有影响力的模式［M］. 台北：文景书局有限公司2006，12.

③ Alan Macfarlane .*The Family Life of Ralph Josselin,A Seventeenth-century Clergyman: An Essay in Historical Anthropology*. London：W.W. Norton, 1977.

④ Margaret L. King. Concepts of Childhood: What We Know and Where We Might Go. *Renaissance Quarterly* , 2007, Vol. 60(2): 371-407.

和萨巴泰人在灵魂深处对儿童，哪怕是对最小的婴儿也怀有一种十分强烈的、发自内心和溢于言表的亲切感，这种感情是当地文化的基础，并与之共同生存。绝对没有任何理由认为这种感情是外部移植的，并且说它起源于外部和后来的精英情感。① 但是，在整个70年代，对阿利埃斯观点的支持与求证的儿童史研究占据支配地位。

二、童年的"延续"

从20世纪70年代后期，特别是从80年代开始，史学领域针对被今天称为"第一代儿童史学家"的阿利埃斯及其70年代的后继者的研究展开了全面的批判，一批史学家从史料的采用、分析与推论等方面对以阿利埃斯为代表的第一代儿童史学家的研究进行了严格的分析和批判，而作为开端人物的阿利埃斯自然收获了最多的批判。

（一）对阿利埃斯研究的批判

阿利埃斯的研究假设、史料选择、论证分析的整个研究过程，被批判者视为一个问题链，都成为批判者的着力点，可以说对阿利埃斯的儿童史研究的批判是全面的、深刻的。他的研究假设被认为是武断的、片面的。他采取符号证据的研究途径受到了严厉的批评，同时他对史料的处理也被认为是非常天真的。② 他的选择性取证以及过度推测并做出简单结论的做法受到的批判最多。此外，他所选择的研究资料决定了他的研究对象主要是社会精英群体中的儿童，他站在"现代中心""西方中心"的立场上，用西方现代特定背景下的标准要求和评价历史中的人的行为。而且，从今天的观点来看，"阿利埃斯也忽视了儿童的视角，即儿童建构他们自己的

---

① 转引自俞金尧. 西方儿童史研究四十年 [J]. 中国学术，2001（4）：298-336.

② Colin M. Heywood. *A History of Childhood :Children and Childhood in the West from Medieval to Modern Times*.Cambridge:Polity Press,2001，12.

童年角色"[1]。

　　阿利埃斯通过对宗教绘画的分析，认为在9-12世纪人们未能发现孩子的形象，这表明那时的人们没有儿童的观念。随着宗教绘画中儿童形象的出现以及不断演变，儿童的观念逐步诞生了。的确，没有人否认在中世纪早期艺术中儿童是被忽视的。然而，正如Anothony Burton 认为："阿利埃斯从一种正确的观察中得出了一个错误的结论，因为他犯了一个逻辑错误。中世纪的艺术作品几乎完全是宗教题材的，除了孩子以外，还有很多东西在中世纪的艺术作品中是看不到的。实际上，所有的世俗生活都从艺术作品中消失了。"[2] 也就是说，他们集中于信仰这一主题就意味着许多其他主题都被忽视。这就使得不可能单独地将儿童凸显出来，如同不可能单独将成人凸显出来一样。[3] Colin M. Heywood认为，阿利埃斯仅仅依靠宗教艺术，忽略了其他方面。而且，即便仅仅考察宗教绘画，他对资料的掌握也是不全面的，如Urban T. Holmes研究发现，"在1400年以前，描绘儿童的技巧尚未得到充分发展。不过，他发现在1040年萨尔茨堡的一份手稿中有一幅彩饰画，表现了圣母玛利亚与她的父母一起进入神殿的情形。在那幅画里，她的形象就不是一个缩小了尺寸的成年人，而是脸上洋溢着稚气的孩童"[4]。此外，后来的研究者同样通过对肖像画的研究发现，在中世纪欧洲（6-15世纪），儿童期已经被人们当作一个独立的人生阶段了。中世纪的画家常常将儿童画得天真烂漫，他们穿着宽松舒适的长袍，或玩耍嬉戏，或仰望成人。书面作品中描述七八岁之下的儿童所使用的术语与其他人是不同的，而且书中也承认十几岁的少年并没有完全成熟（Lett，1997）。考古发掘的小碗、餐具、玩具、娃娃和其他

　　① Roger Smith. *A Universal Child?* New York: Palgrave Macmillan, 2010，33-34.

　　② 转引自俞金尧. 西方儿童史研究四十年［J］. 中国学术，2001（4）：298-336.

　　③ 转引自Colin M. Heywood. *A History of Childhood :Children and Childhood in the West from Medieval to Modern Times*.Cambridge:Polity Press, 2001，12.

　　④ 转引自俞金尧. 西方儿童史研究四十年［J］. 中国学术，2001（4）：298-336.

物品都显示出成人已经敏锐地注意到了儿童身体上的局限与心理上的需要。[①] Nicholas Orme（2001）对中世纪的儿童从家庭生活、儿童成长中的危险、童谣、游戏、宗教角色、教育以及儿童的成长等方面进行了广泛的综合研究[②]，尖锐地批判了阿利埃斯关于童年是晚近的发明这一论点，指出中世纪的欧洲人"将童年视为不同的人生阶段，父母以孩子般的方式对待儿童，就像以成人的方式对待成人一样，他们带着关爱和情感，孩子们有着属于他们自己的文化活动"[③]。Orme提醒人们，现代人在思考中世纪时人为地设定了"中世纪"和"现代"之间的断裂。实际上，通过比较，Orme发现中世纪的人们，特别（但不仅仅）是在12世纪以后，有了童年的概念，包括儿童期开始和结束的时间。Orme的证据来自于教导文本、教堂记录、科学文献、插图手稿、编年史以及诗，这些资料强烈支持着"延续"范式的基本观点，即孩子在中世纪受到了充分的重视，并没有被视为小大人。但这并不意味着所有的人对孩子充满热情和爱，许多作者都以不动感情的方式，从细节上呈现他们认为孩子应该学什么，他们的行为举止、饮食以及如何服从他们的父母。[④] Barbara A. Hanawalt发现，Aegidius Romanus（1247—1316）指出儿子是完全服从父亲命令的，Jean Gerson（1363—1429）强烈建议父母对他们的孩子的情感需要给予更多的关注，Mapheus Vegius(1406/1407—1458)谴责父母想当然地认为体罚是理想的教育工具，与之相反，他认为在现实中恐吓和无缘由的责打会破坏孩子的心灵。这些认识都与中世纪没有童年的观念是不相容的。[⑤] 其他研究者也通

---

① Laura　E. Berk.发展心理学：婴儿·孩童·青春期［M］.北京：北京大学出版社，2005影印版，13.

② Nicholas Orme. *Medieval Children* .New Haven and London: Yale University Press, 2001.

③ Albrecht Classen. *Childhood in the Middle Ages and the Renaissance: the Results of a Paradigm Shift in the History of Mentality*. New York: Walter de Gruyter , 2005，229.

④ Albrecht Classen. *Childhood in the Middle Ages and the Renaissance: the Results of a Paradigm Shift in the History of Mentality*. New York: Walter de Gruyter, 2005，39-40.

⑤ Albrecht Classen. *Childhood in the Middle Ages and the Renaissance: the Results of a Paradigm Shift in the History of Mentality*. New York: Walter de Gruyter, 2005，6.

过各种途径，发现中世纪时期至少有一些关于儿童特殊本质的认识。中世纪的法律条文中一些少数的关于儿童的规定说明了他们关于儿童的意识。此外，训诫、论文、百科全书、医学手册、室内装饰方面都反映出对儿童特殊本质的认识。[①]

阿利埃斯在论证父母对孩子的情感冷漠时，引用了17世纪作家莫里哀和蒙田关于儿童的描述。但他在使用这些资料做出解释时是傲慢的。Robert Woods对阿利埃斯关于蒙田相关资料的引用和论证进行了分析[②]：蒙田究竟爱自己的孩子吗？因为，在阿利埃斯的关键论述中，他前后四次引用蒙田的话语支持自己的主张并说明在18世纪之前，父母对孩子是冷漠的，因为婴儿和儿童的死亡率很高。Robert Woods考察了阿利埃斯是怎样将蒙田的自传和文学作品作为证据的，并由此认为阿利埃斯仅仅利用了这些资料的表面价值，进而否定了阿利埃斯关于父母对儿童情感冷漠的假设。阿利埃斯和Lawrence Stone都引用了蒙田无力回忆起自己孩子的确切数量的一句话："我失去了两个或者三个孩子，很遗憾但是没有巨大的悲痛。"两位历史学家都从这句话中得出了父母对孩子情感淡漠的结论。Robert Woods认为，作为阿利埃斯研究证据的蒙田随笔，可能是因为作为公开的书籍，作者较好地隐瞒了痛苦的情绪，也就是说蒙田以一种貌似无所谓的手法掩盖着自己内在的痛苦。Robert Woods还引用传记作者Frame对蒙田的写作意图和方法的研究来支持自己的这一认识。同时，Burke也认为，这些自传性的文章代表一种阐述人类情感的认识论策略，既没有放纵的随意表现，也非完全的自我启示。蒙田对失去孩子的平静可能只是表面上的，是一个勇敢的标签，或者是一种简单的模糊。[③] Robert Woods还

073

---

① Colin M. Heywood. *A History of Childhood : Children and Childhood in the West from Medieval to Modern Times*.Cambridge:Polity Press, 2001，14.

② Robert Woods.*Did Montaigne Love His Children*? Demography and the Hypothesis of Parental Indifference. Journal of Interdisciplinary History, ⅩⅩⅩⅢ：3 (Winter, 2003), 421–442.

③ Robert Woods.*Did Montaigne Love His Children*? Demography and the Hypothesis of Parental Indifference. Journal of Interdisciplinary History, ⅩⅩⅩⅢ：3 (Winter, 2003), 421–442.

通过考察蒙田养育他存活下来的女儿的做法，饱含着蒙田对孩子真诚的柔情，说明蒙田关爱、体贴甚至迁就孩子。在研究了蒙田自传性作品的写作意图、情感表达策略以及蒙田养育孩子的实际情况之后，Robert Woods认为阿利埃斯对蒙田的柔情进行了忧郁的、有意识的错误解读。

　　Adrian Wilson是系统地批判阿利埃斯研究的人之一，他认为阿利埃斯的研究充满逻辑裂缝和方法论缺陷。[①] Heywood直率地批评道：阿利埃斯关于童年的笼统的断言可能迷惑人们的智力，并且可能影响今后的一大批人。Jean-Louis Flandrin也认为阿利埃斯研究中那些文献给人留下了深刻的印象，但是对他的分析方法缺陷保持谨慎的态度。Adrian Wilson认为，西方的儿童肖像画似乎反映出"儿童的发现"这个过程。但是，并不是每个人都接受这一转变的过程就表明艺术家"发现了儿童"，应当考虑文艺复兴这个大的时代背景。这意味着，第一，艺术上"发现儿童"不是通过对儿童的直接研究，或者是对周围的儿童产生了新的兴趣，而是通过对古希腊，尤其是古罗马的雕塑和绘画作品的模仿而不断展开的；第二，"儿童的发现"只是那些可以被称为"自然的发现"或"现实主义的发现"这样的总体发展的一部分。所以，艺术家"发现"儿童不是孤立的事情，而是涉及范围更为广泛的文化变迁的一部分。在这一变迁过程中，儿童的肖像仅仅是附带地受到影响。[②] 例如关于在宗教艺术中将圣婴描绘成小大人的形象，从文化对艺术表征的影响来看，在艺术形象中将圣婴描绘成成人的样子，"为什么不能被假定为是代表神圣的智慧？甚至在中世纪早期描述成人时，艺术家更关注去表达他们的社会身份的主题而不是表达他们

① Colin M. Heywood. *A History of Childhood : Children and Childhood in the West from Medieval to Modern Times*.Cambridge:Polity Press, 2001，12.

　　② 参见俞金尧. 西方儿童史研究四十年 [J]. 中国学术，2001（4）：298-336；Colin M. Heywood. *A History of Childhood : Children and Childhood in the West from Medieval to Modern Times*. Cambridge: Polity Press, 2001, 13.

的相貌"①。由此而引出的一个重要的问题是，肖像，或者说艺术表征是现实的变形，是人物身份或其他方面的象征，而不是对现实的模仿。阿利埃斯将他的理论建立在中世纪艺术中儿童表征的变化之上，而且阿利埃斯特别重视视觉表征的引用。对此，Mary Jane Kehily对视觉表征作为证据的可靠性进行了分析，她认为这些宗教艺术不能被认为是对真实事物的反映，而总是通过与实物的分离、区分或与其不同而进行某种形式的重构。例如，圣婴的肖像画，并不是表达真实的基督儿童时的图像，艺术家使用普通的儿童作为模型，其背景和细节将源自于他所处的时代或他的想象，如光环和羔羊等细节是一系列象征的一部分，暗含着纯真、神圣等意义和信息，衬托作为中心的基督。更重要的是，正如Chaplin（1994）认为，图像表征可被认为表达力强并且对社会过程起作用，耶稣的图像是西方价值和信念的一部分，并且是浓缩的体现，它反过来影响并形成广泛的社会和政治生活中人们的行为和互动方式。图像有无限的力量，并且比语词更容易让人回想，但重要的是要记住它是人们为了特定的目标创造的物化产品。表征不仅仅是镜像的反映，有人创造了它，有人看到了它，它在现实中作为一个交换的事物而存在，它们有着物质原型——但是图像比它的实物更真实，图像是一种十分有力的交流方式。图像并不像文字一样传递经验的信息，图像时常表达情感、动机联合和记忆，并且可以唤起多元的意义。中世纪的绘画服务于教堂和信仰的目标……传递天主教意识形态的信息，不关注被表征的现实世界和普通人关注的事情。中世纪绘画几乎不可避免地以信仰教化和信念为背景。儿童象征精神，代表神圣的童年。② 一些历史学家将佛罗伦萨的儿童肖像画视为面具而不是镜子③：Barbara Kay

① Colin M. Heywood. *A History of Childhood : Children and Childhood in the West from Medieval to Modern Times*.Cambridge: Polity Press, 2001，13.

② 参考Mary Jane Kehily. *An Introduction to Childhood Studies*.London: Open University Press, 2004，29.

③ Louis Haas.*The Renaissance Man and His Children: Childbirth and Early Childhood in Florence 1300–1600*. New York: St. Martin's Press, 1998，6.

Greenleaf 指出了文艺复兴佛罗伦萨艺术中的假设性伪造，艺术家们画出的孩子总是丰满的、愉快的，而真实生活中的儿童则常常是吃不饱肚子的、无变化的、十分不愉快的。在肖像画中孩子总是在妈妈的注意当中，而在生活中孩子远在妈妈的视线之外，当然也可能在妈妈的心灵之外。为什么佛罗伦萨人会接受这种不真实的描述，借助于许多这样的描述，Greenleaf 总结道，他们只是在减轻自己作为不称职的父母的罪过，而且看到这些画也可以帮助他们忘掉自己悲惨的童年。艺术家也参与到这样的精神宣泄当中。Sommerville 给自己提出了这样的问题：为什么达·芬奇也这样画圣母玛利亚以及孩子？他得出的答案是：因为达·芬奇曾经被从妈妈手中送到一个又一个保姆那里，最后来到继母身边。他从未拥有过稳定的内在的母爱。尽管这些艺术家画的不是真实的事实，但他们为文艺复兴高潮时期发展起来的对儿童的态度的新转变的确做出了贡献。当然，即便这里他们有一种隐蔽的、促成这种对儿童态度转变的动机，在 Sommerville 看来，孩子是重要的，但只是就作为家庭的继承人，而不是作为个体的人而言的。①

以上这些分析都说明，阿利埃斯似乎认为"艺术家画出了每个人眼中看到的儿童"，但是他忽略了所有复杂的问题，即关于艺术表征调节现实的方式。②

对阿利埃斯的批评还指出，他是极端的"以当下为中心的"，这一点意味着从中世纪的欧洲为20世纪的儿童概念寻找证据，当一无所获时，就迅速得出中世纪根本没有关于人生这一阶段的意识。在这一点上阿利埃斯被认为"忽略了中世纪人的儿童观念，低估了中世纪父母对孩子的爱（Nelson，1994），以及忽略了人类成人养育儿童和儿童社会化过程中永

---

① C.John Sommerville. *The Discovery of Childhood in Puritan England*. Athens: University of Georgia Press, 1992, 78-79. 转引自 Louis Haas. *The Renaissance Man and His Children: Childbirth and Early Childhood in Florence 1300-1600*. New York:St. Martin's Press, 1998，6.

② 转引自 Colin M. Heywood. *A History of Childhood: Children and Childhood in the West from Medieval to Modern Times*. Cambridge: Polity Press, 2001，13.

恒的、一般的元素（Martindale，1994）"[1]。Wilson、Heywood、Pollock 等人都认为阿利埃斯解释历史的观点是"现代中心的"：为什么西方社会过去要像现在一样看待儿童呢？即使过去儿童被以不同的方式对待，那也不能意味着儿童没有被当作儿童。而后续研究指出，中世纪存在关于儿童本质的积极认识，特别是在儿童很小的时候。法国的研究表明任何时代都没有中世纪儿童出生时那样的庆祝仪式，也可以引用5世纪Pope Leo伟大的布道："基督珍爱儿童和谦卑的妇女，天真的规矩，可爱的模型"，儿童的天真意味着天神的显示，是天地之间谴责罪恶的使者，谚语中有"婴孩口中出真知".[2]

　　总之，阿利埃斯的研究引发了历史学家的严格讨论，激发了研究中世纪和文艺复兴时期的历史学家们对这一时期的童年进行了集中的研究，阿利埃斯提出的中世纪没有儿童观念的假设逐渐被驳倒：很显然人生有一个独特的阶段被叫作儿童期，在欧洲各地区的中世纪文化中对这一认识都有所反映。[3] 通过详细的史料调查，历史学家否认了阿利埃斯的观点[4]，他也被 Adrian Wilson称为业余的"周末历史学家"，当今的一些研究者称"他的研究已经没有多少人记得了"[5]。Margaret L. King认为，关于阿利埃斯的讨

① Mary Jane Kehily. *An Introduction to Childhood Studies*. London: Open University Press, 2004，38.

② Colin M. Heywood. *A History of Childhood: Children and Childhood in the West from Medieval to Modern Times*. Cambridge: Polity Press, 2001， 15−16.

③ Andrea Immel, Michael Witmore. *Childhood and Children's Books in Early Modern Europe, 1550−1800*, New York: Routledge,2006；可参考Urban T. Holmes. Medieval Children. *Journal of Social History*, 1969(2): 164−172; Shulamith Shahar. *Childhood in the Middle Ages*. New York: Routledge, 1990; Barbara A. Hanawalt.*Growing Up in Medieval London: the Experience of Childhood in History*. New York: Oxford University Press,1993; James A. Schultz. *The Knowledge of Childhood in the German Middle Age, 1100−1350*.Middle Ages Series.Philadelphia:University of Pennsylvania Press,1995; Nicholas Orme. *Medieval Children* .New Haven and London: Yale University Press, 2001; Willem Koops , Michael Zuckerman. *Beyond the Century of the Child: Cultural History and Development Psychology*. Philadelphia: University of Pennsylvania Press, 2003.

④ Willem Koops, Michhael Zuckerman. *Beyond the Century of the Child : Cultural History and Developmental Psychology*. Philadelphia: University of Pennsylvania Press, 2003，21.

⑤ Roger Smith. *A Universal Child*? New York: Palgrave Macmillan, 2010，34.

论逐渐消失，尽管在近期童年研究的介绍性章节中必须全面回顾阿利埃斯式的讨论，但是，是到了终止这种讨论的时候了。[①]

（二）童年历史研究的范式转换

尽管阿利埃斯是从（贵族）日常生活史入手来研究儿童的历史，研究人们在日常生活中与儿童相关的生活内容、心态现象、符号系统、习俗、思维方式和行为模式，并且将家庭情感关系作为主要的研究维度。但是，阿利埃斯选取的研究资料并不能确定地反映当事人的心理状态或者说关于儿童的实际认识，这些视觉表征与其所要说明的成人关于儿童的观念和态度之间存在某种相关，但不是一一对应的因果关系。因此，简单的因果推论就显得过于主观。例如，在他看来，贵族家庭的孩子开始穿着特殊式样的服装就说明他们拥有了新的儿童观念，而乡村普通民众的孩子一直穿着大人样式的服装就说明他们还没有关于儿童的新的认识。一些中世纪研究者认为不同阶层家庭孩子的着装受到经济条件的影响，而不仅仅是观念的问题。Roger Smith 就认为："16世纪儿童的服饰与成人没有区别可以用贫穷或物质缺乏来解释，现代社会，孩子时常穿大人衣服。"[②] 当然，从常人心理来看，父母给孩子穿不起合适的衣服并不意味着他们不关爱自己的孩子，或者未能认识到孩子与大人之间的区别。而且，从阿利埃斯所呈现的资料中，也可以得出更为复杂的认识。如他选取的Heroard医生关于王子的记录中：王子5岁时，摘下童帽换上了男人的帽子，王子就不能再像一个孩子了，而必须开始像一个男人。但是6天后，女王让他重新戴上童帽；王子7岁时，他穿上了紧身上衣和马裤，换掉了儿童的衣服（也就是长袍），带上斗篷和剑。过了些日子，他又被换上了长袍，就像以前重新换上童帽一样。在这段资料中，可以发现作为文化符号的儿童观和实际

① Margaret L. King. Concepts of Childhood: What We Know and Where We Might Go? *Renaissance Quarterly*, 2007, Vol. 60(2): 371-407.

② Roger Smith. *A Universal Child*? New York:Palgrave Macmillan, 2010，34.

生活中的儿童观是不同的。甚至可以说，文化表征中的儿童观与现实生活中人们关于儿童的心态是有很大差异的，人的心理活动是一个复杂的过程，而各种外在的表征并不能完全反映人的精神世界，而且有些外部表征可能是现实的某种变形。在实际的生活中，存在着人类成人养育儿童的普遍的、共同的情感和态度。于是，从80年代开始，大批研究者对心理的历史，即通过对过去人们感觉、情感和情绪的表达进行研究，来了解历史中人们真实的心理状态以及人类社会中家庭情感关系的永恒要素。儿童史研究从探讨"变迁"走向探讨"连续"，其基本立场、研究内容、方法都发生了改变，转入了新的研究范式。

为了研究人们对待儿童的态度以及关于儿童的观念，儿童史学家开始寻找可以反映人们内心世界真实状况的资料，来说明他们关于儿童的观点和对待儿童的基本态度。研究者通过日记、书信、自传以及文学作品等当事人叙述的研究资料，深入地考察了亲子关系。这些研究旨在说明，中世纪的欧洲也存在关于儿童的基本认识，父母对子女有强烈的感情，他们关心孩子的特殊需要，关心他们的成长。研究者还发现，在历史发展过程中，父母与子女的关系并未出现重大转变，而是具有延续性的。甚至阿利埃斯本人都已承认，如果研究了中世纪的资料，他会修正他所持有的关于家庭情感在现代早期开始出现的观点。①

在儿童史学的范式转换中，Linda A. Pollock的研究起了重要的推动作用。她在《被遗忘的孩子：十六到二十世纪的亲子关系》②一书中，"不仅有效地推翻了很多以前提出来的根据不实的假设，而且还提出了在16到19世纪之间父母对子女态度具有高度延续性的证据"③。Pollock收集了从

---

① 转引自俞金尧. 西方儿童史研究四十年［J］. 中国学术，2001（4）：298–336.

② Linda A. Pollock. *Forgotten Children: Parent-Child Relations from 1500–1900*.Cambridge University Press, 1983.

③ 转引自俞金尧. 西方儿童史研究四十年［J］. 中国学术，2001（4）：298–336.

16世纪到20世纪的400封信（包含日记等，其中四分之一是孩子写的），通过这些作者的真实讲述，打破了在现代之前家庭情感关系冷漠，特别是父母对子女情感冷漠的神话。Pollock认为，儿童的观念（指现代的儿童观念）在16世纪就已存在，这个观念在以后几个世纪的发展中可能变得更加精致，但这并不意味着在之前的时代就不存在我们今天对待儿童的看法和态度，父母对孩子的爱在人类历史中更具有连续性，并非只有到了现代才出现了爱孩子的父母。即便是以严厉著称的清教徒家庭，Pollock也发现，清教徒对孩子是温柔的、关爱的，父母总是珍视孩子的，成人与孩子之间的情感关系是生物学的天赋而不仅仅是社会的历史的建构，亲子关系是社会—生物的。① Pollock还认为，历史上父母对夭折的孩子的悲痛程度并没有随时间的变化而变化，根本没有证据可以说明18世纪前的父母对于他们的幼子的夭折是漠不关心的。但是，Pollock也承认，父母对年幼孩子的夭折可能比年长孩子夭折的悲痛要小一些。②

呼应Pollock开启的新范式，80年代以来，围绕对第一代儿童史学家研究结论的批判而出现了大量关于中世纪以及现代早期儿童史研究的成果，旨在说明家庭生活中情感关系的延续性以及复杂性。Steven Ozment（1983）的《父权时代》（*When Fathers Ruled*）一书研究了德国宗教改革时期家庭的亲子关系，David Nicholas（1985）的《中世纪城市的家庭生活》（*The Domestic Life of a Medieval City*）研究了14世纪英国根特的家庭生活，Barbara Hanawalt（1986）的《既定的关系》（*The Ties That Bound*）研究了中世纪晚期英格兰农民的童年，Shulamith Shahar（1990）的《中世纪的童年》（*Childhood in the Middle Ages*）以及Mark Golden（1990）的《古希腊的儿童和童年》（*Children and Childhood in Classical Athens*）勾勒了两个不同时期家庭关系中普遍的连续性的情感模式，Suzanne Dixon

---

① Mary Jane Kehily. *An Introduction to Childhood Studies*. London: Open University Press, 2004，32-33.

② Mary Jane Kehily. *An Introduction to Childhood Studies*. London: Open University Press, 2004，32-33.

（1992）的《罗马家庭》（*The Roman Family*）发现了罗马的家庭是何等的"现代"，而且Barbara Hanawalt（1993）在《中世纪伦敦儿童的成长》（*Growing Up in Medieval London*）中通过对中世纪晚期伦敦的城市儿童的研究，重申了对家庭情感关系连续性的认识。Louis Haas（1998）的《文艺复兴时期的男人和孩子》（*The Renaissance Man and His Children: Childbirth and Early Childhood in Florence 1300-1600*）、Nicholas Orme（2001）的《中世纪的儿童》（*Medieval Children*）以及Albrecht Classen（2005）的《中世纪和文艺复兴时期的童年》（*Childhood in the Middle Ages and the Renaissance: the Results of a Paradigm Shift in the History of Mentality*）也深入论述了亲子情感关系的连续性。总之，寻找前现代与现代家庭关系的连续性和复杂性成为这一时期主要的研究目标。

以上研究说明，在关于家庭关系特别是亲子关系连续性的研究中，"情感途径"成为支点。起初，对情感的关注是因为历史学家一开始并非为了研究童年，而是通过研究历史中儿童的实际生活来反映家庭的演化史，这就注定亲子关系是研究的核心，从而也就注定了"情感途径"是主要的途径。然而，随着研究的进一步发展，"情感"这一人类生命的永恒机制便逻辑地成为研究人类家庭关系的支点。作为人类的基本生存机制，人类的基本情绪情感具有超越时代的普遍性，因此，从情感入手呈现亲子关系的连续性就势在必然了。

在《文艺复兴时期的男人和孩子》一书中，Louis Haas以一封信件作为开篇，信中呈现了父亲回忆去世已久的女儿在世时种种与父亲亲密的互动、父亲的百般柔情以及对孩子的关心和照料，这种情感与现代西方社会中的大多数人是一致的。Louis Haas认为在14世纪父亲对孩子的这种态度和行为让我们产生惊讶和疑惑，这种惊讶和疑惑源自于我们对当时日常生活的直觉，当时日常生活的特征是贫穷、不快、残酷、短命。因此，阿利埃斯范式的研究提出中世纪时期儿童受忽视和虐待，这种态度直到17世纪才发生了彻底的改变，人们爱孩子，照料孩子，对孩子的认识更加深入，儿童开始在历史学家那里变成了"现代的"儿童。在20世纪70年代的大部分时间中，这些观点是普遍的、有说服力的，"因为它符合我们对过去生活的情感，也满足了我们关于历史进步的信仰"①。

Louis Haas通过对这封信中父亲对孩子的柔情表达，认为佛罗伦萨人对待孩子的态度可能比阿利埃斯范式的认识更为复杂：如果佛罗伦萨人对儿童有着如此否定的、不关心的态度，为什么商人精英拥有较多的孩子？一些商人拥有三次不同的婚姻所生的孩子。如果佛罗伦萨人如同假定的那样不关心孩子，为什么他们付出很大的努力并且很重视欢迎婴儿进入社会和宗教团体的仪式？父母亲确保所有的孩子在出生三天之内施行洗礼并且拥有教父，为什么他们坚持不懈并迅速地履行这些责任？如果保姆抚育如同被假定的那样使所有的孩子过得很悲惨，那它为什么如此流行？佛罗伦萨人，特别是人文主义者，如果他们没有认识到童年是人生特定的发展阶段，为什么他们要付出大量的时间和努力来定义儿童以及他们的特殊需要？如果佛罗伦萨人真如假定的那样通过与孩子保持冷漠的距离而与婴儿的高死亡率这一残酷的现实隔离，为什么当孩子死亡时他们的情感上受到巨大的冲击？即使是对刚出生的孩子也是如此，而且为什么还做很多事情纪念死去的孩子？通过这些提问，Louis Haas认为有时候证据会受到理论模型的影响，也就是说研究者只收集与自己观点相应的证据。② Louis Haas结合自己与他人的相关研究发现，一般而言，人们爱孩子并且照料他们的孩子，他们将童年视为个体发展的一个特殊的阶段，而且这些研究没有发现明显的关于从虐待和忽视到关心和照料的这一根本性转变的证据。也就是

---

① Louis Haas.*The Renaissance Man and His Children: Childbirth and Early Childhood in Florence 1300–1600*. New York: St. Martin's Press, 1998，3.

② Louis Haas. *The Renaissance Man and His Children: Childbirth and Early Childhood in Florence 1300–1600*. New York: St. Martin's Press, 1998，7.

说，根据这些研究，欧洲的童年一直都是"现代的"[①]。第一代儿童史学家对中世纪和佛罗伦萨关于儿童的看法和态度的认识是歪曲的。

Louis Haas通过对一些资料和编年史的考察，认为前现代家庭和现代家庭之间有更多的连续性，他称自己关于家庭的历史研究前设是不存在任何形式的成人对孩子态度的根本性转变。而这一研究任务需要更准确、更系统地去考察和分析相互矛盾的历史现象，需要更近距离地观察历史以来在家庭中那些简单的、平凡的每日都在发生的事情，以及日常生活中什么是真正与儿童相关的事件。为了达到这个目的，Louis Haas选择了中世纪后期和文艺复兴早期佛罗伦萨的分娩和婴儿作为研究的内容。[②] 为什么仅仅研究这一时期而且仅仅研究分娩和婴儿? Louis Haas认为，如果人类这个物种要存活的话，人类的婴儿需要他们的生身父母及社会的细致照料。因此，研究一个社会，特别是这个社会中的父母们怎样照料孩子就是至关重要的，而且对过去文化中怎样照料孩子的了解会帮助我们理解现在的文化中是怎样以及为什么这样做。[③] 同时，人的出生远不只是一件生物事件，它包括信仰的、政治的、仪式的以及朝代的意义，它反映的正是社会的结构。而且，孩子的出生不仅仅涉及母亲和孩子，一个孩子的出生立即将家庭成员、亲戚、朋友，甚至陌生人以及医生和宗教人士联系起来。一个孩子的出生让人们见证了一个基础的社会层面中，一个9个月的生物事件揭示了个人关系、社会理解以及象征仪式的内在机制。Louis Haas期望通过自己的研究，纠正受阿利埃斯、Shorter、Stone等人所建构的错误的模型（他们研究中的不合理部分）的影响，许多研究佛罗伦萨的历史学家已经拒绝

083

---

① Louis Haas.*The Renaissance Man and His Children: Childbirth and Early Childhood in Florence 1300-1600*. New York:St. Martin's Press, 1998，8.

② 20世纪90年代初有一批研究者研究怀孕、分娩、生育仪式。Harevan(1991)，Hanawalt(1993)，Shahar(1990)，Sherrin Marshall(1991)，Adrian Wilson(1990)，Peter Garnsey(1991)，Marie-France Morel (1989).

③ Louis Haas.*The Renaissance Man and His Children: Childbirth and Early Childhood in Florence 1300-1600*. New York: St. Martin's Press, 1998，9.

接受这个错误的模型或者对此持批判的态度。Louis Haas所选择的这一研究时间段，被历史学家称为前现代时期，横跨了中世纪和文艺复兴这两个传统的历史时期，这一时期是第一代儿童史学者视为童年观念从无到有的发生时期，中世纪被视为某种对儿童而言是黑暗的时期，而文艺复兴代表了新儿童观的第一线曙光，被视为对儿童情感态度发生变化的分水岭。所以Louis Haas选择了对这一时期儿童的出生和婴儿期的生活状况进行考察以便检验阿利埃斯等人占支配地位的假设是否成立。Louis Haas认为要把家庭中的儿童与公共生活中的儿童在某种程度上人为地区分开来，以便看到私人家庭生活和孩子的细节。这样将避免Sommerville 的错误，即认为佛罗伦萨的孩子仅仅就家庭继承人意义而言是重要的，而不是就个体存在而言是重要的。[①]

除了记录日常生活中亲子互动的资料之外，在宗教典籍、圣徒文学作品、道德教化文本中也有大量描述成人关于孩子的情感的故事。Albrecht Classen（2005）在《中世纪和文艺复兴时期的童年》[②] 一书中采取与Louis Haas同样的手法，通过对一本泛欧的中世纪译本中的一个故事的个案讨论开始论述。该故事叙述了一位父亲做出了一个痛彻心扉的决定，即杀死他的两个孩子，因为只有孩子们的血才能治愈他那位得了致命疾病的朋友。这位父亲为了减轻自己内心的罪恶感，就用天真无邪的孩子会很快进入天堂的信念来安慰自己。他对朋友的真情感动了上帝并且使他的朋友恢复了健康，这位父亲也因孩子得救而狂喜。Albrecht Classen认为，依阿利埃斯和他的追随者的观点来看，这个文学故事可被作为中世纪的人们很少关爱珍惜自己孩子的有力证据。但是我们应该思考，故事中的父亲是一个冷血

---

① Louis Haas.*The Renaissance Man and His Children: Childbirth and Early Childhood in Florence 1300–1600*. New York: St. Martin's Press, 1998，14.

② Albrecht Classen. *Childhood in the Middle Ages and the Renaissance: the Results of a Paradigm Shift in the History of Mentality*. New York: Walter de Gruyter, 2005.

的怪物还是最后真正地显示了家长的爱？这个故事里把友谊这个概念置于最显著的位置，而儿童仅仅是某种手段的牺牲品吗？Albrecht Classen的这一追问显然是很有价值的，我们可以在不同的宗教典籍、圣徒文学作品、道德教化文本中发现类似的表述：为了表示虔信、友情、孝道等信念，舍弃自己的孩子往往是最彻底的见证：在《圣经》中，"亚伯拉罕向上帝献子"中关于亚伯拉罕将要杀死自己的孩子献给上帝时，这样写道："对儿子的爱就像一只大手在揉搓自己的心。他甚至不得不伸手遮挡住自己的眼睛，为的是不让人们发现，对儿子的一片柔情已经使得他泪流满面。"①但是他敬畏上帝，爱上帝胜过爱自己的孩子。伊斯兰教中最隆重的节日"古尔邦节"，也称宰牲节或忠孝节，也是因为一个贫穷的信徒，为了表达对真主安拉的虔信，但又没有牲畜可宰杀，于是向真主许愿献出儿子，并在可爱的儿子长到12岁时，决心把儿子杀掉，以表示自己对安拉的诚心。其诚心感动了安拉，并使其儿子免于牺牲，其计划杀子的这一天后来被人们定为宰牲节。中国的传统故事"郭巨埋儿"也是以同样的手法讲述了郭巨为了更好地孝敬老母亲而打算杀死自己可爱的孩子，然而孝心感动神灵，使他获得了生活保障并使他的儿子免于一死。我们可以这样认为，在这些文本中，并非要说明成人是不爱自己孩子的冷血动物，而恰恰是通过反衬的手法，通过成人放弃自己至爱的孩子来说明其坚守某种信念的执着，其中暗含着成人对孩子的极度珍爱。当然，以舍弃至爱的孩子的生命作为手段来烘托其他观念是不可取的，残忍的！

Albrecht Classen通过对中世纪文学作品中的儿童所进行的考察，认为许多现代的学者不考虑第一手资料中对童年本质的反映，继续快乐无忧地接受阿利埃斯建立的研究范式并将其作为自己的研究基础。但是，大量的作品中很清楚地表明了与阿利埃斯相反的观点，中世纪的父母对孩子的爱

---

① 福森奈格.圣经故事［M］.焦庸监，译.北京：中国青年出版社，2004.

非常强烈并且在身体和情感上都采取必要的措施来保护他们。① Albrecht Classen查阅了大量的文学案例，认为它们非常有助于对前现代时期人类的情绪情感进行大量的探索。他自信地得出结论：由阿利埃斯通过《儿童的世纪》建立并流行起来的范式现在可以抛弃了，但这并不意味着中世纪儿童像现代儿童一样被对待……在中世纪，孩子可能像现在一样经常受虐待、忽视，甚至体罚。出于同样的原因，中世纪很多父母和现在的父母一样爱他们的孩子，但是公众关于童年的讨论发生了戏剧性的变化。② Albrecht Classen发现："圣经文本、圣徒传记文学、宫廷故事、说教论述，还有壁画、雕刻、墓址和儿童玩具，更不必说官方记录、训诫、民间故事、法律书籍都表明了许多（如果不是所有）父母表达了对孩子的珍爱，如果无法留住孩子他们会非常伤心。……实质上所有孩子在他们出生时备受喜爱，父母倾注了很多的精力养育他们的孩子，使孩子成为在社会中受尊重的人。"③ 总之，"大部分学者现在将会同意，没有社会能够在看不到孩子的需要以及不具备关于儿童从出生到成人这一发展阶段的意识的情况下而得以延续"④。Albrecht Classen虽然否定了阿利埃斯的结论，但是他同时也认为，"将中世纪时期理想化为父母非常珍爱并关注孩子的完全对立的途径也是错误的"⑤。他预言后续的研究将阐明中世纪和现代早期家庭，特别是关于儿童情感、友爱、感觉以及社会结构的复杂的精神

---

① Albrecht Classen. *Childhood in the Middle Ages and the Renaissance: the Results of a Paradigm Shift in the History of Mentality*. New York: Walter de Gruyter, 2005，19.

② Albrecht Classen. *Childhood in the Middle Ages and the Renaissance: the Results of a Paradigm Shift in the History of Mentality*. New York: Walter de Gruyter, 2005，46-47.

③ Albrecht Classen. *Childhood in the Middle Ages and the Renaissance: the Results of a Paradigm Shift in the History of Mentality*. New York: Walter de Gruyter , 2005，47.

④ Albrecht Classen. *Childhood in the Middle Ages and the Renaissance: the Results of a Paradigm Shift in the History of Mentality*. New York: Walter de Gruyter , 2005，65.

⑤ Albrecht Classen. *Childhood in the Middle Ages and the Renaissance: the Results of a Paradigm Shift in the History of Mentality*. New York: Walter de Gruyter, 2005，52.

历史观点。无论这些研究是否直接回应Barbara A.Hanawalt，但是Albrecht Classen认为应当同意她的观点："可能到了该再次审视'延续'和'变迁'的范围的时候了。"①

三、"延续"与"变迁"的辩证统一

"延续"与"变迁"是历史学中的基本问题。Keith Wrightson（1982）早在Pollock之前，就论述了历史的延续与变迁的辩证关系。② 他认为，人类社会总是处在变动的过程中，同时，也存在一些延续不变的社会特征，父母与子女的关系就属于一种持久的结构。他经过对1580—1680期间英国社会的史料考察，否认了在17世纪父母对自己子女的态度或期望发生了根本性改变的观点。但是他也承认这一历史时期内无疑也发生了一些变化，这些反映在家庭内部的态度变化受宏观的社会经济条件的影响。③ Pollock等人关于亲子关系"延续"性的研究在完成了批判第一代儿童史学家关于"变迁"的研究之后，也立即意识到了自己的问题，那就是：显然人们的观念和实际生活的确在历史进程中发生着变化。Pollock（1987）在《持久的关系：三个世纪来的双亲和儿童》一书中认为，儿童史的研究不应当过于利用历史上父母对儿童态度发生过根本性转变的理论，而是应当在对变迁的解释中谋求一种比率意识。她强调，在人类的经历中，有些基本的特征是不会改变的。以此作为背景去分析儿童史中发生了变化的方方面面，"变迁"和"延续"应该同时得到研究。她还提醒人们应当警惕"延续"思想的蒙蔽，以免使研究者对社会、经济和文化领域中所发生的那些缓慢的而且通常是极为细微的变化在感觉上变得迟钝。在

087

---

① Albrecht Classen. *Childhood in the Middle Ages and the Renaissance: the Results of a Paradigm Shift in the History of Mentality*. New York: Walter de Gruyter, 2005，51.

② Keith Wrightson. *English Society 1580–1680*. New York: Rutgers University Press, 1982.

③ Keith Wrightson. *English Society 1580–1680*. New York: Rutgers University Press, 1982, 12. 参考俞金尧. 西方儿童史研究四十年［J］. 中国学术，2001（4）：298–336.

过去的几个世纪里，这些变化改变着父母和孩子的生活现实。[①] 她开始对情感研究持谨慎的态度，认识到了情感是人类社会中的普遍现象，研究情感关键是要研究制约或者影响人类情感表达的外在因素以及不同文化和社会中人们的情感表达方式。Bruce Bellingham（1988）对20世纪80年代的儿童史研究进行了批判，他梳理了童年历史研究的两条路径：一是考察私人生活中对待儿童的做法的变化，二是关注不断增加的管理儿童生活的公共制度。对于第一条路径，Bruce Bellingham认为关于柔情的历史由于忽略了标准化和政治化的童年观念对原始情感的建构和影响，从而导致了对儿童情感关怀的"延续"与"变迁"的无意义的讨论，结果是起因于社会团体间的道德冲突的童年的象征性政策，重新返回到被普遍接受的以永恒的心理学的或生物学的真理为幌子的理解。相反，对儿童犯罪的官方处置的研究，忽视了个人的思考和儿童以及父母的行为，似乎他们的历史经验就是由政策和行政管理组成的，儿童消失了，由政策本身提供不可思议的描述。Bruce Bellingham认为，关于家庭的历史研究应该放置在真实的历史情境中，包括关注农民、工人的家庭策略。[②] 显然Bruce Bellingham关注社会文化与私人生活在童年建构中的双重影响，并且主张对家庭生活的多样性进行研究是家庭史研究的出路。

Linda E. Mitchell反思了我们今天的生活，认为我们生活在一个让13世纪甚至18世纪的人感到惊讶的技术文化中。尽管如此，"那些刺激人们行为的情感，如对财富、名声、稳定或者友谊的渴望都没有因为计算机时代的到来而改变"[③]。当然，她也警告我们，我们不能够简单地把现代和

① Linda A. Pollock. *A Lasting Relationship*：*Parents and Children over Three Centuries*. University Press of New England，1987：12–13. 转引自俞金尧.西方儿童史研究四十年［J］.中国学术，2001（4）：298–336.

② Bellingham, Bruce. The History of Childhood Since the "Invention of Childhood"：Some Issues in Eighties. *Journal of Family History*, Jul1988, Vol. 13 Issue 3，347–358.

③ Albrecht Classen. *Childhood in the Middle Ages and the Renaissance: the Results of a Paradigm Shift in the History of Mentality*. New York: Walter de Gruyter，2005，7.

中世纪的人们等同起来，似乎他们也被一些与我们相同的文化框架和社会的、政治的、科技的和物质的结构所限制。出于同样的原因，就像Mitchell所证实的，"所有的人对情感的回应是很积极的，这些回应被我们自己的生化过程所限制：吸引、恐惧、憎恨、愉快、爱、欲望、焦虑等情感反应是具有普遍性的，不同之处在于这些情感是怎样在文化中表达和呈现的。中世纪的人们生活在与我们今天不同的文化中，但是他们体验的情感是我们能够意识到并且可以产生共情的"[①]。

欧洲社会在11和12世纪的转型中，当社会共同体逐渐地分解为个人，这反过来也导致童年作为人类发展的特定阶段而被发现。[②]日益上升的基督教的影响也是影响欧洲人儿童观念的主要因素。Cécile Treffort发现，从9世纪开始，死亡的儿童突然被纳入基督徒墓地并且与成人一样受到精神上的尊重，换句话说，在孩子仅仅是大家庭中的一分子之前，即在罗马人的家庭中，伴随着不断增加的基督教教堂的影响，孩子们变得越来越重要并受到权威人士和父母的全面关注。[③]可以肯定地说，文艺复兴、宗教改革以及资本主义经济的发展、对教育的新兴趣等都对欧洲儿童观念以及儿童养育实践产生了重大的影响。社会政治、经济、文化的变化必然引起人们日常生活事件的实际变化。Margaret L. King（2007）认为，阿利埃斯至少在这一方面是正确的：现代的儿童概念，关于童年的情感的概念，在文艺复兴时期的意大利和宗教改革时期的德国曾见端倪，或多或少地在17世纪的英格兰首次具体化；然后，在18世纪时，在法国以及城市化较高的欧洲地区和美国得以体现。在这个结点上，精英阶层的母亲开始履行母乳

089

[①] Albrecht Classen. *Childhood in the Middle Ages and the Renaissance: the Results of a Paradigm Shift in the History of Mentality*. New York: Walter de Gruyter , 2005，8.

[②] 转引自Albrecht Classen. *Childhood in the Middle Ages and the Renaissance: the Results of a Paradigm Shift in the History of Mentality*. New York: Walter de Gruyter, 2005，10.

[③] Albrecht Classen. *Childhood in the Middle Ages and the Renaissance: the Results of a Paradigm Shift in the History of Mentality*. New York: Walter de Gruyter , 2005，39.

喂养的天职，襁褓衣服消失了，助产科学代替了荒诞的故事（接生婆的经验），儿童书籍产业与儿童服饰、儿童家具、儿童游戏一同诞生了，而且中产阶级父母公开表达他们对孩子的爱以及孩子死亡时的痛苦，致力于后代的幸福和发展成为潮流。[1]

总体而言，经过20世纪70年代和80年代关于"变迁"和"延续"问题的对立和统一，从90年代至今的儿童史研究可以粗略地分为两条路径：一是"宏论"，一是"专论"。"宏论"指宏观地呈现较长历史阶段中的童年观念和儿童实际的生活经历，一方面呈现不同历史时期童年的多样性表现，另一方面做出关于童年普遍特征的概括。还有一种类型的"宏论"指从宏观的多学科理论框架入手研究童年历史的基本问题。如历史学、人类学、社会学等学科之间的合作，实现了跨时代的比较和跨文化的比较。而且到了90年代，随着新童年社会学的兴起，一些历史学家为了社会学的目标从事了相关的研究。也有研究者从发展心理学、社会学、历史学的多学科角度将儿童的自然发展进程与文化影响结合起来。与"宏论"相比，大量的研究者似乎更愿意做一些"专论"，致力于对某一时期、某个地域、某种文化中的某个具体问题的研究，描述细微的差别。总之，90年代以来的"宏论"与"专论"的研究成果已经描绘出了脉络较为清晰、细节较为丰富的儿童史图景，从时间跨度上来看，涉及了从史前一直到当代的儿童生活以及儿童观念的研究（人类学、社会学）；从空间分布来看，与七八十年代专注于欧洲特别是西欧的研究相比，逐渐涉及世界各地的研究。[2] 如果仅从研究所产生的成果来看，似乎关注不同时空中童年的多样性的比率要远远高于关于童年的普遍性的研究，也就是说，关注童年在不

---

① Margaret L. King. Concepts of Childhood: What We Know and Where We Might Go.*Renaissance Quarterly*, 2007, Vol. 60(2): 371–407.

② 除了西方学者研究世界各地的儿童历史外，受西方学者的影响，世界各地的研究者开始就本土的儿童史展开研究，也形成了国际化的研究团队以及呈现各地研究信息的国际网站。

同文化及不同历史阶段的实际状况要远远多于从人类儿童本身来研究不同时代中童年的共性，乃至于如果将近二十年儿童史研究的成果比喻为一棵枝繁叶茂的大树的话，那么，对于初涉此领域的研究者，可能会由于枝叶过于茂密而很难找到树干。①因此，下面呈现一些产生了较大影响的宏观研究，以便有助于理解儿童史研究的当前进展。

Hugh Cunningham（1995）的《十六世纪以来西方社会的儿童和童年》是备受关注的。他考察了童年观念和儿童实际生活经历之间的关系，评估了这种关系在过去五百年是怎样变化的，讲述了从文艺复兴到现在童年观念发展的一个富有吸引力的故事，包括洛克、卢梭、华兹华斯和弗洛伊德等人的童年观念，揭示了西方世界在不同时代理解和评价童年的差异。他调查了亲子关系，揭示了父母的爱以及关心的证据，并且通过儿童死亡以及父母悲痛这一常见的案例，得出了结论：在过去五个世纪中儿童和成人关系中的"延续"和"变迁"是同样存在的。当然，他也对儿童残酷的历史以及孤儿院、弃儿、无家可归或犯罪进行了延伸的讨论。Hugh Cunningham通过对童年的历史研究，呈现今天儿童政策制定的背景，而且还意在为那些对现代童年焦虑的人提供历史的背景。②十余年之后，Hugh Cunningham（2007）的《童年的发明》一书描绘了英国从非基督教的盎格鲁撒克逊时代到当下儿童生动的生活图景，依据翔实的一手资料，包括日记、自传、画像、照片、信件等，呈现了英国从中世纪、宗教改革、启蒙运动、浪漫主义、维多利亚时期到儿童的世纪（20世纪）这1500年来完整的历史年代序列中的儿童经历。我们可从中了解时代进程中塑造人们生活的主要元素。同时这项研究也将儿童生活与大的国际事件和世界历史联系起来。Hugh Cunningham与著名的作家Michael Morpurgo合作，通过"童年

---

① 本文以有自然生命的"树"而非"网络"来比喻关于儿童史的研究成果，是因为关于人类自身的任何认识都不可能是任意地建构，它必须从生命本身出发，向文化延伸。文化是在自然生命的根基上生长起来的。

② Hugh Cunningham. *Children and Childhood in Western Society since 1500*. London: Longman, 1995.

的发明"系列广播节目的形式扩大了人们对一些关键主题的理解，如童年作为人生的一个特殊的阶段，童年何时开始何时结束，以及童年与成年的区别怎样相应地随时代的变化而变化。他认为今天英国所欣赏的童年的延长在过去是一种很少有人能享受的奢华。Hugh Cunningham的这项富有吸引力的研究使人们关注过去儿童和童年与今天十分相似但又截然不同的形式，合作者Michael Morpurgo为他的这本书撰写了漫长的前言。①

A. R. Colón和P. A. Colón在《孩子的历史：一项跨越数千年的社会文化调查》一书中，通过考察和比较从史前到当代漫长的时间线索中的文化符号和社会法律，呈现了历史以来人们是怎样对待儿童的。两位研究者的意图是呈现一以贯之的不变的、永恒的童年本质这一主题。尽管在不同的时代和不同的文化背景中，生育仪式、教育、成人礼、继承法、儿童劳工立法、文化习惯、历史事件等都是不同的，而且这些不同在过去五千年来影响着儿童的生活；尽管在现代社会，杀婴、遗弃以及童奴等残酷的现象依然存在，但人类对儿童的爱和关心从史前以来却没有发生根本性的改变。他们揭示了一系列早期文明中的事件，如法律、信仰、教育、医疗、文化取向、犯罪、暴政、战争、迷信、贫穷、饥荒等对儿童生活的影响，呈现了从古典时期、早期基督教、中世纪、文艺复兴和宗教改革、大革命等广阔的人类历史时期中综合的儿童生活的图景。他们认为，在广阔的历史背景中，通过对历史中人们对待儿童的各种状况的分析，了解人类儿童生活的永恒问题，帮助人们在了解儿童过去的生活中形成为当下以及未来的儿童福祉的思想准备以及现实作为。②

Heywood（2001）呈现了从中世纪至今，人们在不同时代思考童年的不同方式以及儿童与家庭成员和同伴的关系，儿童的学校生活、工作经历以及各种儿童福利制度，其目的是将历史中的儿童和童年与社会文化

① Hugh Cunningham .The Invention of Childhood , BBC, 2007.

② A. R. Colón, P. A. Colón. *A History of Children: A Socio-cultural Survey Across Millennia*. London: Greenwood press, 2001.

背景密切相连，而不是迷失在日记、自传和口述的个体经历之中。他从中世纪的童年概念入手，讨论了童年概念的转变以及童年历史中的一些主题，如关于邪恶和天真、先天和后天、独立和依赖、年龄与性等。他还从不同的年龄阶段论述了亲子关系以及童年中期、后期的伙伴关系。此外，他考察了历史上儿童从事各种劳动的年龄，如农场中的孩子和城市中的雇工孩子，特别是工业革命背景下集中于英美工业革命中的童工现象，认为无论是在18世纪到19世纪的最原始的工业化时期，还是在19世纪30年代到40年代的有工业基础的时期，儿童之于家庭和社会都具有重要的经济价值。直到19世纪末，儿童作为国家的未来，其健康和教育开始受到重视。Heywood发现，18世纪的确是一个转折点，出现了更多的有关儿童的积极形象，成人抚养儿童方面的兴趣不断增长。"我们可以看到，从18世纪起，一股不断增长的社会和文化变化的动力影响着儿童。哲学家、诗人、小说家、教育家、医生和其他人致力于童年研究并产生了大量的作品。私人慈善机构和国家官僚机构的改革者创立了一些机构致力于儿童福利。家庭变得更小、更加以儿童为中心。"①

Peter N. Stearns（2005）致力于在世界历史的演化进程中来研究童年这一主题。他认为童年是人生经验中重要的一部分，童年的历史也是人类历史中重要的一部分。正如他所强调："在世界历史背景中考察童年无疑增加了复杂性。不仅仅是童年的历史，而且是世界历史中的童年。"② 尽管Peter N. Stearns与A. R. Colón和P. A. Colón都考察了人类文明史这一宏大的历史进程中童年观念和童年生活的演化，但是，Peter N. Stearns更注重从深层的社会根源，如从生产方式、宗教信仰、意识形态等方面论述童年观念演变的经济和社会文化因素。他较为细致地考察了从狩猎与采集时代到

---

① Colin M. Heywood. *A History of Childhood: Children and Childhood in the West from Medieval to Modern Times*. Cambridge: Polity Press, 2001，171.

② Peter N. Stearns. *Childhood in World History*. New York: Routledge, 2006，6.

农业时代童年的变化，特别是文明的影响以及各大宗教形成时期对童年演变的影响，他也考察了西方工业化模式以及现代的日本和共产主义意识形态中的苏联和中国的童年，还特别关注了全球化时代儿童中心消费主义文化中的童年。

就童年和儿童历史研究本身而言，Peter N. Stearns认为："童年的历史研究比对儿童的历史研究要容易一些。因为童年是成人和成人制度中定义的一部分。而历史中的儿童则是不易被记住的……我们仅仅知道官方的关于童年的思想，如法律中的儿童观，但很难知道所有父母持有怎样的儿童观或者实践着怎样的儿童观。"① 同时，他强调："通过童年的历史研究可以获得关于过去的社会和家庭功能的许多方面的新洞见，因为童年呈现大的社会环境中重要的假设和限定。同等重要的是，它可能使我们看到现在的童年在哪些方面是从过去延续下来的，反过来使我们知道现在的童年优于过去的方面以及现在童年中的一些新问题。"② 此外，他认为："历史移情是必要的，它不仅有助于准确地理解过去，而且可以避免对当前状况愚蠢的自我褒奖。"③ 而且，对于任何广泛的童年历史研究，一些假设是必要的。④

从研究立场来看，Peter N. Stearns简洁地论述了关于"变迁"与"延续"的辩证关系，他认为："人类祖先在所有的历史时期，所有的家庭，都要密切地面对童年和儿童的问题。有许多典型的特征，不受时代与地域的影响。无论何时何地，孩子都需要为成年做准备而受教育和训练，他们必须学习面对特定的情绪，如愤怒和害怕……无论何时何地，儿童都要经过一个漫长的无助的时期，需要养育，童年时期社会性别角色的差异也是

---

① Peter N. Stearns. *Childhood in World History*. New York: Routledge, 2006，2-3.

② Peter N. Stearns. *Childhood in World History*. New York: Routledge, 2006，3.

③ Peter N. Stearns. *Childhood in World History*. New York: Routledge, 2006，5.

④ Peter N. Stearns. *Childhood in World History*. New York: Routledge, 2006，5.

一个长期存在的现象。"① "在儿童和童年的关键方面不因地域和时间的不同而产生明显的不同或者变化，包括在所有的社会中童年在某些方面以某种方式与成年阶段相区别也是一个明显的事实（历史学家过去常常在这一点上有所争论，现在大家同意将儿童与成人相区分视为一个永恒的历史现象的认识是合理的）。与此同时，一些真实的、基本的差异和变化也的确存在。"② 例如，在不同社会或者不同的时代之间童年具有惊人的差异。在一些社会中认为大部分年幼的孩子去工作是正常的，而且时常是相当艰苦的，而在另一些社会中则对此感到震惊，他们认为儿童是天真的、脆弱的；在一些社会中认为童年应当愉快，而在另一些社会中尽管不拥护童年应该不愉快，但是会认为这种观点很奇怪；在一些社会中认为较大比例的年幼儿童将会死亡，就组织各种方式度过童年，如与孩子一起讨论死亡，而在另一些社会中竭力预防儿童死亡；在一些社会中认为儿童是可爱的，而在另一些社会中则强调他们如何像小动物一样；在一些社会中常常给孩子使用体罚，而在另一些社会中断然无法接受这些方法。③ 同时，他认为："对孩子的爱不是现代的发明，它在任何时代任何地方都存在，在某种程度上它是自然的，母亲的哺乳与孩子建立了情感联系。"④

Peter N. Stearns论述了不同生产方式对人类童年框架的影响，特别是关于人类文明早期的独特分析值得关注。他从狩猎和采集时代开始分析，认为人类最初指向儿童的观念和实践就是在狩猎和采集背景下发生的，"在狩猎和采集社会，就提出了延长依赖的童年时期的基本调整（与之前相比），这将他们同他们的祖先以及其他灵长类的表亲区分开来"⑤。在自然的生活过程中，孩子的成长和生活过程密切联系，孩子参与生存活动

---

① Peter N. Stearns. *Childhood in World History*. New York: Routledge, 2006，1.

② Peter N. Stearns. *Childhood in World History*. New York: Routledge, 2006，3.

③ Peter N. Stearns. *Childhood in World History*. New York: Routledge, 2006，1.

④ Peter N. Stearns. *Childhood in World History*. New York: Routledge, 2006，5.

⑤ Peter N. Stearns. *Childhood in World History*. New York: Routledge, 2006，8.

也是自然而然的过程。这一时期孩子对于生存保障的重要性远远大于象征意义。"对孩子能力的局限性的认识在这些社会中是在自然的过程中，以本能的方式形成的。"① 大约一万年前农业取代狩猎和采集，新的经济体系中产生了关于童年的新含义。"我们没有关于农业家庭怎样迅速地意识到孩子提供了实质的劳动力的观念，但我们确切知道的是出生率开始迅速增长，它不仅说明了农业使扩大的食物供给变得可能，也表达了新的认识，即与在食物采集中的偶然帮助相比，（农业时代）儿童能够而且将有所帮助。"② 也就是说，儿童的经济价值在农业社会得以重视。同时，在农业社会，"在儿童中鼓励一种全新的性别分化。所有的农业社会都走向父权制性别关系"③。除了考察农业社会中经济框架对家庭生活以及儿童观念的影响之外，他认为宗教"作为在西欧塑造童年的混合因素中的中心因素"④，宗教的变化意味着一些远离传统模式的童年意义的改变，"每种宗教信仰都有它自己对于童年是什么和儿童的宗教责任应该怎样被定义的概念"⑤。儿童一出生就是宗教社会的一部分，同时这也对人们的现实行为产生了重要的影响。"世界上的宗教，都对儿童的宗教教育需求给予了关注，在孩子出生后提供特殊的仪式，来建立孩子与宗教之间的联系，然后，至少为部分儿童提供接受正规宗教教育的机会。"⑥

通过Peter N. Stearns关于从采集、狩猎时代到农业时代特定文明和宗教变化对童年观念影响的分析，我们可以发现，人类最初在生活过程的无意识中建构儿童观念。当文明发展到一定的程度，人们就开始有意识地建构关于儿童的观念，无论是农业时代各种神话中的儿童观念，还是从古典

① Peter N. Stearns. *Childhood in World History*. New York: Routledge, 2006，9.

② Peter N. Stearns. *Childhood in World History*. New York: Routledge, 2006，11.

③ Peter N. Stearns. *Childhood in World History* .New York: Routledge, 2006，15.

④ Peter N. Stearns. *Childhood in World History*. New York: Routledge, 2006，34.

⑤ Peter N. Stearns. *Childhood in World History* .New York: Routledge, 2006，34.

⑥ Peter N. Stearns. *Childhood in World History*. New York: Routledge, 2006，36.

文明开始，法律中对儿童的权利和义务的界定以及宗教中对儿童及其宗教责任的认识，其实都反映着当时人们关于儿童的基本看法。

Peter N. Stearns也对史学界研究较多的工业时代，特别是18世纪以来现代模式的童年进行了分析，除了学童以及童工这两个受学校系统和工业化影响的童年现象以及相应的儿童与成人的分离之外，他还关注了不同的政治意识形态对童年观念建构的影响。他认为共产主义意识及其对童年观念的建构是20世纪的一大景观，它似乎有意建构与西方资本主义截然不同的观念并打造独特的共产主义的童年。他分析了共产主义革命的代表苏联的儿童观，认为"共产主义不但坚信儿童是天真无邪的，而且坚信资本主义制度下童年的弊端和革命前俄罗斯自身童年的弊端"[1]，他也考察了共产主义对学校教育发展的影响。对于20世纪以来先进的工业化时代，他保持着客观冷静的态度，并分析了离婚率的上升这一家庭生活的变化以及世界范围内处于战争、冲突、饱受兵役之苦的孩子，还有艾滋病带给儿童的苦难。

晚近由Elizabeth Foyster和James Marten总编、多名学者合作完成的《童年和家庭的文化历史研究》（六卷本），对五十年来童年和家庭研究进行了系统的梳理，从家庭关系、社区、经济、地理和环境、教育、人生周期、国家、信念和信仰、健康和科学、世界背景等维度，对古代、中世纪（800-1400）、现代早期、文艺复兴、帝国时期、现代等六个依年代顺序的历史时期进行了分析。Mary Harlow 和Ray Laurence认为，儿童的生活和成人将这一段生活建构为童年，这二者之间有着方法论的不同。每一个成人都曾经是一个儿童，但是仅仅那些有了做父母经历的成人才能获得关于童年的直接经验。[2] 由于今人只能依赖当时成人所反映的关于儿童的认识

---

[1] Peter N. Stearns. *Childhood in World History*. New York: Routledge, 2006，84.

[2] Mary Harlow, Ray Laurence. *A Cultural History of Childhood and Family(1): In Antiquity*. Oxford: Berg, 2010，1.

的史料为依据，所以"这些关于儿童和/或童年的多重途径的认识不是重构儿童关于世界的观念，而是成人对儿童的定位以及儿童在成人社会中的位置（Rawson2003；Wiedemann1998）"[①]。Mary Harlow 和Ray Laurence 对童年研究做了简要的概括：无论过去还是现在，童年概念都是一种成人的建构，而且仍然是依据生物成熟和性能力而划分的自然化的人生阶段（James and James,2004; James and Prout,1990; Sofaer,2006）。在古代，童年概念的焦点是为成年男性赋权，并为具有孩子般特点的女人和孩子去权。在古代和现代的文献中，都陷入这样的方法论，即依据成年人的能力来区别出儿童。同时，无论古代还是现代，"儿童"曾经是，而且仍是成人作者创造身份和自我的一种手段（Jenks,1996；Steedman,1995）。[②] Mary Harlow 和Ray Laurence也认为，今人研究古代童年观念所依赖的资料都是当时成年精英男性的观念，这导致当时女性的失语（Joshel，1992）。

Louise J. Wilkinson考察了童年研究最受关注的中世纪（800-1400）时期（受阿利埃斯研究的影响），认为中世纪是欧洲历史上文化、社会、思想丰富而鲜明的时期：国家权力的出现，基督教教会的影响渐增，人口的变化，经济的增长，以上这些变化影响着儿童和家庭生活。宗教改革运动在全社会引起了对精神和道德的关注，塑造了对性别、性的态度，这些态度对家庭规则产生了很大的影响。在基督教僧侣的作品中，儿童总是与温柔、谦逊、纯真和柔弱等特点相联系。中世纪父母对子女的强烈感情在那一时期浪漫主义的文学作品中有所体现。[③]

现代早期是童年研究中被视为童年概念发生重要转折的时期。Sandra

---

① Mary Harlow, Ray Laurence. *A Cultural History of Childhood and Family(1): In Antiquity*. Oxford: Berg, 2010, 5.

② Mary Harlow, Ray Laurence. *A Cultural History of Childhood and Family(1): In Antiquity*. Oxford: Berg, 2010，5-6. 参考注释。

③ Louise J. Wilkinson. *A Cultural History of Childhood and Family(2): In the Middle Age*. Oxford: Berg, 2010, Introduction.

Cavallo 和Silvia Evangelisti经过对关于这一时期的研究发现，近些年来，学者强调发生在16世纪欧洲的宗教改革对家庭和童年的巨大影响，以及新教和天主教通过建立规训的社会和忏悔的制度对父母和孩子产生的重要影响。这些变化是在国家法律越来越强调家庭的政治经济功能并且致力于规范婚姻、性行为以及私人财产继承这样的观念背景中发生的。[①] Sandra Cavallo 和Silvia Evangelisti认为，关于这一时期的研究对宗教改革强调太多，可能需要更多地关注文艺复兴的遗产。这样，文艺复兴、宗教改革和国家可被视为三个推动力量，在维护阶层、性别和代际稳定方面，致力于教化、教育、规训成人以及儿童有关性的问题。[②] 从15世纪开始，印刷术使得童年、家庭和性别角色的理论更为流行。欧洲的新教徒、伦理家、教育家、医生等出版了各个方面的书籍，致力于儿童的照料和养育。新教徒家庭将圣经的阅读作为一项宗教事功。这些文化背景使得童年和儿童的养育可被彻底地讨论。在宗教改革中，天主教和新教都将家庭视为精神化的单元，是形成道德和信仰习惯的最初场所，道德教化影响亲子关系。宗教改革唤醒了教育，欧洲信仰教育的传播由学校或者机构训练的发展来保障，新教和天主教显然持有两套关于儿童本质的不同信念。新教与天主教相比更多地坚持消极的观点。如，奥古斯丁认为儿童是罪恶的、堕落的，这个观点成为教育著作中的主题。这个观念被清教徒运动予以精确表述，特别揭示了这一倾向。清教徒形成了一个激进的信仰群体，他们对儿童、儿童养育和教育进行了新的、系统的关注。他们相信人类的堕落需要从儿童早期开始进行规训和训练，以便让年幼的个体服从于上帝的意志。[③] 文

---

① Sandra Cavallo, Silvia Evangelisti. *A Cultural History of Childhood and Family(3): In the Early Modern Age*. Oxford: Berg, 2010，1.

② Sandra Cavallo, Silvia Evangelisti. *A Cultural History of Childhood and Family(3): In the Early Modern Age*. Oxford: Berg, 2010，1.

③ Sandra Cavallo, Silvia Evangelisti. *A Cultural History of Childhood and Family(3): In the Early Modern Age*. Oxford: Berg, 2010，4，6，7.

艺复兴，特别是人文传统重视儿童以及他们的教育，同时文化和经济因素导致了对童年的新兴趣。的确，在中世纪末几个世纪以来城市的发展，文雅的城市生活以及商业资本主义的出现，为对儿童的社会和心理投资的增加创造了条件。人们对儿童和青少年的养育和教育方法有了更多的思考，儿童与成人之间存在区别，童年是一个为形成未来完满的成人而做准备的阶段。[①]

Elizabeth Foyster和James Marten考察了关于启蒙时期的童年研究，认为历史学家在证明18世纪家庭情感水平的变化时陷入了盲点，他们假定这一时期儿童受到的珍视是前所未有的，婚姻也逐渐变得愉快，家庭中充满爱。实际上，在家庭情感关系变化的外围，即18世纪家庭生活所置身于其中的文化背景与之前的历史时期是不同的，启蒙运动时期各种思想观念、价值和信仰作为基本的因素影响着人们对家庭的理解。启蒙运动使人们思考传统的家庭角色，对人们长期以来视为理所当然的问题，如儿童固有的本质，进行开放性的讨论……而且，许多关于中产阶级家庭生活的术语和模型以及儿童保护起源于18世纪，关于家庭和童年的特定认识变成了强有力的隐喻、象征和目标。[②] 18世纪的家庭置身于政治的、社会的、经济的变化之中。公共讲座、讨论、沙龙、咖啡馆、都市中心、各种正式的非正式的机构等公共领域日益增加。受启蒙运动中发展个体自我意识的影响，家庭实践备受关注，童年历史学家关注几个主要的启蒙运动思想家，如洛克、卢梭，他们的观念在许多人的作品中受到推崇。从洛克到卢梭，养育的基本目标就是倾注爱，而不仅仅是训练，儿童养育的焦点从遏制其身体意志转向心灵的塑造。儿童不是微型的成人，他们天然地倾向于善，而不

---

① Sandra Cavallo, Silvia Evangelisti. *A Cultural History of Childhood and Family(3): In the Early Modern Age*. Oxford: Berg, 2010，6.

② Elizabeth Foyster, James Marten. *A Cultural History of Childhood and Family(4): In the Age of Enlightenment*. Oxford: Berg, 2010，1.

是恶。自然的力量对孩子的塑造比成人的影响更大，应当通过自由的游戏使儿童获得发展。

Elizabeth Foyster和James Marten强调道：洛克和卢梭的工作是值得注意的，因为二人都不是牧师。卢梭是儿童观念从"邪恶"到"纯真"的重要转变者：儿童从恶的生命转变为自然的善，甚至是可以为父母提供救赎机会的天使。卢梭关于儿童纯真的观念在18世纪末的浪漫主义思潮中得到了进一步的发展。然而，启蒙运动的观念还是没有替代旧有的关于儿童的原罪的恶的观念。但是，清教徒是西方世界中率先将儿童放置在他们家庭和社区概念的中心的群体。

Colin Heywood考察了关于帝国时期（19世纪）童年的相关研究，这一时期，欧洲成为世界的中心，西方文化成为世界文明的代表，在西方文明发达的社会中，如欧洲和美国的孩子享受着相对受保护的家庭生活，尽可能地被保护在成人世界的危险之外。然而，现代的童年形式以及现代儿童中心的家庭仅仅是在关于一系列问题的漫长讨论之后才出现的，如关于儿童是否应该工作，他们在学校应该学什么以及他们是否可以进行某种形式的性活动。童年的观念在18世纪发生了决定性的变化，洛克、卢梭以及浪漫主义诗人关于儿童和童年的认识为19世纪儿童保护观念中假定的"纯真的"儿童打下了基础。Colin Heywood认为怎样定义现代的童年涉及复杂的文化和社会因素，如工业社会对劳动力市场、家庭、学校产生广泛的影响，而同一时期乡村、小镇的孩子几乎未受影响。现代的童年观念实际上是中产阶级童年观念的胜出，浪漫主义的儿童观符合中产阶级的理解。20世纪，儿童从劳工状态下的"有用的"人转向"需要保护的"人。而21世纪发明的新的童年概念，娱乐业的大规模发展，学校教授与工作相关的技能，这种状况的典型表现就是开始将儿童视为"年轻的成人"，承担一定的责任，而不是"幼弱无知者"。①

Joseph M. Hawes和N. Ray Hiner关于20世纪童年和儿童的讨论主要针对儿童的实际生活状况，认为20世纪带来营养的改善、广泛的免疫、死亡率的降低、高入学率及更多的交流学习的机会，以及对儿童，包括女童、少数群体的儿童及残障儿童的更好的法律保护。儿童和家庭的进步是有目共睹的，即便在发展中国家也是如此，营养水平大幅度提升，数以千万计的孩子接受免疫，婴儿和儿童死亡率降到了历史最低。学校非常便利，孩子和年轻人进入学校接受教育的比例史无前例，读写水平获得提升。新媒介技术的使用使学习扩展到更广阔的范围。儿童的人权，包括女童、少数群体的儿童及残障儿童的权利，都以法的形式得以确认。然而这些成就的重要性必须与对20世纪保护和提高儿童最佳利益的惨败相平衡。战争、经济萧条、剥削、商品化、虐待以及教派的、种族的、性别的、阶层的歧视都损害着20世纪包括21世纪初儿童和家庭的生活。②

除了以上从历史进程的宏观背景入手考察童年和儿童的历史之外，还出现了多学科的童年历史研究，旨在思考基本问题。例如，为了避免发展范式只重视从儿童自身发展而忽视外部社会文化变迁的儿童研究的局限性，Willem Kroops和Michael Zuckerman借鉴了埃尔德的《大萧条时期的孩子们》（1974）③以及埃尔德和另外两名合作者（Modell, Park）的《时空中的孩子们》的研究路径，研究社会历史的发展对儿童发展的影响。前者是一项长时间跨度的纵向研究，起初是由Herbert Stolz和Harold E. Joneszai在1931~1932年间进行的关于青春期成长的研究，收集了大量的数据。1962年，埃尔德接手了这项研究，形成分析框架，检验大萧条时期

---

① Colin Heywood. *A Cultural History of Childhood and Family(5): In the Age of Empire*. Oxford: Berg, 2010, Introduction.

② Joseph M. Hawes, N. Ray Hiner. *A Cultural History of Childhood and Family(6): In the Modern Age*. Oxford: Berg, 2010, Introduction.

③ G. H. 埃尔德. 大萧条时期的孩子们［M］. 田禾，马春华，译. 南京：译林出版社，2002.

家庭生活的变化对孩子发展的影响，从研究对象的儿童时代、青少年一直到成人时期进行跟踪研究。而后者产生了更为广泛的影响，反映了不同时空中童年的多样性及其儿童发展问题。这些研究证明历史学家和发展心理学家的合作不仅可能，而且是富有成效地解决老问题并提出新问题的方式。基于这一新的研究路径，Willem Kroops和Michael Zuckerman批判了19世纪后半期诞生的心理学依据科学规范研究人类行为的局限，认为这种以物理学和生物学为模型的追求普遍法则并致力于设计永恒理论的研究忽视了外部文化历史的变迁。① 1996年，Koops受荷兰皇家人文与科学研究院人文与社会科学高级研究所（NIAS）的邀请，组成了一个国际化的团队，利用一年的时间进行了多学科的童年历史研究。Koops和Zuckerman共同讨论这个项目，他们约定将1997-1998年作为学术年，并组建著名的国际团队完成这个项目（主要成员来自欧洲和美国），团队的成员保证专门为此项目研究一年，最后形成的研究主题就是"历史的发展心理学"。这个小组的目标之一就是写一本关于20世纪儿童与成人之间关系的历史演化的书，Koops提议项目的名字就叫作"我们处在儿童的世纪末尾吗"。他们的研究是对埃尔德等人1993年关于时空中的童年研究的扩展。通过对西方中世纪和文艺复兴后，荷兰金色时代、殖民地时期的美国、维多利亚时代以及中国、日本等不同时期、不同地域中的童年考察，对现代的儿童观念进行了批判。他们认为阿利埃斯所呈现的最具挑逗性的问题是"幼态化（infantilization）"的儿童观念，即从现代早期的欧洲开始将儿童与成人区别开来，并且象征性地将其放在他们自己的世界中。Koops和Zuckerman认为，在中世纪晚期文化中不断增加的文化象征中的孩子气，没有人会否认阿利埃斯所描述的幼态化会对儿童产生一系列好处，它也导致了西方社会儿童劳工中最惨烈的虐待，同时也激发了对儿童的保护并免于虐待、剥

---

① Willem Koops, Michhael Zuckerman. *Beyond the Century of the Child: Cultural History and Developmental Psychology*. Philadelphia: University of Pennsylvania Press, 2003.

削、忽视。他们还指出,爱·伦凯以及同时代的儿童研究运动,有助于我们进一步理解儿童的需要,但是并没有对儿童和社会带来多少好处。儿童被从成人世界远远地推出去并且再也找不到回来的路。Koops和Zuckerman站在童年的社会建构立场上,批判了卢梭与皮亚杰的"自然发展观"。他们认为在今天的社会中,儿童早已走出成人为幼态化的儿童创设的温情"花园",不再是所谓的现代的"纯真"儿童。这种以"文化"解构"自然"的研究立场,有着以文化研究批判重构发展心理学的意味。

此外,历史社会学也产生了童年研究的新气象,André Turmel(2008)[1]放弃了如前所述的从大规模的历史过程考察童年的路径,如资本主义、宗教、国家等宏观的历史过程所引发的童年观念的变化,而是考察了19世纪的统计思维以及通过大规模经验调查来推理的流行的权威的方法,这种方法当时在西方社会掀起了一个大的统计调查运动,这些统计调查将孩子作为人口群体中的一个部分凸显了出来。相应地,孩子的生存条件,如健康、教育、工作、社会问题(遗弃、忽视、逃学、犯罪)等逐渐被呈现出来,放在儿童福利、健康政策和与婴儿死亡率持续斗争的广阔历史中。André Turmel从两个方面考察了这些转变:一是对儿童的科学观察(公共卫生学、儿科学、心理学和教育),二是基于公共政策立场(儿童福利、健康政策、教育和义务教育),通过对英国、美国和法国的细节的历史描述,研究了历史的连续性发展和统计推论怎样导致了关于一个正常的儿童的概念是什么,并产生了我们监测儿童的标准化模式。他呈现了西方社会怎样成为儿童中心的文化,并且探讨了我们的养育和教育中所有的儿童观的适切性问题。总之,"童年的历史社会学呈现了儿童总体的统计概念以及对儿童特征和习性的经验发现"[2]。他同时认为,回答"什么是儿童"这一问题,根据不同的社会身份有不同的理解:父母、社会工作者、教

① André Turmel. *A Historical Sociology of Childhood*. Cambridge: Cambridge University Press, 2008.

② André Turmel. *A Historical Sociology of Childhood*. Cambridge: Cambridge University Press, 2008,2.

师、福利家等，或来自广泛的背景之下的实验室研究者的理解是不同的。但是，在不同的描述之上，我们可以找到共同的基础，即提供概念的、经验的空间，在此空间中我们定义儿童或者对儿童的身体产生影响，从而远离生物决定论。[①]"童年不能绝对局限于生物的和心理的现象，也不能被视为纯粹的社会政策条件的结果，作为一个历史成就，童年与广泛的社会过程有关。"[②] 对儿童的认识应当将发展思维中的儿童特征与其他角度的研究所呈现的儿童特征相结合，综合多种路径，形成对儿童的共同的认识。

与上述宏观的儿童史研究共存的是大量关于儿童生活具体状况的专门问题的研究。实际上，许多研究者更愿意做一些"专论"，致力于描述细微的差别，如各种社会群体以及历史转折时期的儿童观念。这些研究对于完成"儿童史"的宏观图景是十分重要的。本文不再详述。

第三节　童年历史研究之反思

五十余年来，童年的历史研究经历了辩证演化的过程，研究的内容不断丰富，研究的视角更加多元，变迁与延续、微观与宏观、灰暗与美好，童年历史研究的发展过程就是不断呈现人类历史中儿童生活史的过程。

一、关注儿童社会生活

童年的历史研究是人类历史上第一次将目光投向儿童和他们的社会生活，开始关注有史以来儿童是怎样被看待和对待的。无论如何，这一贡献

① André Turmel. *A Historical Sociology of Childhood*. Cambridge:Cambridge University Press, 2008，3.

② André Turmel. *A Historical Sociology of Childhood*. Cambridge:Cambridge University Press, 2008，7.

是巨大的。尤其需要说明的是，尽管阿利埃斯的研究受到了较为彻底的批判，但是，阿利埃斯的巨大贡献也应当得到承认，至少，他首次提出并实践了童年的社会建构。如果说卢梭是"历史上第一个从内部角度认识童年时代和青年时代的人"[1]，那么阿利埃斯对儿童生活的历史研究则引发了人类历史上第一次将儿童的社会生活、社会身份放在了人类认识和实践的重要位置，为人类认识儿童、关心儿童开辟了一个新的领域。在西方过去五十年的童年研究中，至少有一点人们可以发现，无论哪个作者，都难以绕开阿利埃斯的研究而展开自己的论述。尽管从20世纪80年代后历史学家对《儿童的世纪》一书中呈现的研究本身进行了彻底的批判，但是如果了解近五十年来关于儿童与童年的历史与社会文化研究以及这些研究对全球儿童养育实践、儿童立法、儿童社会政策及实践的影响，就会跳出《儿童的世纪》一书的内容本身，从它在学术史中的地位及其后来在社会文化、政治实践中产生的巨大影响的角度上来理解阿利埃斯的研究及其效应。一本书一经出版，便会离开作者而独立行走，其产生的影响也是作者难以预料的。历史学家发现，《儿童的世纪》一书更受心理学家和社会学家欢迎，的确，他们有一种惊人的倾向，那就是把它作为"历史报道"，而不是一个备受争议的理论。Judith Ennew发现，所有的社会学家如同"圣经如是说"般地追溯到《儿童的世纪》。[2] 乔治·杜比称赞道："是他这位绅士凭着敏锐的直觉和勇敢的精神，自由地进行探索，第一个闯入了明显不可逾越的现代历史领域，他在这个领域进行探察，开辟道路，并号召其他先锋一起介入，以更好地了解17、18世纪欧洲有关儿童、家庭生活和死亡的状况。"[3] 阿利埃斯所引发的文化与社会领域关于童年的社会建构已

---

[1] 科恩. 自我论 [M]. 佟景韩，译. 北京：三联书店，1986：186.

[2] Colin M. Heywood. *A History of Childhood: Children and Childhood in the West from Medieval to Modern Times*. Cambridge: Polity Press, 2001，12.

[3] 菲利浦·阿利埃斯，乔治·杜比. 私人生活史 [M]. 洪庆明，译. 哈尔滨：北方文艺出版社，2009，序言.

经发展为独立的学科领域，形成了国际化的研究项目和团队，相关研究直接影响到关于儿童的社会政策和实践。可见，"一旦童年被视为文化的建构，所有新的研究领域都向学者开放"①。阿利埃斯的研究也引发了一批欧洲和美国的历史学家开始从阶层、性别、种族等方面研究儿童的历史，开启了许多新的研究，特别是新的文化历史研究代替了更早时期对儿童的社会历史研究。阿利埃斯童年研究中的主要观点逐渐被理解社会边缘的儿童的相关讨论所取代。② Roger Smith 认为，对阿利埃斯的认识要避免简单化，因为阿利埃斯呈现的是一般的理论，不应就细节纠缠过多。③

童年历史研究也引发了社会文化视角童年研究的热潮，这依然离不开阿利埃斯的贡献。阿利埃斯对于社会建构范式最大的贡献是他执着于童年的史实性，迈开了社会建构童年的第一步，率先解构了现代童年观念这一论题。建构论者认为一旦呈现了现代童年观念诞生的历史，就说明现代童年观念不是对所谓的儿童的本质的发现，不是关于童年的必然性的、永恒不变的真理，而是一种文化的发明，它是在社会过程中被历史地建构出来的，特别是儿童形象由"邪恶"到"纯真"、儿童的价值从经济价值到情感价值、对婴儿的态度从冷漠忽视到关爱珍视的社会建构过程。自从阿利埃斯的《儿童的世纪》一书英文版在1962年出版后，人们发现童年的历史经历了巨大的变化，大量事实呈现了欧洲人的儿童观念的演化过程。"儿童和童年不再更多地被视为生理学的发展阶段，而是更多地被定义为成人对儿童的理解，作为方法和理论的转变导致建构主义取代本质主义而占据优势。在特定的时刻不可能定义'儿童'和'童年'，相反，对'儿童'和'童年'的定义应当依据儿童怎样被对待以及有着怎样的生活背景，在

107

---

① Colin M. Heywood. *A History of Childhood : Children and Childhood in the West from Medieval to Modern Times.* Cambridge: Polity Press, 2001，12.

② Geoffrey Sherington. From Aries to Globalization in the History of Childhood. *Paedagogica Historica*, 2010, Vol. 46, Nos. 1–2, February–April, 251–255.

③ Roger Smith. *A Universal Child*? New York: Palgrave Macmillan, 2010，31.

不同的历史时期存在着不同的经验范围和多样化的童年。"① 因此，童年的历史为地方研究提供了巨大的潜能，研究不同时空中的儿童活动、与成人互动的经验范围和环境以及其中所反映出来的童年观念。建构主义者的历史研究呈现了从12、13世纪到17、18世纪童年观念的发明过程。成人怎样发明童年？关于童年的概念是一个一般的抽象的术语，通常指成人对非成人的一种定义方式。童年作为一个概念的发展，是特定阶层的价值观和儿童养育实践的反映，儿童期持续的长短是文化地、历史地变化的。

二、文化的变迁与自然的延续

人类文化是随着时代的变迁而演化的。但是，人也是一个生物学实体。儿童的概念与生物个体密切相关。人类在漫长的历史过程中存在着某些关于儿童的基本认识和基本态度，这些基本认识和态度与儿童的自然发展以及人类的自然情感密切相关。建构主义者关于童年概念的发明导致了许多人对这一问题的思考，激发了学者们重新思考他们已经拥有的资源，如艺术、布道文学以及其他教堂文学、诗、成人文学以及教育建议类书籍。同时也使得研究这一时期的历史学家寻找更多关于儿童以及亲子关系的以前所未运用的资料，如圣灵故事、验尸官对突发死亡的报告、私人信件、文章以及其他社会历史资料。过去五十年提供了中世纪和文艺复兴时期关于儿童养育实践的大量论述，这些研究发现了父母对孩子情感上的依赖、文化中对青少年的定义以及一千五百年以来这个定义的变化，同时这些研究也突出了关于童年的连续性认识，揭示了不同时代中关于儿童的永恒不变的认识。

不同时代中的人都有他们关于儿童的观念，只不过受人类文明发展状况的限制，在不同时代人们关于儿童的基本观念是有差异的。古人并非

---

① Rhodes,Maxine.Approaching the History of Childhood:Frameworks for Local Research. *Family & Community History*, 2000, Vol. 3 Issue 2, 121-154.

没有他们自己关于儿童的看法，而是他们关于童年的认识与现代意义上的童年观念有一些差异。人类对自己生活中遭遇到的事物力所能及地形成概念，关于这个事物的概念随人类对该事物认识的变化而变化。所以，自从有了人类，就有了关于儿童的观念，但是关于儿童的观念随着人类自身的认识能力以及生存状况的变化而变化。变化并不意味着认识的断裂，关于儿童的一些基本认识具有跨时代的普遍性。在大量关于童年的历史研究中，研究者通过史料的考证向我们呈现了关于童年观念的"连续"与"变迁"的辩证关系，这个关系就是人类的"自然"与"文化"之间的辩证关系。这一关系提醒我们，关于人类行为的历史研究，不能仅仅从文化史入手，还要考虑文化史赖以发生的自然史。例如，就亲子关系和母爱而言，育幼、护幼是动物界较为普遍的本能，这一本能是在经历自然选择的过程中被固定下来的生存本能，事关种群的延续，也是形成人类育儿文化的生物学基础，从而育幼行为也是人类目的性活动中十分重要的活动。在史前时期，不管人类是否意识到自己的儿童观念，但是已经在本能观念的指使下这样做了。这种本能是一个物种的祖先在漫长的进化史中形成的"类"的观念，有"类"的普遍性。同时，人类这些普遍的情感的表达受到具体的社会历史条件的制约而呈现出不同的现实形态，如儿童期的年龄，父母之爱表现为严厉还是温情，以及孩子是否成为家庭经济的贡献者，这些具体的认识和行为都取决于生存条件。这就涉及历史研究的一个基本问题，即事实问题和价值问题。事实问题是具体的、经验的，但价值问题需要根据人类的生存质量和种族延续的需要而进行推论。因此，不能以实存的事实否定价值的理想。同时历史研究的"延续"与"变迁"问题也涉及历史研究的方法问题，即史料考证和推论相结合。史料的考察呈现的是古人的直接经验，是个别性的事实，历史研究还需要在这些个别性事实的基础上形成关于普遍性认识的推论。在人类知识中，推论"占据着知识宝库的主体和重心位置"，推论的可靠性是由逻辑来保证的，历史研究的逻辑不能仅靠文明史来保证，还要从自然史与文明史的辩证演化过程中寻找历史研究的逻辑。此外，人类生存的任何时代都有其各自的问题，不可能有完全糟糕或者完全美好的时代，关键在于糟糕在什么方面，好在什么方面。历史研究可以帮助我们找到每个时代中的问题和美好，从而不至于在历史进程中迷失方向。西方的儿童史研究可以帮助我们了解历史以来对待儿童的态度以及儿童观念，可以发现儿童观的历史演变，以及影响儿童观演变的社会文化、经济生活方式及其相互制约、相互影响下的儿童的命运。同时也可以以史为鉴，激发我们通过了解儿童生活的历史反思儿童生活的应然状态。

第三章
童年建构的媒介文化途径

　　自然与文化的关系是人类自我认识的核心问题，对这一问题的探讨，选择的角度不同，研究的侧重点就不同。西方在两千年来本质主义思维方式的影响下，包括受基督教文化，19世纪以来生物学、心理学的影响，对于儿童研究的兴趣主要在于探究基于自然发展过程的普遍性规律，这些研究并不否认人类生命的文化维度，只能说这些研究的视角是从生命的"自然"维度切入的。20世纪60年代以来，伴随着西方反本质主义思潮的兴起，关于人类自身的研究开始采取文化视角，同时受后现代思潮以及人类学发展的影响，人类对文化的认识也发生了很大的变化：文化不再仅仅被视为人类活动的静态结果，文化本身也能动地塑造着人的身体以及行为，文化被解释成一个具有历史功能的动词，它有效地参与了对社会与人的塑造，文化成为一个动态概念。而且，文化的能动性在人类信息革命时代被迅速放大，新的媒介技术在人类文明史中引发了一次史无前例的革命，对人类的自我认识也产生了重大的影响，儿童对媒介技术的驾驭也改变着人们对儿童的看法。本部分主要从媒介技术所引发的生活方式的变革入手考察其对西方童年观念建构的影响[1]，依照西方媒介与童年研究的发展脉络，考察媒介技术给童年观念的建构所带来的两次转折，从波兹曼

---

　　① 当然，媒介技术并不是单独地产生一个新的童年领域，一系列的社会政治经济因素在这个变化的过程中共同参与并发挥作用。

（1982）在《童年的消逝》中对童年观念的历史考察以及对童年消逝的悲观哀叹，到Rex Stainton Rogers 和Wendy Stainton Rogers（1992）在《童年的故事》中解构童年的激进乐观，再到大卫·帕金翰（2000）在《童年之死》中重构童年中的温和积极以及理想化色彩，童年观念的建构经历了"正—反—合"三部曲。①

第一节　童年的建构与消逝：保守的悲观

从20世纪下半叶开始，媒介技术的广泛使用改变了人类的信息交流与社会互动的方式，著名媒体文化学者尼尔·波兹曼敏锐地关注着媒介技术引发的生活方式的变革，从60年代末期开始，波兹曼关于教育、电视以及童年的研究在西方世界备受瞩目，特别是在80年代，受社会建构童年研究取向的影响，波兹曼认为童年是一种社会的产物，并通过媒介的历史变迁呈现了西方童年观念的诞生和消逝。

一、对童年的怀旧与捍卫

从最初对新媒介的热情追捧到后来的焦虑悲观，波兹曼对媒介与儿童关系的认识经历了一个变化的过程，这一变化的发生源于波兹曼对现代童年观念的坚守和捍卫。

在20世纪60年代末和70年代中期，波兹曼与美国激进的儿童教育学运动保持一致，致力于批判学校在遭遇以声音和图像代替阅读和书写的新

---

① 本部分主要考察媒介与童年建构的立场、观点，均选取典型观点的个案研究进行深入分析。因此，对于持每一类观点的其他研究者的观点未进行综述性的呈现。

媒介挑战时的后进状态。[①] 他与Charles Weingartner保持了较长时期的成功合作，并于1967年出版了《教学：一种颠覆性的活动》（*Teaching as a Subversive Activity*）一书，抨击了学校系统不主动并且无力跟上新媒介技术迅速发展的步伐：当儿童不可避免地生活在新的媒介环境之中时，他们的老师似乎仍然仅仅将印刷品视为唯一的信息载体。他们同样谴责普通大众总是觉得需要维护旧有事物而反对任何不确定的新事物，或者反对现实的竞争从而抵制新媒介。在1973年出版的《学校用书》（*The School Book*）一书中，他将印刷文字和读写视为传统教育学不可更改的模本倍加批判，并认为这样的模本不可避免地要被电子媒介所覆盖。他认为对于孩子而言，视图是一种最为有效的信息获得方式，婴儿一出生就通过这种方式获得信息，而印刷文字和相应的读写方式则是对这种自然秩序的人为干预，通过阅读文字获得知识的方式对于儿童来说是低效的。总之，他主张学校系统要积极运用新媒介并发展儿童运用新媒介的能力。直到70年代中期，波兹曼都对新媒介保持积极的兴趣，并积极思考媒介对于教育变革的重要意义。

113

有趣的是，在1979年出版的《教学：一种保护性活动》（*Teaching as a Conserving Activity*）以及1982年出版的《童年的消逝：电视怎样改变着孩子们的生活》（*The Disappearance of Childhood: How TV is Changing Children's Lives*）这两本书中，波兹曼对新媒介的态度发生了彻底的转变，他抛弃了教育学的激进主义，包括他认为后进的学校系统应当适应新媒介并以声音和图像取代古老的读写方式的观点，开始焦虑地关注被视听媒介所破坏的读写世界，并进而导致的童年的消逝。《童年的消逝》一书产生了广泛的影响，这本书的题目是一个非常矛盾的表达：波兹曼宣称童年已经消逝，但是在副标题中他更加小心地说儿童的生活正在变化。但是

---

① Tommi Hoikkala, Ossi Rahkonen, Christoffer Tigerstedt, Jussi Tuormaa. Wait a Minute, Mr Postman: Some Critical Remarks on Neil Postman's Childhood Theory. *Acta Sociological*,1987,Vol.30(1): 87-99.

在该书的导论中，他却又毫不含糊地说，他的意图在于指出童年为什么消逝的原因。从波兹曼对新媒介态度的变化中，我们可以看出，起初，他完全从儿童学习的"自然顺序"出发看待电视对儿童发展的积极意义，认为视图是孩子最为有效的信息获得方式。后来，他开始焦虑地关注媒介技术导致童年的消逝，这种焦虑说明了将要消逝的"童年"在他心目中的价值，而这里的"童年"有着双重所指，即生命早期阶段的特性和现代以来人们关于这一特性的认识，这一现代的童年观念生长于他的内心之中，并成为他人道情怀和精神诉求的根基，正是由于他对儿童及其童年持有这样的认识，所以，他"不得不眼睁睁地看着儿童的天真无邪、可塑性和好奇心逐渐退化，然后扭曲成为伪成人的劣等面目"[①]，并且感到十分痛心和尴尬。为了有助于对这一问题的认识和解决，他致力于揭示这一"灾难"是如何经由新媒介所酿成的，以至于为此他对新媒介的态度发生了彻底的逆转，从书名中宣告"童年的消逝"，到副标题中说明电视怎样改变着儿童的生活，以及在导论中他表明自己的意图在于指出童年为什么消逝的原因，读者可以发现他的童年情结属于彻底的"发展范式"的现代童年观念，并为捍卫现代童年观念而彻底改变了对新媒介的态度。

二、童年的建构与消逝

如果说之前波兹曼主要围绕儿童的发展和教育来思考儿童与媒介的关系，那么，在《童年的消逝》一书中，波兹曼实际上并没有简单地考察电视如何影响着孩子们的生活，全书分上下两篇，线索清晰地呈现了童年观念的发明和消逝，从中可以发现他的学术兴趣是基于电视影响下儿童生活的历史演变考察童年观念的历史演进，电视对儿童生活的改变实际上是他论述现代童年观念消逝的依据。促使波兹曼研究兴趣转变的原因可以从

---

① 尼尔·波兹曼.童年的消逝［M］.吴燕莛，译，桂林：广西师范大学出版社，2004：3-4.

他所处时代的社会思潮和童年研究学术气候的变化中获得答案。他深受当时后现代社会思潮以及阿利埃斯所开创的社会建构童年研究范式的影响，如同阿利埃斯通过肖像画来研究西方现代儿童观念的诞生一样，波兹曼从人类信息传播媒介对人类生活方式及其观念的影响入手，分析了信息媒介在人类童年观念的发明以及童年消逝过程中所扮演的角色。当然，其分析的前提和结论也与阿利埃斯保持一致，即童年是一种"社会产物""环境产物"，"童年作为一种社会结构和心理条件，与科学、单一民族的独立国家以及宗教自由一起，大约在16世纪产生，经过不断提炼和培育，延续到我们这个时代。但是，像一切社会产物一样，它的持久存在并不是必然的。"① 他采用历史建构的方式，从人类信息传播媒介的变迁对人类生活的影响入手，分析了媒介在人类童年观念的发明以及消逝过程中所扮演的角色。波兹曼的分析策略也正是后结构主义的解构策略，他考察现代童年观念的诞生和消逝过程，实质上就是质疑、批判现代以来人们基于发展的概念所形成的童年观念。

波兹曼认为，"希腊人为我们预示了'童年'这个概念……虽然没有创造出童年，但是他们已经走得很近了"②，"罗马人借用了希腊的教育思想，但他们发展出了超越希腊的童年意识"③。这种超越主要表现在罗马艺术中存在一种不同寻常的年龄意识，同时"罗马人开始把成长中的孩子同羞耻的概念联系起来"④。波兹曼认为，"在童年概念的演化过程中，这是非常关键的一步……没有高度发展的羞耻心，童年便不可能存在"⑤。罗马帝国灭亡后，欧洲进入了"黑暗的中世纪"，波兹曼概括了这一时代变迁中的四个消逝：人的读写能力的消逝、教育的消逝、羞耻心

115

---

① 尼尔·波兹曼.童年的消逝［M］.吴燕莛，译.桂林：广西师范大学出版社，2004，2.
② 尼尔·波兹曼.童年的消逝［M］.吴燕莛，译.桂林：广西师范大学出版社，2004，11.
③ 尼尔·波兹曼.童年的消逝［M］.吴燕莛，译.桂林：广西师范大学出版社，2004，11.
④ 尼尔·波兹曼.童年的消逝［M］.吴燕莛，译.桂林：广西师范大学出版社，2004，12.
⑤ 尼尔·波兹曼.童年的消逝［M］.吴燕莛，译.桂林：广西师范大学出版社，2004，12.

的消逝以及前三点导致的童年的消逝。中世纪口耳相传的信息沟通方式使得所有的人生活在相同的信息环境之中，从文化上而言，不存在今天所谓的成人与儿童之间的区分。印刷术的发明，创造了以读写能力的拥有为标志的文化意义上的成年和童年的区分："未成年人必须通过学习识字，进入印刷排版的世界，才能变成成人。为了达到这个目的，他们必须接受教育，欧洲文明因此重新创造了学校，从而使童年的概念成为社会必需的了。"① 波兹曼认为，在印刷时代儿童走向成年需要获得好读者所具备的能力，即"活跃的个性意识，有逻辑、有次序的思考能力，能使自己与符号保持距离的能力，能操纵高层次的抽象概念的能力和延迟满足感的能力。当然，还需要有超凡的自我控制能力。"②

"到了1950年代，几百年的童年发展已颇具成效，在整个西方世界，童年的概念都已经成为社会准则和社会事实。"③ 然而，与此同时，童年消亡的序幕也被新媒介拉开了。电子媒介以声音和图像作为信息的载体，与人类获得信息的本能相对接，对童年概念产生了巨大的影响。"这个新兴的符号世界其实并不能支持保证童年概念存在所需的社会和知识的等级制度。"④ 这些新的信息传播方式使得依据信息接收能力对受众进行区分的做法不再可行。波兹曼依据电子媒介对文化传播方式的影响，对人生阶段进行了重新划分："在电视时代，人生有三个阶段：一端是婴儿期，另一端是老年期，中间我们可以称之为'成人化的儿童'。"⑤ 显然，波兹曼的兴趣不在于婴儿期和老年期，而在于"成人化的儿童"阶段。首先，从生物学上来看，人人都具有观察和解释图像的能力，这使得电子媒介一览无余的信息环境不能保留任何秘密，而且电子媒介为吸引观众必

① 尼尔·波兹曼.童年的消逝 [M].吴燕莛，译.桂林：广西师范大学出版社，2004，53.
② 尼尔·波兹曼.童年的消逝 [M].吴燕莛，译.桂林：广西师范大学出版社，2004，68.
③ 尼尔·波兹曼.童年的消逝 [M].吴燕莛，译.桂林：广西师范大学出版社，2004，74.
④ 尼尔·波兹曼.童年的消逝 [M].吴燕莛，译.桂林：广西师范大学出版社，2004，107.
⑤ 尼尔·波兹曼.童年的消逝 [M].吴燕莛，译.桂林：广西师范大学出版社，2004，141.

须挖掘文化中每一个现存的禁忌。他认为电视迅速、平等地揭示成人世界的全部内容，没有什么是神秘的，没有什么是令人敬畏的，没有什么是不能在大庭广众下展示的，"儿童接触到了从前秘藏的成人信息的果实的时候，他们已经被逐出了儿童这个乐园了。"① 电子媒介赤裸裸的揭示彻底地将所有的文化秘密呈现出来，不存在禁忌，不存在羞耻感，童年与成年的界限消失了。正如乔希·梅罗维茨所言，电视为儿童打开了通往成人生活后台的视窗。总之，信息环境中没有秘密，在波兹曼看来，那种基于信息获取差异所建构的童年也就因此而不存在了。其次，图像和声音的接收主要诉诸情感，而不像文字阅读主要诉诸理性。电子媒介将我们生活世界的深层结构解构为信息碎片，密集的视听形象使人们成为被动的信息接收者，思维停止了，印刷文化所形成的人类成人的个性意识和思维方式无法达成了，这同样预示着新媒介文化中的"成年的消逝"。第三，新媒介将成人世界的色情、暴力画面一览无余地呈现给儿童，造成青少年犯罪、未婚生育、滥用毒品等一系列社会问题，导致社会的道德坍塌，波兹曼将新媒介技术视为这些问题的肇事者。关于媒介对人类生存方式以及童年观念带来的影响，波兹曼在引言中也说明自己无力提供解决的策略，只能解释它是童年消逝的原因。波兹曼历史地考察了印刷术如何创造了童年观念而电子媒介又如何使它消逝，他断言："至于童年的概念，我相信，长远来看它一定会成为当今科技发展的牺牲品。电的发明搅乱了使童年产生并得到培育的信息环境。"② 无奈之下，他最后将希望寄托在当时开始发展的电脑技术，认为使用电脑需要学习一种人机对话的语言，需要一定的学习和训练，这又使得童年的存在成为必要，有可能"延续"童年的观念。当然，他也认为这只是一种可能，关键在于人能否借助这种新技术发展逻辑思维能力，而不是被这种技术及其承载的信息所掌控而失去自我。此外，

117

---

① 尼尔·波兹曼. 童年的消逝 [M]. 吴燕莛，译. 桂林：广西师范大学出版社，2004，129.

② 尼尔·波兹曼. 童年的消逝 [M]. 吴燕莛，译. 桂林：广西师范大学出版社，2004，202.

波兹曼认为一些家庭帮助他们的孩子拥有一个童年，这些家长实际上在帮助延续了一个人道的传统的存在，从中也可见他坚持捍卫天真无邪的现代童年观念。

三、矛盾立场及其分析

在波兹曼从社会建构的研究立场出发考察西方童年观念的诞生和消逝的过程中，我们不难发现他论述中的矛盾，其矛盾的根源是认识论的，他同时持有基于不同认识兴趣而形成的两种不同的认识立场：前者基于儿童的生命本体关注童年的本质是什么或者说什么是童年？是关于人类儿童期独特性的认识，是传统的"发展范式"的话语立场。我们可以发现，在波兹曼的人道情怀及其与之相应的价值选择中，存在着"天真无邪的、充满好奇心和可塑性强的童年"，他显然捍卫着人类生活中这一人道的传统，为其消逝而悲观焦虑，并在该书的导论中，他毫不含糊地表示他的意图在于指出童年为什么消逝的原因。后者则关注童年这一观念是如何产生的？《童年的消逝》主要考察了现代童年观念是怎样受信息传播方式的影响而逐渐形成并消逝的。显然，这一研究兴趣与后现代社会建构思潮将认识的兴趣从之前关注"知识是什么"转向"知识是如何产生的"密切相关。他尝试通过考察现代童年观念的诞生和消逝过程来解构现代的童年观念，甚至由于受当时勃兴的后现代社会建构思潮的影响，波兹曼也大胆地表达了自己激进的文化决定论立场，与之前生长在他思想中的"发展范式"的现代童年观念截然不同的是，他在该书的引言中激进地宣称："童年不同于婴儿期，是一种社会的产物，不属于生物学范畴。至于谁是或者不是儿童，我们的基因里并不包含明确的指令。人类生存的法则也不要求对成人世界和儿童世界进行区分。事实上，如果我们把'儿童'这个词归结为意指一类特殊的人，他们的年龄在7岁到——比如说——17岁之间，需要特殊形式的抚育和保护，并相信他们在本质上与成人不同，那么，大量的事实可以证明儿童的存在还不到四百年的历史。"① 这一观点与他之前对童年的认识形成了鲜明的对照，研究立场发生了翻转。这段观点鲜明的论述在基于儿童生命本体进行哲学、科学乃至审美研究的研究者看来，显然是十分惊艳的。他采取目的性取样的方式，首先，通过"童年不同于婴儿期"，将个体发展的起始阶段排除在童年观念的范畴之外；其次为了体现社会文化对儿童生活的影响，他沿用阿利埃斯定义童年的年龄区间，任意地将童年界定在7岁到17岁之间。这一年龄区间的划分显然是独特的，而他对这一年龄区间的解释无疑也是独特的。他认为，所有原始资料都表明中世纪的童年在7岁前就结束了，这是因为在中世纪口耳相传的信息交流方式中，儿童到了7岁就能够驾驭语言，他们会说而且明白成人所说的和理解的一切。他们知道通过口语透露的一切秘密。知道了这些秘密，儿童就进入了成年。印刷术的出现，使得信息的获得需要通过阅读能力的获得而达成，而儿童拥有阅读能力则要到7岁之后，"童年是以学习阅读开始的"②，"熟练掌握字母，继而精通所有要求掌握的知识和技能，不仅仅构成了课程设置，而且构成了儿童发展的定义。通过建立不同等级的知识和技能，成人创造了儿童发展的结构"③。从以上论述中可以发现，波兹曼通过印刷术所导致的人的阅读能力及相应的信息持有来支持阿利埃斯所提出的现代童年观念诞生的历程。同时，我们也可以发现，他关于童年观念变化过程的考察是基于人类生活这一基本的社会事实的变迁来进行的，也就是说，他通过信息媒介对人类生活的改变来考察其所引发的童年观念的变化，而放弃了儿童自身的发展过程这一维度，显然是属于"社会建构"范式的童年研究，他完全站在社会文化的立场上讨论童年的建构，他假设通过印刷术所带来的成人与儿童在信息获取能力、拥有信息的数量和

---

① 尼尔·波兹曼. 童年的消逝［M］. 吴燕莛，译. 桂林：广西师范大学出版社，2004，1.

② 尼尔·波兹曼. 童年的消逝［M］. 吴燕莛，译. 桂林：广西师范大学出版社，2004，62.

③ 尼尔·波兹曼. 童年的消逝［M］. 吴燕莛，译. 桂林：广西师范大学出版社，2004，67.

范围、思考能力以及个性意识等方面的不同，对成人和儿童进行了文化上的区分，所以怎样界定童年完全与儿童所掌握的信息数量和范围有关。尽管波兹曼在引言中明确表示"我们首先不能把社会事实和社会概念混为一谈"，但是，他的确是基于儿童社会生活的事实状况考察童年观念的诞生和消逝的，在这一点上，他走向了事实和价值的两分，认为童年是什么样子是由儿童实际的生活是什么样子所决定的，而放弃了对童年应该是什么样子的追问。

由于波兹曼拥有两种认识儿童的立场，所以矛盾是不可避免的，一方面，他认为现代人所认为的"天真无邪的童年"仅仅是一种文化的发明；另一方面，他又悲叹媒介环境让儿童不再天真无邪，说明他心中的童年印象仍然是天真无邪的童年，他有着对童年应然状态的追问。我们还可以进一步追问波兹曼：既然童年是一种社会的产物，我们的基因里并不包含明确的指令来说明一个人是或者不是儿童，为什么他又说童年不同于婴儿期？为什么他从7岁开始定义童年？7岁之前的人生阶段该怎样界定？他所说的原始资料中所表明的中世纪的童年在7岁前就结束了，这里的"童年"又指什么？如果童年是以学习阅读开始的，那么一个终生不学习阅读的人是否永远都进不了童年以及之后的成年期？既然童年观念是一种社会的产物，不同的社会有着不同的童年观念，为什么波兹曼单单对"天真无邪的、充满好奇心和可塑性强的童年"情有独钟？

在《童年的消逝》一书出版十二年之后维塔奇书局再版的序言中，波兹曼也对自己十二年前的观点进行了反思，他认为"童年消逝的一些趋势至少被抑制住了，或者扭转了"；同时该书序言的书写中暗示了他对之前忽视儿童这一问题的纠正，只不过他依然没有从认识论上表达对儿童生命本体的关注，而是从方法论上关注了儿童对童年这一问题的理解，显然他仍然受童年研究中重视儿童参与研究这一主张的影响，邀请了在新媒介环境中生存的儿童来发表自己关于童年的见解，并选取深受媒介影响的五六年级的学生的观点来对自己悲观的"信息决定论"进行了反思：一个叫纳里艾拉的女孩告诉波兹曼他的想法（童年消逝）"稀奇古怪"；一个叫杰克的男孩说："我认为你的文章不怎么好，童年没有消逝"；约瑟夫写道："童年没有消逝，因为我们看电视"；帕蒂说："我不认为一个10岁的孩子看了成人的节目，就不再是儿童了。"波兹曼选取这些孩子对其童年理论的评价，来表达自己的反思，同时，他从中看到了令他欣慰的力量，并向读者昭示了"儿童自身是保存童年的一股力量"。在他控诉美国的文化敌视童年概念的时候，他发现儿童并非如此，也就是说，与之前只关注媒体侵蚀儿童的态度不同，他也开始看到儿童作为有选择能力的主体，是如何看待并驾驭媒体的。可见，在建构童年观念这一问题上，波兹曼和其他20世纪90年代的建构论者一样，他们重视童年观念建构中儿童自身的参与，但是，他们仅仅是对作为社会成员的儿童参与的事实出发关注儿童的生活现实，而没有从人的生命本体这一逻辑前提的意义上思考童年的生命依据和精神样态，对童年的应然状态进行追问。此外，从波兹曼为反思自己研究所选取的"儿童声音"的表达者的年龄来看，显然他认定童年的年龄范围仍然保持在小学至中学阶段。

121

　　纵观波兹曼童年研究的思想变化历程，从他为了儿童的发展和教育研究媒介与儿童的关系，到他采取社会建构的话语方式，从媒介的角度切入思考西方现代童年观念的发明和消逝，认识儿童的立场发生了变化，从本质主义的"发展范式"走向了反本质主义的"社会建构"范式。波兹曼学术立场转变的过程恰恰说明了人类认识活动是一个社会建构的过程，每个个体的认识都处在历史的链条之中，处在社会情境之中，人的认识必然是在对历史和现实的参与中进行的。波兹曼正是深受社会建构童年研究范式的影响，通过考察现代童年观念的诞生过程试图对其进行解构，但他同时又是现代童年观念坚定的捍卫者，这种解构因此成为一种自我反思和批判。在他自相矛盾的论述中我们可以发现，尽管他受当时强劲的社会建构范式批判思维的影响，表达了激进的话语，但是，从社会建构的立场考察现代童年观念的诞生和消逝，并不意味着波兹曼放弃了发展范式的根本立场，放弃了现代童年观念。他不仅是温和的社会建构论者，骨子里更是一个发展主义者，甚至可以这样说，他对童年观念的社会建构是一次学术"时尚秀"，是对当时势不可当的社会建构童年研究范式的随波逐流。尽管波兹曼谈论的内容都是媒介技术对童年以及童年观念的影响，但是，他是在人文情怀的关照之下思考这一问题的。他基于欧洲文艺复兴以来形成的人文情怀和现代的儿童观念，认为"童年是文艺复兴的伟大发明之一，也许是最具人性的一个发明"[①]，并且将儿童视为"我们发送给一个我们看不见的时代的活生生的信息"[②]。他首先是现代童年观念的信徒，认为儿童是脆弱的、纯真的，而电子媒体摧毁了传统的成人与儿童的界限，利用儿童的脆弱性，破坏他们的个性，腐化他们的纯真。在新媒介光怪陆离的环境中，儿童成为媒介信息的被动受害者，他为儿童失却天真和好奇心而心痛，并表达了对纯真的童年的怀旧情绪。

从波兹曼的童年研究中，人们应当收获这样的启示：儿童以及童年研究尽管有着不同的问题和不同的视角，但是儿童及其生活本身是研究的出发点，儿童的生命本体中蕴含着儿童和童年研究的逻辑起点；关于儿童和童年的理解不仅要基于当下的生活事实，还要基于生命发展的逻辑，儿童应该有怎样的童年和儿童实际的童年生活都是童年研究应该关注的话题，而且前者应该是后者的价值依据，这样才不至于走向自然与文化的分离以及事实与价值的分离。

---

① 尼尔·波兹曼.童年的消逝［M］.吴燕莛，译.桂林：广西师范大学出版社，2004，2.

② 尼尔·波兹曼.童年的消逝［M］.吴燕莛，译.桂林：广西师范大学出版社，2004，1.

第二节　童年的解构：激进的乐观

从20世纪80年代末开始，当哲学领域开始反思社会建构思潮并在"索卡尔事件"之后发生了多种思想转向的情况之下，社会建构思潮在童年研究领域的强势影响才刚刚拉开帷幕并迅速蔓延开来，童年的社会建构思潮对发展范式的童年研究的批判和激进的文化建构成为90年代童年研究的热点。同时，这一时期媒介技术的新进展也为社会建构主义者解放想象力提供了有力的支持。罗杰斯夫妇称，"从1980年代末开始采用后现代批判的手段提出了新的观点"[①]，一些人相信，人类凭借媒介技术可以跨越人类历史以来的传统形象中的某些边界。[②]

一、故事解构童年

在《儿童的故事》一书中，罗杰斯夫妇从维特根斯坦的立场出发，即"举例是解答一切问题和一切概念与定义的最好方法"[③]，他们通过一个科幻故事震撼开场，开始解构以生物学模型为出发点的发展范式的童年观念。他们在该书的开篇虚构了一位24世纪的年轻女学生Nema经过催眠出现在20世纪末的生活中，并向我们讲述了她所在的24世纪的生活状况。这个故事是一个完整的隐喻，通过这个故事建构了24世纪的童年观念。下面完整呈现来自24世纪的Nema在两个小时中给我们讲述的她的生活故事[④]：

---

① Rex Stainton Rogers, Wendy Stainton Rogers. *Stories of Childhood: Shifting Agendas of Child Concern*. New York: Harvester Wheatsheaf, 1992，12.

② 本研究未选取唐·泰普史考特等人关于媒介科技的研究作为案例进行分析，原因在于罗杰斯夫妇的《儿童的故事》中关于技术的描述意在解构现代童年观念，而恰好本研究主要目的在于考察童年观念的建构。

③ 转引自张之沧.后现代理念与社会［M］.南京：南京师范大学出版社，2005，44.

④ Rex Stainton Rogers, Wendy Stainton Rogers. *Stories of Childhood: Shifting Agendas of Child Concern*.New York: Harvester Wheatsheaf, 1992，3-4.

在Nema所处的时代，年龄没有我们这个时代（20世纪末）的意义，这个正在向我们讲述故事的Nema实际年龄为13岁。在Nema的世界里，由于环境条件以及饮食和健康关怀较好，很多年轻人大约在10岁就完全达到了生育上的性成熟，相当一部分年轻人决定在10岁出头就生孩子，他们在这个年龄具有生理能力以及经济的、社会的独立性。早在2030年的《平等权利法》就替代了先前与年龄相关的能力资格观念。例如，所有人驾驶燃料电池车需要通过驾驶考试，但是没有最低年龄限制，工作也是如此。即使在孩子会说话前，孩子学习操作手控机器人，一旦他们会说话，就使用声控装置，这样一来，对于20世纪末的孩子来说比较危险的器具（如灶具），在Nema的世界也变得不危险了。新的公共交通系统以及可预感到潜在危险的感应车等技术革新，意味着三四岁的孩子可以独立安全出行。技术使得学习变得"有趣"并且使得困难的事更加容易，这意味着7岁左右的孩子可以或多或少地独立于成人而生活。当然，他们戴在手腕的交流器意味着他们在需要帮助的时候就可以寻求帮助……没有人一周工作超过15个小时，即便这样也可以获得经济上的独立。一旦人们有了工作能力就有权去工作，付报酬的比率是根据工作业绩而非按年龄分类。尽管仍有一些能力需要"较长时间"来发展，但是这仅仅意味着他们将在12岁而不是在9岁获得这些能力。

　　Nema自己的生活是她那个时代的典型。她的妈妈年轻时有一个广泛的朋友网络，这些人大约七八岁，他们一帮人从一家到另一家。他们攒钱一起旅行，住在宾馆，在旅行途中了解世界。一帮人相互支持而不是年长者支持他们，对于他们而言，同伴群体是正规的地方，他们在同伴群体中获得情感和照料。随着时间的推移，这个群体逐渐混合变化。一一对应的性伴侣和混合性伴侣并存，许多年轻人有权进入每一种网络。这里是进行人际关系和性关系实验的地方（艾滋病感染已是模糊的历史记忆）。那里没有"许可年龄"的限制，每个人能够拥有权利控制身体——不论是性还是其他任何事情。"年长的"和"年幼者"之间几乎没什么关系，也几乎没有干预他们的权力。结果是人们实际上没有跨年龄的身体或者性虐待的意识。到了14岁，Nema的妈妈已经有许多与同性和异性间的性经历（尽管人们并不倾向于做出这些区别），Nema的妈妈觉得自己已经做好了进入下一段生活的准备，于是解除了排卵控制并且怀了孕。她在合作家庭中获得了一个居住单元，一些人作为她的情人入住，但是她的妈妈并没有想要与其建立稳固的关系。

Nema的出生是借助于她妈妈用来控制节育和接生分娩的装置的帮助而出生的。许多他们的团体成员都来给予鼓励（其中包括Nema的爸爸）。尽管婴儿的照料是能够自动化的，但大多数父母选择在一个小群体中"亲自动手"抚养孩子。……在Nema8个月的时候，就能够控制简单的声控机器与其他年幼者进行合作游戏。她愿意回到母亲的住处休息，但也有大量的时间在其他人的住处。通过她的电子标签，她的妈妈以及其他照料者总是知道她在哪里。4岁时Nema学习控制互动终端，创造了一个包括陈设、音响、图片、食物、饮料分配器等"完全个人的环境"。她可以与同伴玩复杂的计算机游戏，进入娱乐和信息的图书馆。对电子音乐的兴趣带给她第一笔真正的收入，6岁时她进入一个乐队组合。他们的音乐很受欢迎，她的收入增加了，在能力测试中她成功迈出第二步，7岁时获得控制自己交流器的权利。如果她愿意她可以关闭（意味着完全独立）。现在只要她选择就可以关闭，她签了一个合同以便她的信用卡透支时仍然可以支付。"关闭派对"（类似成人仪式）是重要事件，尽管成人较为担忧，其危险在于音乐造成的短暂耳聋和临时的娱乐毒品的宿醉，Nema驾驭了这两者。尽管性游戏是普遍的，像大多数年轻人一样，她的第一次严肃的性活动开始了。

尽管公共交通是不错的，但是获得自己的燃料电池车是重要的标志性事件。在Nema10岁时通过了驾驶考试，11岁时加入一个小组，一边工作，一边驾车沿着古老的穿越亚洲的从俄罗斯到日本的高速公路旅行。Treks喜欢这个"定居"的前奏，Nema事实上利用这次旅行怀孕。然而，回到家后，她又一次向往旅行，于是留下自己的孩子给朋友照料者（friend-carer），并且从时光旅行机构获得了工作。作为度假的工作大多数留给年长者（16岁以上），但是也没有年龄界限的限制，于是13岁的她参与了"20世纪项目"，穿越到20世纪末，为我们讲述了她所生活的24世纪的故事。

罗杰斯夫妇建构的这个故事整体地表达了他们对童年的认识。他们与众多社会建构主义者一样，试图通过他们极端的认识论策略让从传统的发展视角理解童年的人感到"震惊、惊吓、愤怒或惊讶"，目的在于通过这个虚拟的故事中包含的解构策略挑战过去人们对童年的想当然的假定，即挑战将童年视为可以被客观地认识和做出定义的事物。他们认为："传统的发展主义的心理学和社会学关于儿童社会化的理论，关注儿童长大成为羽翼丰满的成人社会的成员。而从1980年代末期开始，发展主义关于儿童发展和童年的理论作为唯一的关于童年的知识被认为是值得思考的。"[①]从这个故事中，他们从年龄、性别、身份等维度解构了传统的童年、家庭、工作等一系列观念。

二、故事建构童年

20世纪80年代末90年代初，在西方童年研究中掀起了激进的社会建构热潮，从后现代主义的视角对现代主义的童年理论，即科学的发展心理学

---

① Rex Stainton Rogers, Wendy Stainton Rogers. *Stories of Childhood: Shifting Agendas of Child Concern*. New York: Harvester Wheatsheaf, 1992，7.

和社会学中社会化理论进行了激烈的批判。几乎每一个社会建构主义者都是从对发展心理学的批判开始进行言说的。他们质疑现代主义童年研究追求普遍性理论的做法，认为现代主义创造了许多理论，但是其根基是虚幻的。特别是发展心理学量化研究的方法备受批判，他们认为，没有客观的可供我们研究的儿童。罗杰斯夫妇将发展主义者视为现代童年建构的大独裁者，其霸权地位直到80年代末才受到详细的审查批判。Morss（1990）对这些批判总结如下："发展心理学赖以建立的基础——不仅仅是它的古典的表述，而且它现在依附于过时的生物—哲学本质观念的形式，都已经被消解。这个学科的建立可能是附合进化论者的逻辑和相关的教义，没有独立的内容。如果这样，发展心理学可被视为19世纪进化论思想在20世纪的延迟表达，是一条死胡同，其外围是社会科学和生命科学的发展。"[1] 后现代建构主义者极力主张"从地方的、特殊的理解对传统的大理论进行批判，所有关于儿童的理解都需要在新的概念框架下进行"[2]。罗杰斯夫妇认为："与发展心理学的单一文本所不同的是，在批判的多文本主义的童年研究中，我们建构儿童观念的方式不仅取决于我们将孩子理解为什么，也反映指向儿童的社会和经济政策以及管理儿童的制度。Denzin（1977）认为，儿童是一个政治的产物，他们被创造、被定义并且按政治术语而行动……被卷入成人生活中，没有人代言他们这个群体的位置，儿童发现他们被谈及，因他们而立法，被关于他们的社会工作者、教育心理学家、官员、法官、法院、教师、社会学家、人类学家、政客、心理分析家等社会专家检验和审视。"[3] 不同的人基于不同的目的对童年的认识是不同的，

---

① Rex Stainton Rogers, Wendy Stainton Rogers. *Stories of Childhood: Shifting Agendas of Child Concern*.New York: Harvester Wheatsheaf, 1992，41.

② Rex Stainton Rogers, Wendy Stainton Rogers. *Stories of Childhood: Shifting Agendas of Child Concern*.New York: Harvester Wheatsheaf, 1992，10.

③ Rex Stainton Rogers ,Wendy Stainton Rogers.*Stories of Childhood: Shifting Agendas of Child Concern*.New York: Harvester Wheatsheaf, 1992，12.

每一种认识视角都产生了自己的童年故事。在这些论述中，我们可以发现SSK"强纲领"的四个基本信条特别是前三个信条成为童年社会建构激进话语的标准模板。

罗杰斯夫妇不仅在《童年的故事》一书的开篇呈现了表达他们童年观念的故事，全书讨论的问题都是从故事开始或者以故事为铺垫的。他们认为："只能通过考察关于儿童的不同的故事，这些不同的资源成为我们考察的主题。"① 正如维特根斯坦所言，事物不需要概括其概念，只需要举例、描述和说明就可以了。反过来，这些描述和说明所形成的故事就成为认识事物的最好资源。因此，该书的言说方式也是后现代的。他们也明确表明了他们这本书是基于建构主义者、后结构主义者和对发展主义者的后现代批判所进行的讨论，并认为童年是在言说它的过程中建构出来的。罗杰斯夫妇认为从80年代开始，童年的建构进入了批判的多文本时代，他们认同布鲁尔的"对称性原则"，认为每一个关于童年的故事都有其独特的意涵，反映着某种童年观念。所以每个关于童年的故事及其讲述者都应受到平等的对待，无论是马克·吐温，还是弗洛伊德。实际上这种叙事的童年建构方式并非新鲜的事物，人类的叙事方式远远早于科学的方法，人类早期的文明就是通过叙事建立起来的，叙事建立了人类最早的理解世界的框架。显然，罗杰斯夫妇只是试图通过多文本的叙事解构"发展"的文本。

罗杰斯夫妇也承认发展心理学的发展观是有魅力的，但也是需要挑战的一个问题。"发展主义"的错误在于，"所有的孩子都是在一个表征的过程中被创造出来的（就如同Nema被创造出来一样）。无论是像还是不像Nema，总之她缺乏像真实的儿童一样的有血有肉的实体，仅仅是你关于可能的儿童的认识。如果我们仅仅可以通过写一个故事制造一个儿童，

① Rex Stainton Rogers, Wendy Stainton Rogers.*Stories of Childhood: Shifting Agendas of Child Concern*.New York: Harvester Wheatsheaf, 1992，18-19.

那么他与你所拥有的关于儿童的故事中的其他儿童有什么不同？"①也就是说，罗杰斯夫妇用这个故事来说明文化对童年观念的影响，其深层动机是用这种通过虚拟故事来制造儿童观念的方式本身批判发展主义者编制的儿童发展的故事。言下之意，如果发展主义者认为这个关于Nema的故事有多么荒谬，那么发展主义者自己的发展观就有多么荒谬！他们认为在现代主义创造的童年故事中，儿童是纯真的、幼弱的、需要保护的，处在向成人阶段发展中的人，这个故事的根基是虚幻的。为了批判现代主义关于儿童纯真的浪漫观念，罗杰斯夫妇显然与其他建构主义者一样，将"性"作为一个核心话题，在Nema的故事中，他们对于性的态度是完全开放的，正如他们自己所言，是让现代主义者十分惊讶的！而且，故事中Nema的妈妈在14岁时生下了Nema，而Nema在11岁就准备怀孕，这显然暗示我们，关于人类生殖的自然生理能力的年龄界限不断下移。在该书的其他部分，作者列举了大量涉及儿童与性的事例，如从6-7岁孩子的性游戏说明该阶段的孩子就有了性行为的潜能，"这些讨论结束了儿童的纯真这一看法，因此，童年也终结了。"②他们还反问那些被他们观点所震惊的现代主义者：难道14岁女孩生下的孩子比20岁女孩生下的孩子卑微？

罗杰斯夫妇作为激进的社会建构主义者，无疑他们的观点是惊艳的！我们需要思考的是，人类的任何认识都是一种基于认识主体和对象关系之中的建构，然而，有些认识从古至今成为共识，而且还将在未来的认识中继续被延续，而有些认识惊艳一时，很快会成为别人或者自己反思的对象，并在反思中加以修正或者彻底丢弃。正如拿破仑所言：秩序迈着庄严而从容的步伐前进，混乱却总是行色匆匆。发展心理学侧重于生命自然发

129

---

① Rex Stainton Rogers, Wendy Stainton Rogers. *Stories of Childhood: Shifting Agendas of Child Concern*. New York: Harvester Wheatsheaf, 1992, 8.

② Rex Stainton Rogers, Wendy Stainton Rogers. *Stories of Childhood: Shifting Agendas of Child Concern*.New York: Harvester Wheatsheaf, 1992, 33.

展的视角，其基本假设是从儿童生命的自然进程出发的，人类关于个体幼年时期的认识也在漫长的历史进程中积累了一些普遍性的共识，这些共识基于人类生命活动本身，人类生命的自然发展过程始终是关于童年知识的合法性根源。此外，人类生活始终离不开应然的价值追问，这事关人类的福祉。人类为什么会从群婚进化到对偶婚，再到一夫一妻制，一定有着生存需要和维持种群生存的价值依据，能够做什么和应不应该做什么是人类历史进程中不停追问的问题。对应然状态的追求始终起着引导和救赎人类的作用。如果仅仅从能够做什么出发，那么，人类创造的科技力量已经摧毁地球。

第三节　童年的延续：积极的展望

　　与80年代初波兹曼保守的悲观和90年代初罗杰斯夫妇激进的乐观均有所不同，在2000年出版的《童年之死——在电子媒体时代成长的儿童》（After the Death of Childhood: Growing up in the Age of Electronic Media）一书中，帕金翰对媒介与儿童关系的态度是折中的，对童年观念的文化建构的立场也是温和的。但是与前两者共同的立场是：童年是一种社会建构。该书的书名似乎是对波兹曼的"童年的消逝"这一观点的进一步深化和强调，但是实际上帕金翰意在从广泛的社会历史变迁的情境中去重新认识儿童与媒介的关系，从波兹曼那里找回"消逝"的童年。他也声称自己的立场是"比较温和的建构主义"[1]，这种温和的建构一方面是从思想上摒弃以上两者的媒介决定论立场，另一方面从实践理想上诉诸全社会对儿

---

　　① 大卫·帕金翰. 童年之死——在电子媒体时代成长的儿童［M］. 张建中，译. 北京：华夏出版社，2005，115.

童媒介素养的培养。然而，帕金翰的媒介教育理想要转化为他心目中理想
的儿童媒介素养，依然有着遥远的距离。事实上，如同波兹曼认为自己无
法实实在在地解决童年的消逝问题而只能分析它出现的原因一样，帕金翰
只是从较为积极的心态出发提出了通过媒介教育避免童年消逝，并通过媒
介为儿童赋权。

一、本质主义儿童媒介素养观批判

帕金翰认为，无论是波兹曼还是罗杰斯夫妇所代表的观点，他们的
共同之处在于"两种立场都采取一种本质主义的观点来看待'童年'与
'青少年'，并且从一种过度倾向于决定论的角度来说明媒体与科技的角
色"[①]，在他们的论述中，"儿童被认为是天生便具备一些特质，这些特
质在某种程度上与某些特殊传播媒体本质的特质产生了独特的联系"[②]。

以波兹曼为代表的第一种观点持有现代的儿童观，认为儿童是脆弱
的、纯真的，而电子媒体摧毁了传统的成人与儿童的界限，利用儿童的脆
弱性，破坏他们的个性，腐化他们的纯真，儿童成为媒介信息被动的受害
者。Shirley R. Steinberg 和 Joe L. Kincheloe 在《儿童文化》[③]一书中，不仅
从媒介手段本身，还从操控和利用媒介的市场力量来看待媒介对童年的消
极影响，正如帕金翰所言，Shirley R. Steinberg 和Joe L. Kincheloe以"极具
修辞能力的语言"表达了他们对童年被媒介所侵蚀的担忧，并对"童年之
死"现象的发展给出了更为激进的政治说明。在他们看来，童年的传统观
念——一段纯真而依赖成人的时光，已经被破坏了，而破坏这些观念的与

131

---

① 大卫·帕金翰. 童年之死——在电子媒体时代成长的儿童 [M]. 张建中，译. 北京：华夏出版社，
2005，61.

② 大卫·帕金翰. 童年之死——在电子媒体时代成长的儿童 [M]. 张建中，译. 北京：华夏出版社，
2005，43.

③ Shirley R. Steinberg , Joe L. Kincheloe. *Kinderculture: The Corporate Construction of Childhood*. Cambridge MA: Westview Press, 2004.

其说是家庭结构或育儿方式的改变，倒不如说是在20世纪末儿童对流行文化的接触。由于儿童特别容易受到意识形态的操纵，因此，媒介被看作是"一种'占据了人们心灵'的单向度的意识形态力量。这种意识形态不为'社会公益'和'儿童的幸福'运作，而只为'个人获利'运作"①。在这种情况下，儿童成为被资本主义媒体综合控制予以洗脑后的一个无助的受害者。他们指责商业集团殖民了儿童的意识，施加了错误的意识形态以及灌输了被认为是儿童特别不能抵御的物质观。总之，他们与波兹曼一样，表达了对媒介给童年带来的消极影响的担忧以及对纯真的童年的怀旧情绪。在这种观点的持有者看来，媒介是导致社会全面衰退的主要原因。

另一种观点认为，儿童根本不是新媒介（基于数字技术的网络等）②的被动受害者，他们反而拥有一种强有力的媒体素养，一种成人无法拥有的天生的智慧。因此，新媒介技术被认为是为儿童提供了新的机会，使他们能够发挥自己的创造力，建立属于自己的社群，并实现自我；新媒介"赋予儿童权利"，甚至是"解放"儿童的工具。罗杰斯夫妇关于Nema的故事的中心思想就是要表达以上这些关于新媒介技术的积极认识。一些关注教育的人认为，"计算机超越了传统的方法——印刷品和电视的'直线式'方法的限制，导致了一种新的学习形式的出现，计算机'以某种

①大卫·帕金翰.童年之死——在电子媒体时代成长的儿童［M］.张建中，译.北京：华夏出版社，2005，31.

②对新媒介持积极立场的相关研究中，"新媒介"主要指基于数字技术的各种媒介，是狭义上的新媒介。唐·泰普斯考特的《在数字世界中长大》基于对数字技术的乐观态度，分析了两组不同的二元对立的概念，一组是不同科技之间的对立（如电视相对于互联网），一组是不同时代人之间的对立（如战后出生的婴儿相对于电子网络中成长的一代）。电视被视为被动的，网络则是主动的；电视使它的使用者"麻木"，网络则提高他们的智力；电视所报道的是单一的世界观，网络则是民主与交互式的；电视孤立其观众，网络则为他们建立社群。"电视时代"与"网络时代"相比，前者价值观日趋保守，"等级制的、缺乏变化的与集权化的"。相反，后者则"渴望表达、发现与自我发展"。换句话说，他们是精明的、自立的、具有分析力与创造力、追根究底、接受分歧、具有社会意识，并且以全球为取向的。大卫·帕金翰.童年之死——在电子媒体时代成长的儿童［M］.张建中，译.北京：华夏出版社，2005，49.

方式释放了儿童天生的创造力与学习欲望'"①。由于数字科技带来的表达和传播工具是每个人都能运用的，它将导致出现一种新型的民主素养。唐·泰普斯考特认为数字科技确保社会发生结构性的转变——如民主化，选择与表达的自由、开放、创新、合作。它将发展出人类新的真实性，其特征为独立思考、信任、诚实、共享、自信，以及对于权威的一种健康怀疑主义。而且它最终会导致"隔代爆炸"（注：代际关系的消解）、"社会的觉醒"，并将推翻知识与权力的传统等级制度。② 总之，后一种观点的持有者认为，数字媒介是造成社会全面进步的动力。

对于以上两种关于儿童受众的不同话语，或者说关于在媒介环境中建构出来的两种不同的童年观念，帕金翰视为是"两种互相对立的感情用事的形式。其中之一是古老而令人熟悉的感伤情怀——将儿童建构为纯真而脆弱的个体，因而需要成人的保护。另一方面，也有一种较为现代的情怀——将儿童建构为具有媒体智慧的主动积极的受众，他们拥有一种天生智慧，能够引导他们对付新媒体与科技。总的来说，前一种观点通常在公共舞台上占有主导地位，而媒体工业自身越来越支持后一种观点"③。在帕金翰看来，二者其实都持本质论的观点。

对于前者，帕金翰认为他们"否认了儿童在创造他们自己的文化时所扮演的主动角色，并将他们仅仅设想成是被动的受害者，因而这个理论有效地保证了自己的绝望"④。对于波兹曼的怀旧情怀，帕金翰认为："我们再也不能让儿童回到童年的秘密花园里了，或者我们能够找到那把

133

---

① 大卫·帕金翰. 童年之死——在电子媒体时代成长的儿童 [M]. 张建中，译. 北京：华夏出版社，2005，46.

② 大卫·帕金翰. 童年之死——在电子媒体时代成长的儿童 [M]. 张建中，译. 北京：华夏出版社，2005，50.

③ 大卫·帕金翰. 童年之死——在电子媒体时代成长的儿童 [M]. 张建中，译. 北京：华夏出版社，2005，115.

④ 大卫·帕金翰. 童年之死——在电子媒体时代成长的儿童 [M]. 张建中，译. 北京：华夏出版社，2005，39—40.

魔幻钥匙将他们永远关闭在花园里。儿童溜入了广阔的成人世界———个充满了危险与机会的世界，在这个世界中电子媒体正在扮演着日益重要的角色。我们希望能够保护儿童免于接触这样世界的年代是一去不复返了。我们必须有勇气准备让他们来对付这个世界，来理解这个世界，并且按照自身的特点积极地参与这个世界。"①帕金翰采取实证研究的形式，说明儿童在媒介环境中的主动选择，也呈现了这一观点的支持者基于皮亚杰建构主义的心理学所做的心理学实验结果来说明儿童是主动的受众。"我们现在需要更密切地注意如何为儿童做准备，使他们具备应付这些经验的能力；而且，这么做的时候，我们需要停止单纯地依据他们所缺乏的性质来定义儿童的做法。"②同时，要通过媒介教育"自动地引导儿童去欣赏高雅文化，将他们导向精神上更加健康的行为方式，或者使他们养成更加理性的、政治方向正确的信仰。媒介教育完全被视为为儿童提供拯救的一种手段"③。通过媒介教育，培养学生应付和运用媒介的能力，"增进儿童对公共领域的接近，以及反对对童年更进一步私人化和家庭化"④。

对于后者，帕金翰认为，这些乐观主义者"忽视了一些令人尴尬的经验性问题———这些科技如何被设计、制造与营销，以及实际上它们又是如何为现实生活中的儿童所使用"⑤。也就是说乐观主义者的这些讨论忽视了各种媒介被生产与使用的真实社会情境，如泰普斯考特的二元分析中，

---

① 大卫·帕金翰. 童年之死——在电子媒体时代成长的儿童［M］. 张建中，译. 北京：华夏出版社，2005，225-226.

② 大卫·帕金翰. 童年之死——在电子媒体时代成长的儿童［M］. 张建中，译. 北京：华夏出版社，2005，15.

③ David Buckingham.*Media Education: Literacy, Learning and Contemporary Culture*. London: Polity Press in Association with Blackwell Publishing Ltd, 2003. 转引自秦学智. 帕金翰"超越保护主义"媒介教育观点解读［J］. 比较教育研究, 2006（8）: 49-53.

④ 大卫·帕金翰. 童年之死——在电子媒体时代成长的儿童［M］. 张建中，译. 北京：华夏出版社，2005，218.

⑤ 大卫·帕金翰.童年之死——在电子媒体时代成长的儿童［M］. 张建中，译. 北京：华夏出版社，2005，58.

将"时代之间的差异看成是科技的产物，而不是社会、历史、文化力量所造成的结果"①。

与以上两者相比，帕金翰的观点更为辩证，在儿童与媒介的关系方面，他主张通过"一种更加充分的社会性解释来说明儿童与电子媒体之间的关系，这种解释将我们对受众所做的分析，放置在了一个广泛的对社会、体制与历史变迁的理解之中"②。他强调儿童作为主体对媒介的主动驾驭（这种能力还需要全社会对儿童的养成教育），避免其消极影响，扩大其积极影响。对于以上两者关于儿童受众的不同话语，帕金翰表明，在真实的世界中存在着真实的受众，但是我们最终只能通过我们自己的建构与再现来了解它们，以上两种话语就是两种不同的建构而已。帕金翰承认，这种建构永远无法最终达成一致共识。但是帕金翰明智地指出："这些建构能够而且也应该，按照其经验证据的有效性与理论论证的一致性和逻辑性来接受判断。"③ 所谓经验的有效性是指儿童现实的社会生活（新媒介环境下的社会生活），而理论的一致性和逻辑性则指与儿童生命成长的逻辑保持一致，显然他有效地实现了前两种话语的辩证整合。

二、成人建构童年批判

帕金翰称他关于童年观念的建构可归纳为两个方面：一是认为童年的观念是社会义化的产物；二是认为童年的观念是成人的话语。

帕金翰认为，前述的两种关于童年的话语都认为"童年的观念本身是一个社会的、历史性的建构，并且文化与再现——尤其是以电子媒体

① 大卫·帕金翰.童年之死——在电子媒体时代成长的儿童［M］.张建中，译.北京：华夏出版社，2005，49.

② 大卫·帕金翰.童年之死——在电子媒体时代成长的儿童［M］.张建中，译.北京：华夏出版社，2005，116.

③ 大卫·帕金翰.童年之死——在电子媒体时代成长的儿童［M］.张建中，译.北京：华夏出版社，2005，115.

形式显示的文化和再现——则是这种建构在其中得以发展与维持的主要场域"①。帕金翰自己就"童年是一种社会性建构的观念"进行了分析，认为这个观念的核心前提是："儿童"并不是一个纯粹由生物学所决定的自然或普遍的范畴。它也不是具有某种固定意义的事物，让人们可以借助其名义轻而易举地提出各种诉求。相反，童年的观念在历史上、文化上以及社会上都是不断变化的。在不同的历史时期、不同文化与不同社会群体中，儿童曾被以不同的方式看待，也以不同的方式看待自己。进一步说，这些定义也不是固定不变的。不管是在公开的讨论中（例如在媒体中、学院里或是社会政策上），还是在同辈与家庭成员之间的人际关系中，"童年"的意义遭受了一个持续的斗争与协商的过程。但是，帕金翰并没有激进地否认作为生物性个体的"儿童"，他说："这并不意味我们可以统称为'儿童'的生物性个体，因为某种缘故而不存在，或者是我们无法描述他们。"②"原则上，我不会否认儿童在生物层次上必须依赖成人较长时间；我也不会质疑个人确实会随着年龄增长发展而改变他们观点的看法。'成熟'的确是一个相对性的语词，但它并非完全与生物年龄无关。"③"童年的意义是什么以及童年如何被经验，很显然是由性别、'种族'或民族、社会阶级、地理位置等社会因素决定的。诸如此类的种种条件限制，似乎使得任何对'儿童'进行归纳的企图都成为实际上不可能的事。然而，将童年看作一种社会性建构应该不会阻碍我们讨论儿童生活的物质现实——因而也不会妨碍我们讨论儿童与其他社会群体之间的

---

① 大卫·帕金翰. 童年之死——在电子媒体时代成长的儿童［M］. 张建中，译. 北京：华夏出版社，2005，4.

② 大卫·帕金翰. 童年之死——在电子媒体时代成长的儿童［M］. 张建中，译. 北京：华夏出版社，2005，5.

③ 大卫·帕金翰. 童年之死——在电子媒体时代成长的儿童［M］. 张建中，译. 北京：华夏出版社，2005，14.

系统性差异。"① 帕金翰强调道："将童年观念视为一种社会建构的真正含义是，这些统一的有关儿童的定义乃是社会过程与话语过程造成的结果。"② 从以上这些论述中可以发现，帕金翰既坚持自然维度的儿童发展的认识，同时重点在于强调童年观念的社会建构，即童年观念产生的社会文化机制。

基于对童年观念产生机制的认识，帕金翰认为，在童年观念的产生过程中，体现了价值取向和权力关系，"对于儿童的任何描述——以及任何对于童年这个观念的祈求——都不可能是中立的。相反，任何这样的讨论都不可避免地会赋予童年某种意识形态的特征；这个意识形态其实也就是一组意义，它被用来合理化、支持或挑战成人与儿童之间的现存权力关系，甚至是成人自身之间的权力关系"③。童年观念的社会建构的话语权掌握在成人手里："'童年'是一个变化的、相对的词汇，它的意义主要是通过它与另一个变化的词汇——'成人'——之间的比较而被定义的。"④帕金翰指出，在近代工业化国家的历史中，童年在本质上一直被定义为一个排除性问题，不管后浪漫主义是如何强调儿童的内在智慧与理解力，它主要是从儿童不是什么与儿童不能做什么的观点来定义儿童。也就是说，对童年的认识不是基于对其本身的探究，而是要通过与其他事物的比较来定义。如受现代理性思维方式的影响，童年与成年的分隔是以理性作为界限的，现代主义的儿童观将儿童视为缺乏理性的人，"将儿童定义为本质上是'非理性的'这一做法，合理化了社会在教育儿童的过程

---

① 大卫·帕金翰. 童年之死——在电子媒体时代成长的儿童［M］. 张建中，译. 北京：华夏出版社，2005，67.

② 大卫·帕金翰. 童年之死——在电子媒体时代成长的儿童［M］. 张建中，译. 北京：华夏出版社，2005，5.

③ 大卫·帕金翰. 童年之死——在电子媒体时代成长的儿童［M］. 张建中，译. 北京：华夏出版社，2005，9.

④ 大卫·帕金翰. 童年之死——在电子媒体时代成长的儿童［M］. 张建中，译. 北京：华夏出版社，2005，6.

中引入一个相当冗长的时段，在这段时间内，儿童接受了培养自制力以及守规矩的行为等一系列技巧训练。在这些方面，我们当代的童年观念可以被看作启蒙计划的一部分，它把对理性发展的强调作为确保社会秩序稳定的一项工具"①。帕金翰认为法律中通过规定儿童与成人不同的权利而将儿童从成人中区分出来，如，从领取工资的工作、发生性行为、饮酒与投票选举。成人为儿童创造的儿童文学、影视作品，成人一直垄断了定义童年的权利，即使是主张"儿童权利"的论述，也主要由成人提出，并且依据的是成人的观点。"在发展心理学中，采用'非社会性'的方式定义儿童……它将儿童随着时间变化的种种方式，定义为一种朝着预定目标前进的目的论式的发展过程。在这个学科中，儿童被建构为孤独的个体，他们的认知发展遵循着一种合乎逻辑的'年龄与阶段'发展顺序，逐渐达到成人所具有的成熟和理性。如果童年因而被定义为一种'成为'过程，成年就被暗暗地看作一个已经完成的状态。"②

　　帕金翰批判了成人建构童年的动机以及童年观念建构过程中儿童的失语："童年这个范畴的定义与维持，完全取决于两种主要的话语产生机制。首先，有一些关于儿童的话语，主要是为成人生产出来的——它不仅以学术或专业讨论的形式再现出来，同时也出现在各种形式的文学作品中；一种是为儿童生产出来的，以儿童文学、电视节目和其他媒体等形式再现出来——这些话语尽管贴着儿童的标签，却很少是由儿童自己制作的。"③帕特丽夏·荷兰德认为："童年的观念被看作一座仓库，储藏了那些成人认为珍贵而又令人怀疑的品质——他们无法接受这些品质是他们

　　① 大卫·帕金翰. 童年之死——在电子媒体时代成长的儿童 [M]. 张建中，译. 北京：华夏出版社，2005，8-9.

　　② 大卫·帕金翰. 童年之死——在电子媒体时代成长的儿童 [M]. 张建中，译. 北京：华夏出版社，2005，12-13.

　　③ 大卫·帕金翰. 童年之死——在电子媒体时代成长的儿童 [M]. 张建中，译. 北京：华夏出版社，2005，6-7.

自己的一部分。"① 而在David Archard看来，童年的观念也可以被看作一个虚幻的世界，通过这个虚幻的世界我们可以从成熟的压力与责任中逃逸出来，并退缩到这个虚幻的梦境里。荷兰德进一步认为，这些童年的再现方式反映了人们"运用童年来巩固成年的地位的欲望，而牺牲的通常是儿童自身的利益"②。

总之，成人通过创造童年的定义进而根据该定义创造了儿童的生活样式和内容，儿童自我决定的权利被成人剥夺了，他们必须依赖成人替他们表述权益，并且为了他们的权益争论。帕金翰认为造成这种结果的原因主要是人们用某种"非社会性的"方式来定义儿童——或者是更精确地说，是以一种"前社会性的"方式，将儿童建构为前社会性个体的主流做法，没有将他们看作是社会人或者公民。

第四节　童年与媒介文化研究之反思

媒介文化途径的童年建构基于媒介技术对儿童生活的影响和改变建构关于童年的观念，将研究的焦点转移到媒介技术环境下儿童的生活。尽管研究者都坚持童年是文化的建构，但是，由于基于不同媒介技术对儿童产生的不同影响，以及对儿童媒介素养的不同信念，因而所建构的童年观念存在差异甚至对立。激进的建构论者试图通过媒介技术对人的能动性的影响解构儿童的自然发展过程。尽管在帕金翰那里已经进行了反思和整合，

---

① 大卫·帕金翰. 童年之死——在电子媒体时代成长的儿童［M］.张建中，译. 北京：华夏出版社，2005，8-9.

② 大卫·帕金翰. 童年之死——在电子媒体时代成长的儿童［M］.张建中，译. 北京：华夏出版社，2005，8-9.

但是依然有必要进行总体的反思分析。

一、文化经验优先于生命逻辑

波兹曼虽然是现代童年观念的维护者，但是他认为现代童年观念是在印刷文化中得以发明，并在新媒介环境中将要消失的一个概念。波兹曼在《童年的消逝》一书的引言中对童年的概念开宗明义道：童年并不属于生物学的范畴，它是一个社会性概念，是文化的产物，表现为一种社会结构和心理条件。同时，波兹曼从媒介对儿童生活的影响所产生的"童年消逝"这一社会事实，来说明现代的、纯真的儿童观念已经从电视时代的儿童身上消失了。可见，波兹曼尽管在考察现代童年观念的社会建构过程，但他选择性地关注了媒介对儿童生活事实的建构过程，完全基于儿童生活状况进行经验的归纳。罗杰斯夫妇则借助于科技及其相应的生活方式解构了成人与儿童之间的界限以及传统的诸多观念，特别是以儿童的性活动、生育年龄的提前、工作年龄的提前来解构现代的儿童观念。可见罗杰斯夫妇也完全是从媒介赋予儿童新的生活样态来解构现代的童年观念，他们首先关注的是作为社会事实的童年的建构，其中高科技是最为主要的建构力量。他们还试图通过所讲述的儿童生活故事，让持有现代童年观念的读者去解构自己头脑中传统的童年形象。与前两者相比，帕金翰专注于童年观念建构的社会文化机制，并批判了两种不同的童年话语以及童年观念建构中成人的霸权地位。帕金翰曾明智地指出童年的建构能够而且也应该按照其经验证据的有效性与理论论证的一致性和逻辑性来接受判断，这一观点是至关重要的：经验证据的有效性是就实际的童年生活而言的，而理论论证的一致性和逻辑性则是就儿童生命本身的内在逻辑而言的。由于建构论者是从社会文化的视角来研究童年的，所以，他们对"理论论证的一致性和逻辑性"观点并没有深入地落实到自然与文化之间的逻辑关系来确保理论研究的逻辑严密。儿童生命本身的逻辑就是童年建构的逻辑前提。同时，儿童既是一个生物学个体，又是生活在文化情境中的人，每一个个体在自己所处的时空中怎样度过自己的童年，这又是一个经验现实的问题，将二者区分开来是童年建构的一条重要的方法论原则，将二者相混淆所造成的矛盾会危及经验现实的基础和逻辑一致性的基础。童年的文化建构途径关注了童年观念的建构和童年生活事实的建构两个方面，尽管二者是相互依存的，但是在论述中将二者相混淆就会陷入事实与价值的分离，这是关于人类生活研究最致命的错误。

二、论证中的选择性取证

与发展视野中儿童及童年研究关注从出生到青春期结束这一时间段所不同的是，媒介与文化视角的童年研究采取选择性取证的方式，如波兹曼将童年界定在7岁到17岁之间。这一年龄区间的划分显然是独特的。也就是说，他们选择了能够根据媒介信息而行动以及能够使用新媒介技术阶段的儿童来建构相应的童年观念，这显然是片面的。罗杰斯夫妇是从几个月的婴儿开始考察的，但是他们考察的不是人类社会历史进程中真实的儿童生活，他们为了取消童年观念建构中儿童的发育限制以及年龄限制，虚构了他们所需要的儿童生活来支持自己的观点。他们只想表达对于儿童驾驭新技术的乐观态度，突出儿童能够做什么，不考虑儿童应该做什么。帕金翰对童年观念的理解也是基于对儿童媒介驾驭能力、媒介素养的积极态度而言的，但是，能够生活在"童年的秘密花园"和能够"溜进广阔的成人世界"不仅仅是外在的文化控制，更取决于儿童内在的精神生活方式。"童年的秘密花园"是在西方文艺复兴、启蒙哲学和浪漫主义思潮直至现代对儿童的哲学、科学、美学研究的基础上，所形成的关于人生命早期几年体验世界的方式的审美表达。由于受大脑发育的限制，幼小儿童对世界的体验是整体性的，他们力所能及地建构意义世界的方式，与童年中期和晚期以及成人理解世界的方式是完全不同的。能够"溜进广阔的成人世界"的儿童在年龄上已经到了童年中晚期。因此，媒介文化途径的童年研究将处于童年早期的儿童排除在外。在关于媒介与儿童文化的研究中，"儿童文化"已经完成了祛魅的过程，瓦解了作为人类独特的精神现象的童年文化，赤裸裸地进入媒介技术所创造的物化的"儿童文化"之中。更有甚者，媒介技术不但实现了童年的祛魅，而通过掌控、吞噬儿童的自我意识，最终使儿童完全沉溺于技术及其所承载的物质文化之中，迷失了自我，乃至丧失基本的生存能力，青少年网络沉溺即属于此种现象。

选择性取证还表现在，从阿利埃斯开始，到童年的媒介文化途径的研究，都以性行为作为改变童年概念的重要事件。且不说18岁儿童的性行为与4岁儿童谈论性器官之间的天壤之别，就人本身来说，性能力是身体自然发育的主要标志，但是作为精神发育的自我意识的成熟也应作为个体成长中的重要事件。

因此，童年的文化建构需要明确各种边界，当然首先是自然和文化的边界，不能用社会文化的解释代替对童年的自然维度的解释。同时，不同年龄阶段的儿童受文化影响的程度和方式不同，考虑自然和文化的边界，年龄就成为必须慎重考虑的变量，既然是一个变量，那么，发生学的视角也是必须要拥有的。儿童期是从出生到性成熟这一时间段，不能只选取其中最靠近成熟个体的阶段代替整个儿童时期，要考察整体的发育过程，要从生命之初开始，顺着成长的步骤，考察在成长过程中文化与自然的互动是怎样在个体身上展开的。对于人类儿童来说，在生命的最初阶段，如婴儿期，个体之间的共性较之后的人生阶段更为鲜明，而随着文化影响的增加，个体之间通过文化塑造的个性逐渐显现出来。

第四章
童年建构的社会途径

从20世纪80年代开始，欧美兴起了新童年社会学研究，并在80年代末迅速发展成为社会学的一个新的分支，成立了儿童研究机构，创办了专门的儿童研究刊物，创建了国际儿童观察网站，形成了跨学科、国际化的研究团队，呈现了大量的研究成果。新童年社会学通过批判传统的发展范式的童年及儿童社会化研究，形成了社会建构的研究范式和话语体系，呈现了多样性的童年生活，使"童年"这一话题在社会科学中得以凸显，并将生活在社会边缘的儿童放置到了社会政策的中心，对于推动儿童社会身份的确认、儿童社会空间的建构及儿童争取平等的权利等社会实践具有重要意义。近十年来新童年社会学开始反思之前研究中自然与文化、事实与价值两分的问题，提出新童年社会学回归逻辑起点（Prout, 2005; Claire Cassidy , 2009; Leena Alanen, 2011）。

第一节　新童年社会学的兴起

正如Jens Qvortrup所言，如果声称将儿童或童年视为社会现象完全是新颖的事情，这将是不可接受的傲慢。哲学和教育学领域很多学者都充分意识到社会对儿童生活的影响①，关注儿童的社会化或者关注社会生活中的儿童在传统的社会学以及教育和发展理论中均为重要内容。但是，受后现代社会建构思潮以及阿利埃斯开创的社会建构童年研究范式的影响，在80年代，一些学者意识到需要新观念和新团队来开创新的研究风尚，或者创造切实可行的新范式。发达国家中的几个学者，如Chris Jenks（1982）、William A. Corsaro（1985）、Jens Qvortrup（1985）、Thorne（1987）等人，不约而同地朝着批判传统的社会化理论的方向发展，他们的努力促成了90年代初新童年社会学的诞生，与前期童年的历史研究、人类学研究、媒体与文化研究途径一起形成了社会建构童年研究范式，加上新研究成员的加入，很快发展出了新的学科领域、理论框架、研究问题、研究方法以及实践旨趣。

一、新童年社会学兴起的背景

新童年社会学的兴起与社会思潮、学术风尚、政策实践和儿童现实的社会生活处境密切相关。首先，后现代社会建构思潮引发的社会批判和社会重建的实践诉求在童年研究领域拉开了帷幕，加之前期的童年研究所形成的一些问题和方法，如受阿利埃斯等人的影响，一批历史学家开始从阶层、性别、种族、代际等方面研究儿童的生活，而媒介与文化研究中关于儿童是媒介的"被动受害者"还是"主动驾驭者"的讨论中，将技术与儿童生活相结合的讨论，也引发人们从新的可能性来思考儿童及儿童生活。其次，在现实的社会政策实践领域，《联合国儿童权利宣言》（1959）作为国际性的倡议性文件，呼吁国际社会关注儿童的生存处境并致力于改善之，这是一个缓慢的社会影响过程。1979年为国际儿童年，各国通过媒介手段，广泛宣传全世界儿童的处境。加之女权主义运动的兴起对边缘群体

---

① Jens Qvortrup, William A. Corsaro, Michael-Sebastian Honig. *The Palgrave Handbook of Childhood Studies*. England: Palgrave Macmillan, 2009, 3.

的彰显，以及对妇女与养育孩子这一主题的讨论等等，这些酵素综合影响，使得处于社会边缘的儿童群体开始引起了较多的关注。同时，作为国际社会第一部有关儿童权利保障并且具有法律约束力的文书，《联合国儿童权利公约》的酝酿、讨论直至1989年颁布，需要更进一步的学术探讨、实践调研、文化推广乃至思想批判。当然，在以上这些因素中最为根本的是儿童的社会边缘地位以及成人通过各种童年制度规训、控制、忽视儿童的状况依然得不到改观，儿童的生存处境总体而言仍然不容乐观。加之逐步升级的战争浪潮、饥饿和经济灾难，都将人们的注意力引向孩子以及他们的处境。

新童年社会学挑战传统的发展心理学和社会学中的发展和社会化理论，将其称为传统的普遍主义的支配框架。在他们看来，心理学和传统的社会化理论"不只是生物学意识形态的产物，也蕴含着强烈的西方科学实证主义的逻辑。生物科学的意识形态造成成人支配社会世界的正当性，儿童和儿童团体丧失了应有的对等的社会地位。西方科学实证主义的逻辑追求儿童发展模式的通则性原则和普同化解释，是一种切割社会、文化和历史脉络的迷思（Hogan，2005）"[①]。在此框架下，"童年一直被视为成年的缺陷模式，因此，必须借用一种'需要'的语言将儿童带入成年。……社会化理论者、儿童专家倾向于未来导向，儿童被安排在这些结构化的途径里。儿童因此成为转化的客体，正如Jenks（1982）所言，'儿童没有建立属于自己的本体论'"[②]。Qvortrup（1994）认为，"社会化"论述将儿童指向未来，"需要"理论则认为儿童是依附成人的。上述两种理论都容易将儿童的本体地位边缘化，形成成人主宰社会和世界的现象。大部分社

---

① Michael Wyness. 童年与社会:儿童社会学导论［M］. 王瑞贤，张盈堃，王慧兰，译. 台北：心理出版社股份有限公司，2009，XVⅢ.

② Michael Wyness. 童年与社会:儿童社会学导论［M］. 王瑞贤，张盈堃，王慧兰，译.台北：心理出版社股份有限公司，2009，135.

会建构论者都认为，在传统的框架下，儿童是柔弱和依赖的，需要保护、监督、训练、教育，儿童被视为处于向成人阶段发展中的不成熟的人，并以此为依据创造出了"需要理论"和社会福利的观念加诸儿童，视儿童为需要受到照顾和保护的对象，为此整个社会发展出了一个规训和控制儿童按照一定程序"发展"的制度体系，儿童生活在这个制度体系的铁笼之中，缺乏本体地位，其生活现状则较少受到关注，儿童仅仅是"社会资源和力量的携带者，是未来的下一代成人"[①]。新童年社会学期待挑战传统的儿童研究范式，改变大人看儿童的角度，让儿童的生活世界得以呈现，赋予儿童新的论述：儿童不应该被视为"不完善的"、为成人阶段做准备的人（adults-in-training），而且就他们自身的权力而言是自治的个体。儿童的活动、经验与成人的活动、经验同样有效。儿童必须被视为积极地建构和决定他们自己社会生活的主体，而不仅仅是宏观的社会过程中的被动的客体，应当基于儿童的权利研究儿童。童年的社会建构起初就是要建构出儿童这个群体在社会结构中的位置，赋予儿童群体与成人群体在社会结构中的平等地位。与此同时，社会建构论者将儿童视为拥有自己权利和能力的积极的社会行动者。新童年社会学研究不仅仅要让儿童发出声音，而且还要他们参与童年研究，并通过童年研究建构和重构童年，改良儿童现实的处境。总之，新童年社会学研究使我们知道儿童怎样积极地参与到社会生活中建构他们的意义世界，怎样受社会结构的限制以及我们对儿童生活的理解怎样形成公共政策。可以这样概括，新童年社会学的兴起本身就是后现代社会建构思潮引发的一场致力于社会批判和改良的运动，研究本身包含着揭露和批判现实的行动，有着变革现实中不合理状态的诉求，它旨在从更宽广的社会结构框架中检视成人与儿童的关系，为儿童争取社会地位，为儿童赋权，为儿童作为人类群体中具有平等权利的自主个体而努

---

① Michael Wyness. 童年与社会：儿童社会学导论［M］. 王瑞贤，张盈堃，王慧兰，译. 台北：心理出版社股份有限公司，2009，134.

力，从根本上来讲是批判的、社会行动取向的。

二、新童年社会学的研究取向

二十年来新童年社会学获得了迅速的发展，对于新童年社会学的研究取向，不同的研究者进行了大同小异的概括：William A. Corsaro（1997）在《童年社会学》一书中认为，童年社会学应该包括宏观研究和微观研究，宏观研究主要是从社会结构论出发，认为童年是一种社会结构形式；微观研究主要是从社会建构论的视角，关注作为积极的社会行动者的儿童的实际生活建构。Allison James、Chris Jenks和Alan Prout（1998）在《童年理论化》一书中总结了新童年社会学的研究框架，将其划分为社会结构论与社会建构论两个流派。Michael Wyness（2006）在《童年与社会》一书中将社会建构论放在社会结构论之前论述，并认为社会结构论批判分析由社会建构论提出的具有文化相对性的儿童观念。Harriet Strandell（2010）在《从结构—行动到童年政治学》一文中将新童年社会学划分为三种取向：结构取向（structure-oriented approach）、行动取向（action-oriented approach）以及解构的取向（deconstructive approach），实际上总体而言也是在结构—建构的理论框架下展开研究的。Loretta E. Bass（2010）指出美国童年研究主要的理论和方法是：社会建构主义、社会结构主义以及人口统计学方法[①]，人口统计学方法也是以社会结构论作为理论假设的，将童年视为社会结构的研究导致了在研究方法上致力于产生更加儿童中心的统计资料来进行自我说明，就方法而言，它意味着选择儿童作为统计单位，而不是将儿童的家庭或家户作为统计单位。这使得能够将儿童视为一个群

147

---

① Loretta E. Bass. Childhood in Sociology and Society: The US Perspective. *Current Sociology*, 2010 ,Vol. 58(2): 335-350.

体与其他人口群体进行比较，例如，关于资源分配的比较研究。[1] 本文根据影响西方童年社会建构的主要事件和成果以及研究的思想性质，主要从以Jens Qvortrup为代表的社会结构论和以James、Prout等人为代表的社会建构论两个框架来进行分析，并认为童年建构的社会途径始于从社会结构论的立场出发研究童年的社会地位，几乎与此同时出现了解构结构论立场的社会建构立场（后结构主义范式），对结构论立场的童年建构进行了批判。[2] 在批判结构理论立场的同时，结构—建构（或结构—行动）相统一的立场也迅速确立，如William A. Corsaro（1997）在《童年社会学》中就提出了童年社会学的基本原则：儿童是积极的社会行动者，童年是一种社会结构形式。社会结构论的代表Jens Qvortrup后来（2009）也主张，"结构和行动是哲学和社会科学的孪生的概念"[3]。需要说明的是，结构理论和建构理论是新童年社会学研究内部狭义上的划分，就思想性质而言，Jens Qvortrup所代表的社会结构论和James、Prout等为代表的社会建构论（或行动理论）都是在社会建构思想框架之下，将童年视为社会文化的建构。近几年，新童年社会学进入了理论和方法的反思阶段。

第二节 童年的社会结构理论

社会结构理论的代表人物Jens Qvortrup被视为最先将童年放置在社会

---

[1] Harriet Strandell. From Structure–Action to Politics of Childhood. *Current Sociology*, 2010, Vol. 58(2): 165–185.

[2] 此处根据新童年社会学的发展过程中的代表性研究的出现顺序将社会结构论研究放在社会建构论之前，但事实上将儿童视为积极的社会行动者的理念早在媒体与文化研究中的乐观派那里得到了彰显。同时，一些国家的新童年社会学同时受社会结构论和社会建构论的影响，这两种取向的研究的展开并无时间上的先后。

[3] Jens Qvortrup, William A. Corsaro, Michael–Sebastian Honig. *The Palgrave Handbook of Childhood Studies*. England: Palgrave Macmillan, 2009，21.

学版图中的人之一[①]，并在20年来的新童年社会学学科建设和童年研究中做出了卓越的贡献。

一、童年作为社会现象

在1987年至1992年期间，Jens Qvortrup主持了一项由欧洲社会福利政策和研究中心资助的开创性童年研究项目——"童年作为社会现象"。这个大型的国际项目的开展使得欧洲特别是西欧成为新童年社会学的重镇，该项目也成为新童年社会学研究的"开山之作"。这个长达五年的童年研究项目，共有加拿大、捷克斯洛伐克、丹麦、英国、芬兰、德国（西德）、希腊、爱尔兰、以色列、意大利、挪威、瑞典、瑞士、美国、南斯拉夫等国家参与。实际上在1986年，北欧社会科学研究会联合委员会还启动了另一个项目——"北欧国家的童年、社会和发展"，致力于北欧国家幼小孩子的每日生活和社会经历研究。

149

Qvortrup指出，为什么越来越多的人关注童年，而不仅仅是之前的心理学家、教育学家和精神病学家对童年感兴趣，这与人们关于儿童的矛盾的情感有关。一方面儿童成为工业国家人口群体中衰败的一部分，另一方面儿童又被视为危险的因素。[②] 因此，该项目关注的主要问题是："在现代社会，我们怎样描述童年的社会地位？"项目的重要性在于它"致力于将结构的、社会学的和经济的理论与方法用于童年研究，并将童年作为社会结构来理解"[③]，"为孩子们和童年提供概念上的自治 (Qvortrup et al.，

[①] Harriet Strandell. From Structure–Action to Politics of Childhood. *Current Sociology*, 2010, Vol. 58(2): 165–185.

[②] 参考Jens Qvortrup.Societal Position of Childhood: the International Project Childhood as a Social Phenomenon.*Childhood*, 1993, (1): 119–124.

[③] Jens Qvortrup.Societal Position of Childhood: the International Project Childhood as a Social Phenomenon. *Childhood*, 1993, (1): 119–124.

1994)"[①]。 Qvortrup（1993）总结了该项目研究取向的新颖之处在于[②]：首先，它将儿童（children）视为社会的群体，相应地，童年被视为社会范畴；其次，它从当下的情况出发来思考童年，也就是说，当他们是孩子的时候，童年对这些孩子们意味着什么？特别是它不是依据童年对这些孩子的成年意味着什么来考察童年。该项目研究的意图是基于这一研究取向来探究社会的、经济的、政治的、文化的因素等各种变量对童年以及儿童生活的影响。该项目同样表明，童年的机制必须被视为历史的，而不是个体的：童年的变化是就社会学的术语而言的，其根本旨趣是童年的生活内容怎样随各种社会变量发展变化，而不是单个的孩子怎样长大。但是，即便童年的实际生活状况随着时间和空间的变化而变化，童年作为一个社会范畴是不变的。项目研究结果主要体现在两个方面：一是从多种渠道中收集了资料并按照说明儿童生活条件的形式将这些材料组织起来；二是为今后的童年研究发展出了一系列概念。项目简洁地概括出了一个术语：儿童是"童年的职责所在"。Qvortrup后来（2007）补充道："儿童在社会思维中没有家，我们的目标是识别和安置这个家，这个家的名字就是'童年'。这个家是大还是小，是好还是坏，它首先是所有孩子的家而且是只为孩子存在的家。"[③] 该项目研究被视为西方新童年社会学诞生的重要标志，1992年该项目完成后，项目组通过一次国际会议呈现了研究的理论、方法、结果。在很大程度上可以说，受此项目的推动，1993年1月，在奥斯陆创建了国际儿童观察网站，同年，挪威创办了新童年社会学的刊物——《童年》，Qvortrup也是该刊物的合作编辑（1999-2008）。

---

① 转引自Harriet Strandell. From Structure–Action to Politics of Childhood. *Current Sociology*, 2010, Vol. 58(2): 165–185.

② Jens Qvortrup. Societal Position of Childhood: the International Project Childhood as a Social Phenomenon. *Childhood*, 1993, (1): 119–124.

③ Jens Qvortrup. Editorial: A reminder. Childhood, 2007, Vol. 14(4): 395–400; Jens Qvortrup, William A. Corsaro, Michael-Sebastian Honig. *The Palgrave Handbook of Childhood Studies*.England: Palgrave Macmillan, 2009, 26.

二、童年作为社会结构

"童年作为社会现象"的项目研究提出了社会结构理论，成为西方新童年社会学重要的理论取向之一。Qvortrup指出[①]，早在1940年，Davis就发表了一篇题为"社会结构中的儿童"的文章，但是Davis仍然是基于"为成人做准备"的视角，未能从"结构"的意义上来理解孩子们，仅仅将孩子们视为一个"社会群体"或者"集体"——他们是朝向成年的一个群体。Qvortrup认为应当基于孩子和孩子当下的状况来界定童年。首先，就个体而言，童年指个体生命最初的一个时间段，这是毋庸置疑的，但是这不是Qvortrup要讨论的问题。Qvortrup要讨论的是：童年作为社会结构中的一个片段，从"结构"的意义上理解童年，打破个体生命周期的理解。他不是就儿童发展的意义上来理解，而是就童年的发展来理解。结构意义上的童年没有时间上的开始和结束，因此，不能被理解为一个时期，而应被理解为任何世代结构中的永久的形式，二者是不矛盾的。它们可以共存，但是二者的意义截然不同。前已述及，童年作为社会结构中的一个永久的片段，并不意味着童年没有历史地发展变化，童年作为社会范畴或者说结构形式是永恒的，但是其内容随不同的时空而表现出多样性。换句话说，童年既是持续变化的，也是永恒的结构形式，每个孩子在这个结构中度过自己的儿童时期。童年作为一个社会空间，接纳任何新生的儿童加入并在其中度过自己的童年时期。

Prout和James（1990）虽然对"童年是一种社会结构"持保留的态度，但他们也认为童年是"许多社会中特殊的结构的文化的组成部分"[②]，Mayall（1996，2002）也认为童年是社会结构的一部分而不是一个预备的阶段。"童年是社会秩序的一种实质要素，一般的理解认为，童年

---

① Jens Qvortrup, William A. Corsaro, Michael-Sebastian Honig. *The Palgrave Handbook of Childhood Studies*. England: Palgrave Macmillan, 2009，22.

② Allison James, Alan Prout. *Constructing and Reconstructing Childhood*. London：Falmer Press,1997, 8.

是生命阶段第一个独立的条件，它的特征不同于后续的生命阶段。"①社会结构理论使得年龄作为社会结构，也是用来定义童年的结构，根据年龄区别年幼儿童与年长儿童，或者贴上儿童和成人的标签。Thorne（1987）视年龄和性别为儿童生活的框架，但是她也将儿童视为社会行动者，影响这些结构并在这些结构之内创造他们自己的文化。② Bass（2004）发现，首先是年龄，然后是经济地位和性别，共同影响自由市场中儿童的工作机会。最近，年龄继续作为显著的标签在欧洲和其他国家的学者中被用来考察代际地位，作为主要的定义儿童生活的因素。③ 此外，结构理论提出后，Zelizer（1994）揭示了现代儿童怎样从19世纪晚期经济上的"无用"变成20世纪30年代情感上的"无价"④。当然她探讨的生活的经济观点是有限的，因为它无法包含市场中社会的、文化的、情感的和道德的因素。同时全球化背景下童年被经济结构所掌控，儿童成为各种产业的消费者，童年完全被商业化。如Dan Cook（2004）从儿童服装工业的发展揭示了童年如何被商业化。此外，文化的全球化使得童年的多样性开始发生变化，处于不同地域的孩子看着同样的节目，喜欢同样的食品，童年生活的趋同性正在增加。这些研究也说明童年结构受制于更大的社会系统结构。

　　总之，结构理论在于探究将儿童视为一个社会存在的可能性，童年是一个可见的社会范畴。以往认为儿童期是为成人做准备的时期，儿童居住在临时的社会空间，童年的存在是暂时性的，他们只有通过在这个准备期习得一些适宜的技巧和能力，以便能够走向成人的生活。儿童由于缺乏

① Michael Wyness. 童年与社会：儿童社会学导论［M］. 王瑞贤，张盈堃，王慧兰，译. 台北：心理出版社股份有限公司，2009，26.

② Loretta E. Bass. Childhood in Sociology and Society: The US Perspective. *Current Sociology*, 2010, Vol. 58(2): 335–350.

③ Loretta E. Bass. Childhood in Sociology and Society: The US Perspective. *Current Sociology*, 2010, Vol. 58(2): 335–350.

④ 维维安娜·泽利泽. 给无价的孩子定价——变迁中的儿童社会价值［M］. 王水雄，宋静，林虹，译. 上海：上海人民出版社，2008.

人的社会价值，在社会结构上能见度低，这不仅让他们更容易受到忽视和侵害，而且这种忽视和侵害也更难被人们所发现。结构理论将童年视为儿童的"家"，儿童只有通过在社会结构中取得一个位置，才可能去挑战他们所处的边缘化和暂时性的社会地位。只有将儿童定位于社会结构中，儿童的存在才能获得显现。正如Harriet Strandell所言，在许多方面，童年社会学研究的第一次浪潮是一个成功的故事，在社会学中为儿童和童年创造了位置。早期童年社会学中的许多洞见仍然是有效的、生产性的。[①] 然而，在结构理论提出之后，相继出现了批判性的讨论和对结构理论中心概念和理解的质疑（Lee, 2001; Prout, 2005）。对儿童和童年的社会学研究不得不面对新的挑战，部分的挑战源于社会科学中对现代假定的后结构主义批判。经济和文化全球化，流动性的增加，以及信息和交流技术，也模糊了童年与成年的界限。这使得儿童在社会中的"适当的位置（proper place）"这一问题变得更加不确定（Strandell, 2007）。

153

第三节　童年的社会建构理论

Jens Qvortrup批判传统的发展和社会化理论，提出童年是一种社会结构，一个旨在为儿童提供社会空间、赋予社会身份的"家"。而与Qvortrup所不同的是，Allison James和Alan Prout不赞成将童年视为一个不变的结构，认为童年是一种转换的社会的历史的建构，儿童是积极的社会行动者。

[①] Harriet Strandell. From Structure–Action to Politics of Childhood. *Current Sociology*, 2010, Vol. 58(2): 165–185.

一、社会结构论批判

Jens Qvortrup提出，尽管其成员在不断地变化，但是童年是一个永久的社会结构。Prout 和James指出，"童年是社会结构"可以从质和量两方面进行分析，但是遇到一些关键的问题，这些问题成为当前童年社会研究讨论的重要问题，如Christensen提出：首先，童年是一个分析范畴还是实证研究的对象应当被提出来。其次，将不同性别、阶层、种族的儿童集体化为童年是危险的，也就是说存在普遍化的危险。[①] 正如Frone（1993）辩驳道："不是一个童年，而是在不同的文化、社会和经济体系中，在自然和人为的物质环境中形成的许多童年，在不同的社会中形成不同的经验。"[②] 第三，将童年视为社会结构在多大范围可避免重蹈传统的童年研究的覆辙？James和Prout重点强调了传统的社会化范式将儿童的社会发展视为社会过程的结果而不是儿童在社会中作为积极的社会行动者，这是新童年社会学学科的核心问题。他们认为在社会学中，童年的新范式已经出现，这个新范式有六个关键的特征[③]：

1. 童年被理解为社会建构。它提供了人类生命早期几年概念化的解释框架。童年不同于生物学的不成熟，既不是自然的，也不是人类群体的普遍特征，而是作为不同社会中特定结构的和文化的要素。

2. 童年是社会分析的变量。它不可能与其他变量相分离，童年应该与阶级、性别和种族结合起来思考。跨文化和比较分析能够揭示多样化的童年而非一个单一的、普遍化的现象。

3. 儿童的社会关系和文化值得从他们自身的权利去研究，独立于成人

---

① 转引自Allison James, Alan Prout. *Constructing and Reconstructing Childhood*. London：Falmer Press, 1997, Preface, XIII.

② 转引自Allison James, Alan Prout. *Constructing and Reconstructing Childhood*. London：Falmer Press, 1997, Preface, XIII.

③ Allison James, Alan Prout. *Constructing and Reconstructing Childhood*. London：Falmer Press, 1997，8.

的视角和关注。

4. 儿童是并且必须被视为积极地建构并决定他们自己的社会生活、他们周围的那些生活以及他们生活于其中的社会，儿童不仅仅是社会结构和社会过程的被动主体。

5. 人种志对童年研究是有益的，与通过实证和调查研究相比，它允许儿童在社会学资料的生产中有更直接的表达和参与。

6. 童年是一种现象，与之相应，当前的社会科学具有双重解释的功能。新童年社会学研究致力于在社会中重构童年并反馈这一过程（注：研究童年这一鲜活的社会现象，重构童年观念，这一重构童年观念的过程又影响到现实的作为社会现象的童年生活）。

尽管Prout 和James在新范式的特征中指出童年是"不同社会中特定结构的和文化的要素"，但是他们对"社会结构"理论保持谨慎的态度，认为社会结构理论与传统的普遍化理论较为接近。在1998年他们与Chris Jenks的争论中，依然可以发现他们对关于童年的普遍性理论的抵触。总之，Prout 和James批判了童年研究的结构取向，认为它的重要性在于使儿童成为显现可见的社会主体，但是这种研究取向较少注意儿童的生活世界，因而对于儿童的社会本体论的建立贡献极小。

155

二、童年是一种社会建构

Prout 和James等人认为，童年并不是作为确定的形式而存在，而是具有历史的跨文化的差异。很显然，童年或者复数的童年，是一种社会建构，定义童年需要转换视角。

在社会学的术语中，童年是一种持续的经历和创造的社会现象，"儿童"是一个角色，童年不能被假定为某种在社会之上的绝对的、真实的、超越的存在。他们强调童年的社会、文化和历史的可变性，而不可通约为既定的生物实体。Prout和James认为，"儿童的不成熟是一个生物学事实，但是对不成熟的理解和意义赋予是一个文化事实"①。童年不是普遍的自然现象，而是文化的产物，是一种社会的概念，由特定社会里的文化要素（时代、地域、年龄、性别、种族、阶层、代际等）组合而成，应当在社会历史和政治文化背景中研究童年。童年作为一个社会分析变量，不能完全与其他社会变量相分离。"童年社会制度的本质是一系列社会关系的主动协商，在这个制度中建构了生命早期几年的生活。"② 人类儿童具体的童年生活在不同阶层、地域、性别等条件下表现为不同的内容，如中产阶级的童年与工人阶级的童年是截然不同的，男孩与女孩的童年也截然不同。他们关注在各种社会变量影响之下童年具体的生活形态，即复数形式的童年。社会建构论者特别指出了童年与阶级、性别和种族三因素的共轭性。这一研究取向决定了人种志方法成为研究童年社会建构的基本方法，它可以尽可能丰富地呈现不同时空中儿童所经历的童年生活。

三、儿童是积极的社会行动者

James 认为，"儿童是社会行动者"是最近童年研究最重要的理论发展之一。将儿童视为社会行动者不仅是社会科学认识论的变化，而且强调更广泛的儿童自身经历的社会政治意义。③ 儿童必须被视为积极参与到他们自己的生活乃至整个社会中建构生活的人，应该被视为自己生活以及与自己生活相关事物的积极决定者。他们不再简单地被视为社会结构所决定的对象。对于儿童是积极的社会行动者，在不同的研究者那里也有不同的理解。

① Allison James and Alan Prout. *Constructing and Reconstructing Childhood: Contemporary Issues in the Sociological Study of Childhood.* London: Falmer Press, 1997, 7.

② Allison James and Alan Prout. *Constructing and Reconstructing Childhood: Contemporary Issues in the Sociological Study of Childhood.* London: Falmer Press, 1997, 7.

③ Jens Qvortrup, William A. Corsaro, Michael-Sebastian Honig. *The Palgrave Handbook of Childhood Studies.* England: Palgrave Macmillan, 2009，34.

首先，儿童的社会行动被理解为儿童对政策和社会活动的参与，如在英国，地方政府官员在设计游戏区和公园时，例行性地都会向儿童咨询。①

其次，一些研究者采用人类学中的人种志方法，从儿童在社会情境中主动建构意义、创造文化的角度理解儿童的行动。William A. Corsaro（1997，2005，2010）是此类研究的重要代表人物，在《童年社会学》一书的第一部分，他表明了自己的观点：儿童是积极的、有创造性的社会行动者，他们创造自己独特的儿童文化并同时有助于创造成人社会。Corsaor（1988）使用参与式观察的方法研究了意大利托儿所游戏场所以及美国幼儿园的儿童，作为解释儿童生活和想法的基础，以说明儿童主动建构自己的社会生活。同样，Corsaor和Eder（1990）呈现了年幼儿童在自由游戏中，在他们的儿童文化中创造成人世界的原理。Corsaro（2002）指出："儿童创造性地运用成人世界的讯息，展现自己关心的事物，产生属于自己的同伴文化，并参与其中。"② 基于大量的现场研究，Corsaro（1997）认识到儿童本身是具有决定意义能力的人，他将这种意义决定更广义地界定为：以一种生产性的方法使用生理与象征世界，以修补和扩展社会关系。他称此为一种持续不断的"诠释性再生产"历程。"所谓'诠释性'，意指儿童参与社会的创新性与创造性面向……所谓再生产，是指儿童不单只是内化社会和文化而已，而是更能主动创造文化与变迁。"③ 他强调了两个重点④：第一，儿童文化正可以建立儿童的社会本体论。儿童

157

① Michael Wyness. 童年与社会：儿童社会学导论［M］. 王瑞贤，张盈堃，王慧兰，译. 台北：心理出版社股份有限公司，2009，195.

② Michael Wyness. 童年与社会：儿童社会学导论［M］. 王瑞贤，张盈堃，王慧兰，译. 台北：心理出版社股份有限公司，2009，190.

③ Michael Wyness. 童年与社会：儿童社会学导论［M］. 王瑞贤，张盈堃，王慧兰，译. 台北：心理出版社股份有限公司，2009，190-191.

④ Michael Wyness. 童年与社会：儿童社会学导论［M］. 王瑞贤，张盈堃，王慧兰，译. 台北：心理出版社股份有限公司，2009，191.

不再是一个位于社会边陲等待转化的个体。第二，由于儿童是正式社会成员，儿童应与社会其他成员一样，基于相同的可能性及受到相同的限制。因此，儿童不再是为长大后的真实世界预做准备，尽管他们是儿童，也能主动去维护、再生产和创造社会。Corsaro亦指出，由于儿童是正式的社会成员，他们也受到既有的规则、规范和价值所约束。同样，这种约束也可以看成是文化框架，儿童也可以如成人一般给予改造。儿童通过互动，尤其是在儿童文化中互动，能够产生创造并进行改革，他们是具备能力的社会参与者。Van Ausdale和Feagan（2001）通过参与式观察的研究也发现儿童游戏方式和内容怎样教给孩子关于种族的意识。在芬兰，Harriet Strandell（1994）的研究开启了日托中心儿童社会互动研究的大门，她的研究说明日托中心每日生活中的社会互动以及在公共机构中游戏概念对于定义复杂的社会情境的局限性。此外，Anja Riitta Lehtinen（2000）、Paula Eerola-Pennanen（2002）为了研究儿童是积极的行动者，都选择了日托中心作为研究现场，对日托中心的人种志研究发展出了丰富的研究传统。总之，社会学研究借鉴了人类学的现场研究的方式，发现了儿童文化的建构和儿童现实的生活方式，帮助我们理解童年，理解儿童作为积极的行动主体。它可以尽可能丰富地呈现不同时空中儿童所度过的童年生活，研究过程关注儿童作为真正的社会成员的社会生活状态，将儿童视为具有自身权利的社会行动者，他们具有知识、权利、责任，以及理解他们感受和体验自身幸福的方式。Prout 和James将采用人类学田野工作的方法来收集资料视为理解童年多样性的有力举措，并且肯定了童年的人类学研究对于理解童年作为社会现象的文化相对性所做出的贡献。[①] 当然，人种志研究使得成人研究者能够走进儿童生活的现场，以不同程度参与到儿童的生活世界之中，理解儿童生活的形式和意义，这种理解是建立新的成人与儿童关系

---

① 参考Allison James and Alan Prout. *Constructing and Reconstructing Childhood: Contemporary Issues in the Sociological Study of Childhood*. London: Falmer Press, 1997, 231.

的前提。

　　此外，儿童还被视为有能力成为某种社会行为的承担者。Hanawalt（1993）对中世纪伦敦儿童的研究，记录了儿童在社区庆典和仪式中所扮演的角色，以及他们自己所创造的游戏。Corsaro通过"报童"的个案研究，从历史的角度诠释儿童是"行动主体"，说明儿童和成人都能主动创造他们自己的文化。^①Wyness以儿童兵和儿童照顾者为个案，反驳传统的发展主义的儿童观视野中对儿童兵的担忧，认为这些担忧没有从行动者的角度进行思考。^②总之，研究者主要从处境不利儿童表现出来的独立意识、应对困难和危险的勇气、承担角色任务的能力、克服困难的策略的实际状况出发，认为儿童的柔弱和需要保护是值得质疑的。儿童必须面对这些困难和问题，所以他们要去证明自己的社会能力。当然，一些关于社会危机主题的研究中，也说明儿童是有能力的社会行动者，如少女怀孕、游荡街头、网络黑客、儿童帮派等，都证明儿童是有能力的行动者甚至是"有罪的行动者"，从而引发成人的恐慌。这些新兴的儿童文化与传统的"照顾和控制"的童年形象是截然不同的。由此而引发的童年问题研究和社会政策研究也成为当前西方世界研究的热点。将儿童视为有能力的社会行动者最为有力的论述来自于儿童文化的研究。这些论述将科技手段与儿童生活对接，借此儿童文化被形塑、扩大和改变。Moss和Petrie（2002）认为儿童文化观点的优点在于使我们对后现代童年的理解更为普遍。为了避免童年沦为个人主义的心理学观点，他们认为童年完全是社会现场，完全浸淫在社会关系和文化互动之中。^③科技扩大了儿童的社会网络，产生

----

　　① Michael Wyness. 童年与社会：儿童社会学导论［M］. 王瑞贤，张盈堃，王慧兰，译. 台北：心理出版社股份有限公司，2009，14.

　　② Michael Wyness. 童年与社会：儿童社会学导论［M］. 王瑞贤，张盈堃，王慧兰，译. 台北：心理出版社股份有限公司，2009，94.

　　③ Michael Wyness. 童年与社会：儿童社会学导论［M］. 王瑞贤，张盈堃，王慧兰，译. 台北：心理出版社股份有限公司，2009，190.

了儿童即社会行动者这种有影响力的概念（Lee，2001）。全球宽带网络成为青少年的一项颠覆和改造的有力框架，它为青少年提供了一个前瞻性的发声空间。网络的无政府特征与青少年渴望从成人权威和规约中获得自由一拍即合。[①] Suess等人（1998）指出，在欧洲，电视以及一些高科技媒介似乎在6-16岁的孩子们的关系中扮演了一个非常重要的、具有一定影响力的角色。从媒体和青少年群体的相互作用中，我们可以看到一种危机，它不论是因为新一代孩子们本身的文化，还是源自于儿童和青少年不断增长的独立性的文化，都与成人的文化有很大的不同。青少年总是想要拥有属于他们自己的、真正不同于成人的身份，这种精神上的社会性需求在大多数欧洲儿童的身上似乎已经提前到达了。现在，年轻的群体正在不断地主宰城市及社会生活。在欧洲，儿童和青少年正在不断地成为社会上更为活跃的团体。在网络世界，孩子们自由交流，自由经营自己的精神空间、人际空间以及时间，在建构网络社会空间上孩子与大人相比毫不逊色。儿童具有彻底革新通讯、文化、社会以及用新的方法解决这个新兴世界里的问题的可能。[②] 在新时代借助于新媒介技术而形成的新儿童文化，警示人们关注儿童的当下状态和儿童实际的作为，而不是把他们看成未来成人的雏形。儿童同伴团体的成员关系、友谊和文化，应该看成是社会结构不可或缺的一部分。[③] 在欧洲社会中人们越来越意识到在整个社会水平上儿童作为一个整体，在不久的未来他们需要引起我们更多的注意。因此，我们（成人）能够觉察到我们正在面临着一种强大的挑战，需要提出新的策略，以便使儿童能够在新的境遇中面对新的问题，并做出有责任的决定

[①] Michael Wyness.童年与社会:儿童社会学导论［M］.王瑞贤，张盈堃，王慧兰，译.台北:心理出版社股份有限公司，2009，206.

[②] 参考Ferran Casas.*Children's Cultures and New Technologies: A Gap between Generations*? Some Reflections from the Spanish Context. In Allison James, Adrian L. James(ed.). European Childhoods:Cultures, Politics and Childhood in Europe. New York: Palgrave Macmillan，2009,61−81.

[③] Michael Wyness. 童年与社会：儿童社会学导论［M］.王瑞贤，张盈堃，王慧兰，译.台北:心理出版社股份有限公司，2009，190.

（欧洲委员会，1996）。[1] 新的媒介技术已经为儿童提供了创造独立于成人的儿童文化的机会。孩子们对运用一些技术技能的激情和狂热使得他们能够创造出新奇的人际关系形式，甚至还会改变现存的样式。新的沟通方式同样也给成年人带来一些革新的想法，以便使他们能够更好地促进孩子们的社会参与。与此同时，也给我们一些警示：儿童能够被倾听，并且有机会参与生活中的各个领域的活动是多么重要！儿童文化正在提供给人类新的参与机会和提高人际关系的潜力，而这些方面，也正是我们人类生命质量的重要组成部分（Casas 1996，1998）。然而，最重要的是，儿童正面临着缺少在现实情境中体验真正的责任的机会。[2]

总之，欧洲的研究显示，我们不能继续根据以前古老的方法和理论去分析研究新的社会现象了。对于儿童作为一种"不成熟"的人的观念已经不再坚不可摧了。因此，"儿童作为公民"成为新童年社会学研究的新问题。很明显，如果我们想要儿童发展成为一个具有灵活性、合作性、有责任感、有爱心的公民，那么，儿童的平等的社会关系是极其重要的。但是我们该如何使他们社会化，以至于他们能够在一个不可预知的环境中认真负责地生活，这显然是一个重要的问题。新童年社会学从为儿童的社会身份寻找社会空间，到将儿童视为积极的行动者；从关注儿童在社会生活中的主体地位，到肯定儿童的社会存在，强调儿童的声音应该被重视和倾听，再到由儿童自己研究自己，走向了革命性的社会建构。研究试图将儿童团体本身的弱势和被剥削形态政治化，进而寻求转化和解放不平等权力结构关系的有效行动。总之，其社会建构的态度是揭露的、反叛的、革命

---

① 参考Ferran Casas.*Children's Cultures and New Technologies: A Gap between Generations*? Some Reflections from the Spanish Context. In Allison James, Adrian L. James. European Childhoods: Cultures, Politics and Childhood in Europe. New York: Palgrave Macmillan, 2009, 61-81.

② 参考Ferran Casas. *Children's Cultures and New Technologies: A Gap between Generations*? Some Reflections from the Spanish Context. In Allison James, Adrian L. James. European Childhoods:Cultures, Politics and Childhood in Europe. New York: Palgrave Macmillan, 2009, 61-81.

的。从儿童是积极的社会行动者到儿童是公民，从结构—行动到童年政治学，童年研究使得成人和儿童在政治上的关系变得错综复杂。童年研究以儿童世界为重点，其目的不在于将这些世界或文化看成是规约儿童发展的一部分，而是视它们是儿童成为有能力的社会行动者的自我建构方式。

四、儿童参与童年建构

正如Lesley-Anne Gallacher和Michael Gallgagher所言，对于儿童参与研究方法的狂热可追溯到90年代初的童年社会学研究的"范式转换"（Prout and James，1990）。[①] Prout和James提出儿童的社会关系和文化需要从他们自身的权利去研究，而不仅仅是考虑成人对他们的社会建构。因为，既然视儿童为积极的行动主体，那么，对儿童的研究就不能将其视为被动的研究对象，应当邀请儿童自己也参与到研究之中来。这就使得原先在研究方法上缺乏本体地位的儿童从被观察的客体转变成参与研究的主体，其独特的社会参与和内心世界开始受到重视。儿童研究不再是对儿童或关于儿童进行研究（on or about childhood），而是为了儿童、在儿童当中、与儿童一起研究（study for, study in and study with children）。James 和 Prout倡导这一"基于儿童权利"的研究方法并将其视为童年研究范式转换中的重要内容，成为一种备受推崇的方法论选择。他们认为："与将儿童客观化背景下传统的心理与社会研究不同，参与的方法显得更加民主和解放，尊重儿童作为有自身权利的个体的自主性。此外，参与途径似乎比传统的其他方法拥有认识论优势，他们认为这种方法更容易体现被研究孩子的视角，而不是成人研究者的视角。"[②] 同时，"儿童参与研究"成为为儿童赋权

---

① Lesley-Anne Gallacher, Michael Gallgagher. Methodological Immaturity in Childhood Research? Thinking Through "Participatory Methods". *Childhood*, 2008 , Vol.15(4): 499−516.

② Lesley-Anne Gallacher, Michael Gallgagher. Methodological Immaturity in Childhood Research? Thinking Through "Participatory Methods". *Childhood*, 2008 ,Vol. 15(4): 499−516.

这一伦理追求的目标和手段。儿童参与研究之权利的伦理的和政治的讨论往往与对其认识论优势的断言同时存在。Caitlin Cahill（2004）认为"参与的方法"比其他方法产生的知识更好；Mike Kesby（2000）认为参与的方法可以"接近和发现先前被忽视的知识的价值，提供对复杂社会现象的更加细致入微的理解"；Grover（2004）认为参与方法被视为生产更多的关于儿童主观现实的"可靠"的知识，Lancaster 和 Broadbent（2003）、Burke（2005）也持有同样的观点。总之，上述这些观点强调"孩子们是他们自己生活的专家"。

基于参与方法的这些优点，童年研究者试验了一系列"儿童友好"的方法，设计了"有趣的""与儿童相关的"研究（O'Kane, 2000; Punch, 2002; Barker and Weller, 2003）。这些研究强调该方法的价值在于儿童通过实践活动产生了资料，而不仅仅是作为访谈对象或者仅仅填写问卷。Clark and Moss's（2001）"马赛克"的方法提倡多样化的资料收集技术，如图画练习、儿童主导的旅游、角色扮演等。儿童主导的摄影被用于多项研究当中（Barker and Weller, 2003; Greenfield, 2004; Burke, 2005）。Hart（1997）、Lancaster与Broadbent（2003）等人提倡的一个更广泛的方法，包括拼贴、模型制作、讲故事、印刷杂志和制作电子作品、广播节目、戏剧、木偶、音乐和舞蹈。学龄儿童参与方法的设计通常是运用他们不断发展的写作技巧、相关的工作表、日记、写故事或者做主题网络图（Barker & Weller, 2003; Punch, 2002），这种多样化的表征意在运用马拉古奇提出的著名的"儿童的一百种语言"①。

儿童参与研究的形式、层次也有所不同，英国开放大学成立了一个儿童研究中心，主要是为儿童提供机会自行产生研究主题，开展研究并撰写

163

---

① Lesley-Anne Gallacher, Michael Gallgagher. Methodological Immaturity in Childhood Research? Thinking Through "Participatory Methods". *Childhood*, 2008, Vol. 15(4): 499–516.

研究报告。儿童作为田野工作者，更容易了解儿童真实的生活。^① 在这个过程中，儿童就是研究者，儿童能够自己设定研究方案、执行研究并且发表研究成果。也有研究者主张，儿童如果不能成为他们自身的研究者，那么在研究过程中儿童应当作为参与者（Cairns, 2001; Kellett et al., 2004）。要给儿童讲出自己观点的权利，要倾听儿童的声音。

2000年，Pia Monrad Christensen和Allison James合著的《和儿童一起研究：视角和实践》一书被称作儿童研究必不可少的资料，该书汇编了当时世界上主要童年研究者，如Maitin Woodhead、Jens Qvortrup、Berry Mayall、Allison James、William A.Corsaro等人对"儿童参与研究"这一方法的实践和基本看法，该书在2008年出版了修订版，除了进一步确认这本书是关于童年研究方法论的一本独一无二的参考书之外，意在引导社会学研究领域中新的研究者讨论认识论和方法论这一中心问题，展示理论和实践之间的联系。特别是对儿童自己产生关于自己的知识这一认识论的探讨，也成为后来反思的主要问题之一。

总之，在新童年社会学研究中，儿童成为关于童年的知识的创造者。Prout 和James明确指出："童年既是为儿童所建构和重构的，也是由儿童所建构和重构的。"^② 正如之前罗杰斯夫妇也指出："尽管我们的童年故事预先为每个儿童创造了特定的定位，但每个儿童都会给这些童年故事增加些什么以创造自己的空间。"^③ 儿童开始成为童年的"共同建构者"，参与某些概念建构的历程（Christensen and James，2000），至少这也表示儿童的一切作为都在社会之中。^④ 同时，他们认为进入儿童生活场域与儿

---

① 参考Michael Wyness. 童年与社会：儿童社会学导论［M］. 王瑞贤，张盈堃，王慧兰，译. 台北：心理出版社股份有限公司，2009，229-231.

② Allison James，Alan Prout. *Constructing and Reconstructing Childhood: Contemporary Issues in the Sociological Study of Childhood*. London: Falmer Press, 1997, 7.

③ Rex Stainton Rogers, Wendy Stainton Rogers. *Stories of Childhood: Shifting Agendas of Child Concern*. New York: University of Toronto Press, 1992, 7.

④ Michael Wyness. 童年与社会：儿童社会学导论［M］. 王瑞贤，张盈堃，王慧兰，译. 台北：心理出版社股份有限公司，2009，58.

童一起建构童年还有助于消解现代社会中儿童生活方式的规则化，这样一来，新童年研究范式的研究过程就是社会解放行动，研究本身致力于在社会中重构各种权力关系，从而实现作为社会事实的童年的重构。

第四节　新童年社会学之反思

大约从2005年以来，新童年社会学研究者特别是该学科的几位创立者围绕之前的主要理论观点进行了反思，代表著作有Alan Prout的《童年的未来：走向多学科的儿童研究》（2005）以及Allison James和Adrian L. James的《童年研究的关键概念》（2008）等。《童年的未来：走向多学科的儿童研究》着力反思童年社会建构范式仅仅从社会文化视角研究童年的片面性，指出童年研究必须同时考虑自然和文化两个方面。《童年研究的关键概念》一书系统梳理了新童年社会学中的33个关键概念的含义。新童年社会学的创始人Jens Qvortrup、William A. Corsaro等人，将二十余年来主要的社会学研究成果汇编成《童年研究手册》，很有创意地将西方国家36位研究者的观点分为六个部分来驾驭，从理论、方法、历史背景、主要观点等方面，整体呈现了最新研究进展及该领域研究的基本状况。Sara Dorow评价这本书可以带领我们领略童年研究从羊肠小道到高速公路的迅速成长。[1] 主要西方国家也开始对本国的新童年社会学研究进行了总体回顾，或者通过比较各国之间的研究进行反思。Jo Moran-Ellis（2010）反思了英国的童年社会学[2]，Helga Zeiher（2010）回顾了德国的童年社会学以及德

---

[1] Sara Dorow. Childhood Redux. *Canadian Journal of Sociology*, 2010, Vol. 35(1): 135−139.

[2] Jo Moran-Ellis. Reflections on the Sociology of Childhood in the UK. *Current Sociology*, 2010, Vol. 58(2): 186−205.

国社会中的童年[①]，Loretta E. Bass（2010）回顾了美国的童年社会学以及美国社会中的童年[②]，Doris Bühler-Niederberger（2010）比较了澳大利亚、巴西、芬兰、法国、德国、意大利、荷兰、罗马尼亚、英国、美国等十个国家的童年社会学。[③] 近几年新童年社会学关于理论和方法的反思集中在以下几个方面。

一、自然与文化走向统一

由于新童年社会学是以批判传统的发展研究为起点，并从社会文化视角建立自己的理论框架，一些激进的批判导致了童年研究中自然与文化的对立。Prout（2005）着力就此问题进行了分析，他强调："我想说只有将童年理解为是由不同种类的自然与文化成分组成的，并且在任何情况下二者都不能被分开，我们才能推进这个领域的研究进程。"[④] Prout受拉图尔行动者网络理论的影响，分析了以往研究之中的二元论问题，如自然与文化、成人和孩子、结构与行动、个人与社会、是（being）与成为（becoming）两分的状况，特别是关于以往研究中自然和文化的两分甚至对立。Prout根据行动者网络理论和复杂理论提出了今后研究中的改进策略，着力消除自然和文化的二元对立。社会建构论者批判本质主义的发展观，但实际上它自身也持本质主义的文化决定论。拉图尔为避免"自然本体"和"社会文化本体"的两分状态，提出了"混合本体论"。混合本体论关注儿童天性和文化互动时发生了什么。受拉图尔的启发，Prout指出社会生活不能被缩小为纯粹的社会或技术，因为自然与社会系统是不断进

---

① Helga Zeiher. Childhood in German Sociology and Society. *Current Sociology*, 2010, Vol. 58(2): 292-308.

② Loretta E. Bass. Childhood in Sociology and Society: The US Perspective. *Current Sociology*, 2010, Vol. 58(2): 335-350.

③ Doris Bühler-Niederberger.Childhood Sociology in Ten Countries: Current Outcomes and Future Directions. *Current Sociology*, 2010,Vol. 58(2): 369-384.

④ Alan Prout.*The Future of Childhood: Towards the Interdisciplinary Study of Children*. London: Routledge Falmer, 2005，44.

化的。① 任何童年社会学理论都必须要考虑到儿童的身体和他们的遗传特征，不能将童年的本质武断地静态地划归到自然或社会文化一边，二者在儿童生活过程中是统一的。这是对社会建构论者一味夸大童年的社会文化维度的修正。Prout还特别批评了这样一些人：他们将科学蒙上了政治色彩，或者只从个人主义出发来研究社会。这一批判是准确而有力的。这是对社会建构童年研究中以社会政治目的僭越认识论目的的及时纠正，也是对于传统社会化理论只专注个体发展研究而忽视个体社会身份和社会参与的恰当提醒。

二、结构与行动实现整合

Jens Qvortrup等人通过结构理论为童年寻找社会学的概念空间，而James和Prout等人将儿童视为积极的社会行动者，克服"结构化的现实"从而为儿童群体赋权，他们的共同目的都是为了改变儿童的社会边缘地位并以社会成员的身份来生活。当初为了同样的社会学目的但选择了两种不同的研究取向、提出不同的研究理论的研究者在后续的研究中都打破了两种取向相分离的立场，开始走向两种路径的反思与整合。

167

William A. Corsaro（1997，2005，2010）在《童年社会学》一书的第一部分表明了自己的观点：首先，儿童是积极的、有创造性的社会行动者，他们创造自己独特的儿童文化并同时有助于创造成人社会。他以大量儿童生活的现场研究为例（如对意大利学前教育机构中儿童生活的研究）说明了这一观点。前已述及，他基于这些研究，提出"诠释性再生产"概念，强调儿童在社会情景中积极主动地参与群体的社会活动，在活动中理

---

① 当然，我们需要明确的是，拉图尔是就人类认识自然这一行动来提出角色建构网络理论的。对于儿童和童年研究来说，则更为复杂，一方面，我们的认识对象——儿童，他们与自然界的其他事物不同，儿童本身就是自然生命与文化的综合体；另一方面，人们研究儿童的研究过程也是一个文化的建构过程，研究对象本身的文化建构过程与研究者研究过程中的文化建构过程交叠在一起。

解和建构文化规则，并参与到社会互动之中建构着社会文化。其次，童
年——这一社会建构的时期，是一个"结构形式"，儿童在其中度过他们
的生活。他认为，当我们提到"童年作为一个结构形式"时，我们是指它
是一个范畴或者社会的一部分，就像社会阶层和年龄群体一样。在这个意
义上，儿童是他们童年的成员，对于儿童自己，童年是一个临时的时期；
而对于社会，童年是一个永久的结构形式或者范畴，即使它的成员持续变
化并且它的本质和概念历史地变化着，它也永远不会消失。如果我们倾向
于单独地将童年视为一个孩子准备进入社会的时期，那么将童年视为社会
结构就有点理解上的困难。但是，孩子一经出生就成为社会的一个部分，
童年是社会的一部分。

与社会结构理论相比，将儿童视为积极的社会行动者，在社会情境中
主动建构意义，既符合社会科学中拉图尔行动者网络理论的解释，也符合
当代实践哲学的兴趣。同时，生命体本身的主动选择能力，以及人们期望
儿童能在复杂的社会中自主自治的良好愿望，都使得行动取向的研究似乎
更容易被接受，尽管就儿童行动能力以及其行动限制方面有人提出质疑，
但是"童年作为一种结构形式"在后结构主义产生广泛影响的新童年社会
学领域受到的质疑更多一些。Qvortrup的一位年轻的同事曾提醒他："将
童年视为永久的结构的片段（a permanent structural segment）这种怪诞的
观念是短命的。"① 作为社会结构论的代表，Qvortrup面对近二十年来人
们关于社会结构论的质疑进行了辩论②：他认为，社会结构论并不否认童
年由于具体生活条件的不同而呈现出多样性，但这并不影响我们关于孩子
们的普遍理解。Qvortrup回顾了二十年来新童年社会学研究：二十年后，
如果我们重新思考这个术语，我觉得相当确信的是，童年首先具有的特征
是"一个时期""一个片段"，将童年视为一个时期没有任何错误。但是

① Jens Qvortrup. Editorial: A Reminder. *Childhood*, 2007, Vol. 14(4): 395–400.

② Jens Qvortrup. Editorial: A Reminder. *Childhood*, 2007, Vol. 14(4): 395–400.

这不是社会学要讲的故事，我们实际上想讲一些故事，其中一部分是无法从童年概念中找到界定的，结构途径就阶层、种族、性别而言都服务于成人，即使儿童被包含其中，也是被作为附属品，儿童只有成为成人后才能拥有进入这些规则的资格。在这个意义上，儿童在社会地位中是无家可归的。Qvortrup的目标就是识别和定位这个家。

对于童年的多样性，Qvortrup承认，如果我们谈到中世纪的童年、非洲的童年、过去的童年、未来的童年，我们不是在谈论童年作为一个单独的时期，但是我们的确实际上在心中拥有共同的儿童生活时空的框架，尽管这个框架是不明确的。这个框架被理论化为在某种范围内与成年不同，即使童年和成年都被视为代际秩序或结构的片段。童年呈现了永久和持续的变化，但最重要的是，所有的孩子在一段时期都是它的居民。正如Charlotte Hardman（1973）的经典论述：孩子进入这个阶段，并走出这一阶段而进入下一个阶段，但是后来的孩子又取代前者，这个阶段持续存在。这个概念没有说任何其他事情，只是为孩子提供了一个概念的家或者一个认识论的定位。童年是一个儿童在其中度过作为他们生命周期的儿童期的社会框架或者社会的空间。童年接受新生队伍，当个体在18岁左右就向它说再见。Qvortrup说，现在，我的那位年轻的同事不服气地说："但是，我们能够说童年是代际结构中的一种永久的形式吗？"Qvortrup的回答是肯定的。Qvortrup认为，很重要的是必须明确，在批判者看来，如果认为童年是变化的，那么童年的永恒或者认为童年作为一种结构形式或者结构片段的存在就无法理解。Qvortrup强调道：童年既是永恒的，也是变化的，它在变化中保持永恒。①

在《童年研究手册》一书中，Qvortrup（2009）认为结构和行动是童

---

① Jens Qvortrup. Editorial: A Reminder. *Childhood*, 2007, Vol. 14(4): 395-400.

年研究中两个标志性的概念。[①] 他将"结构"与"行动"视为哲学和社会科学的孪生概念，认为社会变化是结构条件之间的相互作用的结果，也是人类思想和意识干预的结果；社会变化的速度和方向由于结构力量和人类行动之间的关系所决定。[②] 通过将童年理解为结构形式，童年研究将自己从社会化研究中分离出来。Qvortrup将这个观念在双重的概念中发展出来，即结构与行动。将童年视为社会结构中的一个单元使得能够将儿童的个体发展与历史和童年的文化历史相区分。童年作为一个结构形式，起着一个框架性的作用，儿童得以在这个框架中展开自己的生活。这个途径为童年研究打开了新的富有成效的研究领域。与童年作为一个结构形式并存的另一个概念就是儿童的行动。Allison James 着力于儿童作为行动者的研究，他认为儿童作为能动的主体，能够实现他们自己对社会和文化的再生产，他们不应被视为成人的附属品。

在Qvortrup（2009）对二十年来新童年研究范式的概述中，总结了新童年范式的五个特征[③]：

1. 指向常态的童年研究：其首要兴趣是基本的研究，以获得关于童年和儿童的基本知识，将儿童和童年视为一种社会现象，在其所处的时代和背景中作为行动者和主体。

2. 对传统社会化视角的批判。

3. 承认儿童的能力，赋予儿童参与及表达的权利。

4. 童年的结构限制。儿童不仅属于家庭和社会，它还处于更大的社会之中，面对新的机会和限制。

---

① Jens Qvortrup, William A. Corsaro, Michael-Sebastian Honig. *The Palgrave Handbook of Childhood Studies*. England: Palgrave Macmillan, 2009, 7.

② Jens Qvortrup, William A. Corsaro, Michael-Sebastian Honig. *The Palgrave Handbook of Childhood Studies*. England: Palgrave Macmillan, 2009, 21.

③ 参考Jens Qvortrup, William A. Corsaro, Michael-Sebastian Honig. *The Palgrave Handbook of Childhood Studies*.England: Palgrave Macmillan, 2009, 4-6.

5. 试图尽可能地使用社会学和人类学方法研究儿童和童年。

我们可以将以上的特征与Prout 和 James（1990）在新童年研究范式确立之初的六个特征相比较，来理解新童年范式的发展过程以及核心的问题、基本的方法，并发现其中最为显著的变化是结构与行动的整合。Harriet Strandell指出，在新童年研究范式研究的初期阶段，结构—行动两分的研究取向代表了现代社会科学典型的思维方式，即倾向于通过一系列对立两分的方式对社会秩序进行理论化，这种二元论的、线性的、静态的、两极化的图景与后现代社会的现实不一致（Prout, 2005）。Harriet Strandell认为，当下的童年社会学研究应对挑战的方法之一是"在理论的、概念的、方法的水平上更加注重社会现象的弹性、灵活性和复杂性"。当然，也不排除激进的建构论者对童年与成年界限的解构，如Nick Lee （2001）指出不仅童年范畴的稳定性被弱化了，成年范畴的稳定性也被弱化了，一个"标准的"成年不复存在，标准的"童年"也不复存在了。

三、质疑儿童作为社会行动者

新童年社会学研究将儿童视为能动的主体。实际上，就生命体本身而言，每一个个体生命活动的展开都是一个积极建构的自组织过程，每个个体都是能动的主体。同时，生活在社会关系中的儿童，也是社会的主体，而不是成人的附属品。虽然"儿童是积极的社会行动者"这一概念的提出是在批判传统发展框架所导致的儿童为未来的成人做准备的社会实践状况而提出来的，但是，发展心理学恰恰从个体发展的意义上将儿童视为积极建构的个体，皮亚杰关于个体主动建构的论述是经典的。个体是主动选择的生命体，这是社会学地将儿童理解为积极的行动者的逻辑前提。同时，在媒体与文化研究中也彰显了这一观点，认为新的媒介技术扩展了儿童的行动空间，赋予了创造他们独特文化的能力和作为公民参与社会活动的能力。

James 和Prout在界定儿童的社会身份时，运用"是"（Being）而不是"成为"（Becoming）一词，"是"被认为是一个拥有他/她自己观点的权利和有经验的社会行动者，当前新童年研究仍在进一步推进关于儿童是积极的社会行动者的研究。但是，在许多人看来，儿童被视为积极的社会行动者也会引发新的疑问，有研究者认为"儿童是积极的社会行动者"这一概念，是一种关于儿童身份的天真的本质化形式的假定，可能对于一些努力而言是一种障碍。[①] James 就人们对儿童作为行动者的困惑也做了概括[②]：儿童的行动能力是什么样的能力，以及在什么样的范围内允许儿童实践这种能力？例如公众最多的讨论集中在儿童有权使用媒介方面。与成人相比许多儿童在技术面前更有能力，他们对不同种类的新媒介的使用引发了人们关于童年本质（媒介天才）的道德恐慌，具有讽刺意味的是，这种焦虑的一个主要特征是儿童到底被视为媒介的被动接受者还是能够主动驾驭媒介。乐观的社会建构者更倾向于认为儿童是具有悟性和能力的媒介天才，是积极的决定者。但是帕金翰认为，我们需要理解儿童参与成人世界的能力范围及其限制。现实的儿童生活问题提醒我们，儿童在借助媒介体现了积极的行动能力的同时，也应该看到儿童正面临着脱离现实生活情境、依赖网络世界的现象。此外，全球资本主义、消费主义背景下，将儿童视为消费文化的积极创造者，并依此建构了广阔的消费市场。我们必须认真思考鼓吹儿童的消费能力并想方设法挖掘儿童的消费能力究竟是为了谁的最佳利益。

四、反思儿童参与研究

晚近一些研究者开始反思"参与的方法"。在《童年研究的方法论

---

① Doris Bühler-Niederberger. Childhood Sociology in Ten Countries: Current Outcomes and Future Directions. *Current Sociology*, 2010, Vol. 58(2): 369−384.

② Jens Qvortrup, William A. Corsaro, Michael-Sebastian Honig. *The Palgrave Handbook of Childhood Studies*. England: Palgrave Macmillan, 2009, 43.

不成熟：基于"参与的方法"的思考》一文中，Lesley-Anne Gallacher和Michael Gallgagher根据对他人以及自己运用该方法的研究经历，从"儿童参与研究"的方法论框架本身入手，对其宣称的认识论优势、为儿童赋权、体现儿童积极行动能力等问题进行了反思和批判[①]：

首先，关于该方法的认识论优势，即儿童比成人更了解儿童，儿童自己关于自己的知识更可靠。Lesley-Anne Gallacher和Michael Gallgagher认为，这一认识的前提是身份产生知识，根据这个逻辑，只有具有同类身份的人才能产生关于他们自己的最好的知识。也许只有每个人自己才是最了解自己的人。照此说来，即便是儿童也无法形成关于儿童的可靠知识，因为每个儿童也是不同的。这一自我知识的认识论隐含着一个笛卡尔"我思"式的分离的、与身份同一的认识主体，似乎只有第一人称的知识才是最可靠的知识。

其次，关于"参与的方法"为儿童赋权以及体现儿童是积极的行动者，他们认为这虽然代表了一种关于研究的积极态度，但是对这种方法究竟意味着什么却缺乏反思。"参与的方法"时常被宣称可以为儿童创造知识和改变他们生活境况赋权（Cahill, 2004），它与传统的成人创造关于儿童的知识相对立，传统的研究方法被认为剥夺了儿童的权利，儿童只是被研究者而不是积极的行动个体。但是，采用参与方法的研究者也认为儿童在研究中的参与依赖于成人研究者的指导技巧，这就是问题的关键所在，说明没有成人设计的"参与方法"的帮助和支持，儿童在研究过程中不能够完全地实践他们的主动性。如果这样的话，参与的方法与其反对的传统方法具有同样的危险。同时，Lesley-Anne Gallacher和Michael Gallgagher认为以往的研究虽然是成人产生关于儿童的知识，但并没有妨碍儿童作为独立的人类个体的积极行动。

[①] Lesley-Anne Gallacher, Michael Gallgagher. Methodological Immaturity in Childhood Research? Thinking Through 'Participatory Methods'. *Childhood*, 2008, Vol. 15(4): 499-516.

就权力本身而言，Lesley-Anne Gallacher和Michael Gallgagher根据福柯的启示，认为权力存在于行动中。儿童在研究中的参与超出了研究者的设计技巧，这意味着儿童在研究中的参与可能以各种无法预期的方式行动，并没有大量精心的预先设计的应用技术可以改变这一点。如果改变儿童的行动，是否也是一种权力剥夺。事实上，追求预先设计会违背"参与的方法"所提倡的精神。该方法的提倡者假定儿童参与研究可以使儿童在建构关于他们自身知识的过程中锻炼他们的自主行动的能力，这一观点同样受到了质疑，Lesley-Anne Gallacher和Michael Gallgagher认为，知识与权力相关，而当前与政策相关的童年社会研究与成人关于年轻人的焦虑有着紧密的联系，即与成人思考与未来公民的想法紧密相连（Rose，1999）。如果这是事实，鼓励孩子参与关于他们自己的知识创造就是鼓励他们参与到朝着未来好公民的方向进行自我管理和自我完善的过程。如果成人认为年轻人是危险的或处于危险之中，他们需要引导、规范和帮助，那么这些研究与传统的研究一样，将儿童视为成长中的成人。

Lesley-Anne Gallacher和Michael Gallgagher进一步讨论了关于参与研究方法中的儿童积极参与问题。积极参与是意向性参与，意味着儿童主动地做一些事情。但是积极参与并不简单地等同于儿童自由选择所做的事情。事实上，正如Owain Jones（2001）所说，童年研究可能是一个无法解决的成人"殖民"童年的问题。在某些方面，研究可以被理解为一个社会化过程，儿童被教导符合成人规范和成人文化价值。这正是参与方法的支持者竭力避免的事情。该方法游走在研究与教育之间。在很大程度上，参与方法的发展已经与儿童教育学齐头并进了，许多晚近涉及儿童参与研究的作品都是专门为早期儿童教育者所写的。在瑞吉欧的教育实践中儿童参与变成了课程理念，在"倾听教育学"中，教师成为儿童行为的观察者和记录者。参与方法的研究技巧成为教育学的方法。这样，研究人员有意识地利用了儿童被学校教化后的顺从来实现儿童的这些活动。在某种程度上就与他们所声称的这些活动会促进儿童的积极参与和明智的决定的承诺相悖。Spyros Spyrou认为："参与方法重视倾听儿童的声音，但是需要反思研究中儿童的声音产生的过程，研究者与儿童之间的权力失衡以及研究者营造的思想背景，对于儿童表达什么和怎样表达都会产生影响，这样儿童声音究竟代表什么值得反思。同时儿童的声音是杂乱的、多层次的、不规范的，研究者怎样从这些复杂的声音中得出自认为可靠的知识也是需要谨慎反思的。"①

Lesley-Anne Gallacher和Michael Gallgagher通过考察该方法的实际运用后发现，许多儿童参与的研究依赖于儿童以某种方式参与到关于他们自己的知识的建构之中。儿童可能填写问卷，接受访谈，在小组讨论中发言，配合制作视频、拍照或者任何其他事情。而且儿童的声音、儿童的行动、儿童的作品还不能直接当作儿童的知识呈现，还需要通过成人观察、倾听并与儿童交谈后进行综合呈现。可见无论是儿童参与的方法还是儿童行动结果的呈现以及反思分析，成人的设计和选择都是十分关键的。他们在自己的研究中还发现，孩子以超越"参与的方法"所设计的参与步骤的方式行动着，邀请孩子参与研究可能会限制孩子行动的可能性，Firew Kefyalew（1996）、Catherine Burke（2005）的研究也说明了儿童在参与研究的过程中受到了限制。不仅如此，很多研究沦为为了参与而参与。Lesley-Anne Gallacher和Michael Gallgagher强调道，如果将"参与的方法"视为一种"安全的（fool-proof）"方法，一种体现了认识论和伦理上的优势的方法而去运用，就会陷入危险。

Lesley-Anne Gallacher和Michael Gallgagher的反思是全面的，她们通过归纳参与方法的实际运用也回答了什么是新童年社会学研究所谓的"参与的方法"，并从中发现，该方法坚持儿童应当参与在研究之中，事实上可

---

① Spyros Spyrou. The Limits of Children's Voices: From Authenticity to Critical, Reflexive Representation. *Childhood*, 2011, Vol. 18(2): 151-165.

能是在儿童参与的过程以控制儿童为目标。她们将自己的研究作为案例进行分析，质疑让儿童在参与研究中锻炼行动能力是否必要。她们提醒人们对这种方法持方法论不成熟的态度可以让研究者在与儿童一起研究时获益。[①]

---

① Lesley-Anne Gallacher, Michael Gallgagher. Methodological Immaturity in Childhood Research? Thinking Through 'Participatory Methods'. *Childhood*, 2008, Vol. 15(4): 499−516.

第五章
童年社会建构的困境与出路

库恩认为，每一种新范式都是在挣脱、对抗现有范式的过程中诞生的，社会建构童年研究范式的诞生也不例外。作为童年研究的新范式，社会建构范式以后现代社会批判的话语方式对传统的发展视角的童年研究进行了激烈的批判，认为传统的发展范式作为20世纪占据绝对霸权地位的意识形态和主导话语，成为塑造儿童生活状态和童年制度框架的核心力量，它所设定的"发展路线"乃是独断主义的权力话语，在帮助儿童发展的名义之下，蕴含的是成人对儿童的统治和规训。为了批判发展视角的童年研究，社会建构范式对儿童的自然发展存而不论，或者激进的建构论者完全否认儿童的自然发展。新范式从社会文化视角切入研究童年，聚焦儿童的社会生活，扩展了童年研究的概念空间。童年不再仅仅被视为自然现象，而被视为一种文化观念，童年是社会的创造物。他们关注的是作为文化观念的童年是怎样被各种社会要素建构起来的，童年作为一种社会空间、概念空间，如何为儿童赋予社会身份以及相应的行动权利。童年的社会建构与其他社会因素一起改善了儿童的社会边缘地位。如果说发展范式的童年研究意在扩展我们关于人的发展规律的知识，理解影响发展的内在与外在因素并为儿童养育提供理论依据，那么，社会建构范式除了探讨文化的多样性所造就的童年具体形态的复杂性而外，还有着强烈的指向改善儿童社会生活现状的政治诉求。

然而，作为一种新的研究范式，其研究立场和出发点注定了自己的命运。纵观五十年来该范式先后出现的三种研究路径所经历的共同轨迹，无论是历史研究、媒介与文化研究还是新童年社会学研究，都经历了辩证的发展过程：从解构普遍性出发，经过寻找多样性的过程，最后回归普遍性并实现了普遍与多样的统一，其共同的轨迹也说明了社会建构童年研究的命运。由于放弃对童年本质的追问而转向关注儿童的实际生活，为了批判儿童自然发展的话语体系而果断地转向社会文化的视角，社会建构范式在出发点上就注定了即将面临的认识论困境，而摆脱困境的出路是回到童年研究的逻辑起点。

第一节　童年社会建构的困境

新童年研究范式通过对童年的社会建构充分地呈现了童年的文化多样性和童年社会实践兴趣，但是很快该范式就遇到了自己的问题："如果童年被视为社会建构，那么生物的影响应该如何看待？大多数社会建构主义者所持有的关于童年的一般认识是怎样发现的？最为关键的是，在每一个社会中什么是独一无二的而非什么是共同的童年特征？当遇到其他社会学家与我们的童年概念不同时，如杀婴和儿童卖淫，我们怎样应对？"[1] 新童年研究范式在广泛关注各种童年现象的同时，还需要思考哪些基本问题？概念思维是否可以被经验现象的描述所替代？诸多社会文化因素影响着童年，但是童年本身究竟意味着什么？总之，童年的社会建构产生了大量的话语，但是这些话语似乎离儿童越来越远，童年可能被建构为某种脱

---

[1] Colin M. Heywood. *A History of Childhood: Children and Childhood in the West from Medieval to Modern Times*. Cambridge: Polity Press, 2001, 7.

离儿童本身的理论空间。社会建构范式放弃了对童年本质的追问，选择了社会文化视角和社会实践诉求，不可避免地陷入认识论困境。

一、自然与文化的分离

儿童作为一个复杂的生命系统，是自然与文化的综合体。社会建构范式放弃童年的自然维度或者对其存而不论，只从社会文化的维度考察童年，强调代际、性别、阶层、种族等社会因素怎样影响儿童的社会身份、社会生活。童年由此完全由各种话语所构成，作为社会建构产物的童年，具有高度的可塑性和不稳定性，而作为一种生物实体的儿童逐步消失了，出现了自然与文化的分离。由于放弃了儿童自然发展的维度，就同时放弃了童年研究的发生学立场。例如，为了批判现代童年观念，批判者采取选择性取证的方式，片面地抽取考察对象的年龄段，完全不考虑7岁之前的儿童（如波兹曼将儿童定义在7–17岁之间）；片面地抽取考察的内容，以儿童的性行为、暴力等偷换了儿童的精神样态和行为方式；而且批判者倾向于选取儿童与成人之间的过渡阶段的青少年的行为，说明儿童与成人之间没有本质的区别。

毋庸置疑，对于生命早期阶段的童年时期，不同文化背景下儿童的生活是有差异的。但是儿童的自然发育进程是无法改变的，这也决定了文化的建构受到自然发育进程的限制，如不管是哪个时代、哪种文化背景中的幼童，游戏都是他们基本的生活方式，人类学研究甚至发现不同文化背景中幼童游戏的文化内容也有很多相同之处。正常情况下女孩第二性征发育的起始年龄在10岁左右，也就是说，人类这个种群中所有女孩子发育的年龄都是在相对稳定的年龄范围之内，但是不同社会与文化中对结婚年龄的规定则是在女孩发育年龄基础上基于其文化、习俗、科学等方面共同建构的结果。此外，前已述及，婴幼儿阶段受发育进程的影响，儿童之间的共性比较鲜明。六七岁以后，孩子之间的个体差异、不同社会文化之间儿童的文化层面的差异就逐步显现出来。

有趣的是，专注于儿童自然发展的发展范式的童年研究者，对社会建构的激进批判基本没有做出回应。Barrie Thorne感叹发展范式与社会建构范式之间存在一堵"安静的墙"①。实际上，从研究成果来看，安静的只是发展范式的一边，"墙"另一边的社会建构范式则是鼎沸的批判之声，研究文献大量涌现。好在这堵"墙"随着社会建构范式的自我反思正在逐渐隐退。近十年来，社会建构范式着力就前期研究中自然与文化的分离进行了反思（Prout，2005）。随着批判声音的逐步消失，代之以深刻的自我反思，社会建构范式走向与发展范式的辩证统一是不言而喻的。这一回归是社会建构范式向生命本体的回归，走向自然与文化的统一。这一辩证发展的过程也启示我们，不同的研究取向服务于不同认识目的，采用的认识方法不同，获得的认识结果及其解释范围不同，每一种认识成果都应当在其相应的问题和解释范围内被理解。童年研究不仅要关注儿童的社会身份、社会空间、社会行动，更要关注儿童的生命发展本身。

二、事实与价值的分离

从阿利埃斯提出童年是一种社会建构开始，一方面论述童年的观念是怎样被历史地建构出来的，另一方面呈现儿童的生活是怎样被不同时空、种族、性别、文化等因素所塑造的。尽管二者之间有联系，但是不可以等同。实际上，认识论层面的社会建构的本意是从社会文化的维度考察知识的生产机制。童年研究作为一种人类认识活动，关于童年的知识是社会建构的结果，是人类集体智慧的结晶，这一点是毋庸置疑的。但是，问题在于，社会建构范式将童年观念的生产与社会文化对儿童生活的塑造等同起来，对"童年是什么"的追问被转换成描述"童年表现为什么"。这样一

---

① Barrie Thorne. Editorial: Crafting the interdisciplinary field of childhood studies. *Childhood*, 2007, Vol. 14(2): 147–152.

来，对童年的认识就放弃了基于生命本体的应然追问，只关注童年的实际生活，走向事实与价值的分离。

就作为社会事实的童年的社会建构而言，社会建构论者认为童年是与时空、年龄、性别、种族等相联系的社会建构，人类儿童具体的童年生活在不同阶层、地域、性别等条件下表现为不同的内容，他们关注在各种社会变量影响之下童年具体的生活形态，当然这些复数的童年形态中也蕴含着童年的观念。但是，这些童年观念是需要进行应然追问的。如果只关注童年表现为什么，取消对童年生活的应然追问而默认或接受现状，这意味着成人对某些责任的放弃，进而意味着儿童成长的潜在危险。一些激进的批判甚至违背了人类生活的常识。这里以Michael Wyness的论述进行分析：Michael Wyness认为在游戏的现代观念中，首先，成人重视儿童游戏，将游戏等同于教育，让成人得以规约儿童的行动，它的重要性在于成人可以监视儿童的成长。其次，游戏与童稚和"自由时间"有关——呈现童真的一面，不过，儿童的社会地位也被削弱和边缘化。同时，游戏也会对于成人所规划的"成长"计划产生潜在威胁，因为它最能碰触到儿童自主的领域。我们可以发现，Wyness上述关于儿童游戏的论述不是从儿童游戏的发生依据以及儿童游戏之于儿童发展的价值的角度来说明儿童为什么要游戏，这一问题是关于儿童游戏本质及其价值的探讨。Wyness显然把儿童的游戏视为成人控制儿童的手段，而不是儿童的内在需要，这一认识为他批判"游戏的"儿童观打下基础。Wyness从儿童游戏与成人工作的简单比较入手，历史地考察了儿童的游戏和工作状况。认为过去的儿童，尤其是那些贫穷家庭的儿童，必须身兼重大的经济责任。以英国为例，直到20世纪初期，儿童的经济责任才因义务教育的建立而延后。Wyness质疑道："游戏的儿童"是否为今日普遍的现象？直到21世纪初期，仍然有许多儿童必须担负起经济上的重大责任，无暇兼顾到游戏。"游戏的儿童"

的建构不仅仅是晚近历史的建构，更是特殊的文化建构。①Wyness关于儿童游戏的认识以及运用游戏缺失的童年生活来说明童年并不必然都需要游戏，这些论述显然不妥。现代的游戏观念着力从儿童游戏发生的生命依据和价值来思考儿童的游戏。假如Wyness能够基于进化理论，理解游戏是哺乳类动物在进化过程中被选择并保留下来的一种普遍的生存适应性行为，几乎所有哺乳类动物在幼年时期都通过游戏来获得生存适应和个体发展，我想，他就会从游戏之于幼童发展价值的角度出发，肯定"游戏的"童年观。Wyness还以儿童兵为例，反驳传统的发展主义的儿童观对儿童兵的担忧，认为其没有从行动者的角度进行思考。Wyness认为，这些儿童兵有些是被抓去当兵的，但有些儿童之所以去当兵，是将当兵当成一种逃避贫穷的工具。Wyness引用Punamaki（1996）的研究，认为对于国家和社区抱有强烈政治忠诚的儿童兵，比起那些突然深陷前线面对战争的儿童，更不容易受到战争的创伤。比起成人士兵，儿童更容易产生保家卫国的想法而投身战争，儿童服从性更高，比成人更理想。儿童兵挑战了传统上把儿童标准化为缺乏能力和脆弱的人的观念，这些儿童兵不再是"儿童"，不再是以西方主流的童年概念出现的儿童。②社会建构童年研究范式中此类论述认为儿童与成人拥有同样的社会行动能力，说明儿童并不需要照顾，并批判传统的"需要"理论和"照顾"模式。这些论述显然是不人道的！如果这样，难道儿童劳工、儿童兵、儿童保姆、儿童卖淫都说明是从行动者的角度关于儿童的正确认识？为什么不能跳出儿童社会生活的事实进行价值追问？不管是东方文化还是西方文化，只要是在人类漫长的历史演化中积淀下来的对生存和发展有价值的观念，就适用于全人类！甚至不止于人

---

① Michael Wyness. 童年与社会：儿童社会学导论［M］. 王瑞贤，张盈堃，王慧兰，译. 台北：心理出版社股份有限公司，2009，7.

② Michael Wyness. 童年与社会：儿童社会学导论［M］. 王瑞贤，张盈堃，王慧兰，译. 台北：心理出版社股份有限公司，2009，94—96.

类，动物界对幼崽的照料模式也是具有种群生存价值的普遍行为。西方社会的现代儿童观念[①]，是基于人类社会政治、经济、文化的发展，基于人类认识在多学科领域中的进步，基于物质文明、精神文明的共同基础上，从符合人类生存和发展的根本意义上理解儿童生活的应然状态。贫穷地区儿童生存的现状并不说明福利主义的儿童概念不适合于他们，或者说成人不愿意这样理解儿童，而是这些国家尚没有实现福利主义童年观念的物质和精神条件，这些地区人们的整体生存状态还处于不利境地，事实上更需要发展概念的规约，以保障儿童的生存和发展，国际法的一些条约就致力于形成这样的规范。"照顾"模式是一种儿童养育理念，在持有此理念的西方家庭中同样鼓励儿童积极参与家务劳动，生活自理。如在美国，法律规定年满16岁的孩子才可以从事专职的工作，14-15岁的孩子在周末参加兼职工作赚钱。10-13岁的孩子也可以赚钱，如给人家打扫院子卫生，或者编织宠物衣服卖给邻居，办自己的画展卖画，或给各种儿童杂志写文章等等。而且照顾只是一种基本观念，照顾儿童的基本需要，特别是在儿童早期阶段，照顾是为了让儿童有更好的发展空间和活动的主动性，是为了让孩子有适合他们发展的自主性，照顾不影响儿童的社会行动。当然，社会建构论者看到了这种观念表现了规训、控制的现象，如学校教育、家庭教育中不当的控制，这是值得批判的。对于人类自身的认识来说，后现代思潮是人文主义思潮，对于人自身的解放具有重要的意义。然而，人的自然维度是人文理解的基础，只有彻底地了解了人的自然维度才能真正实现人道这一核心的人文追求。社会建构范式的童年研究具有强烈的社会诉求，但是，需要注意的是，不能为了追求社会诉求而失去了对事理的判断。Sayer认为，导致现行的批判社会科学研究中关于本质和逻辑依据的

183

---

① 实际上这些观念并不仅仅是属于现代西方社会的观念，是现代西方社会的"发明"。人类关于儿童的基本认识和情感是在动物进化史和人类生存史中缓慢积淀的，是人类普遍的共同的文明成果。只不过现代西方社会系统地论述了这一主题，将这一主题从日常生活的无意识层面凸显到社会文化层面进行了有意识的讨论。

不确定，是现代主义的某种共同倾向的产物，即事实与价值两分，进而导致在社会科学中不愿意讨论好的生活、幸福或者人类兴旺的概念，因此，Sayer的结论是批判社会科学事实上从未充分地建立在它的逻辑依据之上，而现在它长期存在的弱点暴露出来了。即使当社会科学批判比现在更无畏，他们很少能够基于规范的立场，或者基于他们关于善的概念，相反，批判社会科学使大多数人相信批判不需要基于这些概念。① 因此，童年研究需要明确规范基础，研究不仅要呈现各种具体的童年生活状况，还要追问什么是好的童年生活以及好的人类生活。

三、社会实践目的替代认识论目的

社会建构范式更关注童年的社会实践，如儿童的实际生活，儿童的社会地位、社会身份及社会行动等，这显然是很有意义的。但是他们批判关于童年的普遍性认识是成人为了在社会实践中控制儿童的生活而建构的理论依据，是改善儿童社会边缘处境的障碍，这显然是激进的、片面的认识。他们还认为本质主义者远离儿童生活现实，进行理论玄思，对于解决实际问题无济于事。上述这些批判理论思维的论述忽略了关于童年的理论研究所具有的巨大的思想功能。童年研究是复杂的，从生命本体出发，思考童年的基本特性以及应然的童年生活状态，是童年研究的根基。对童年本质的认识有助于形成关于童年的基本信念和养育行为的理论依据。社会建构范式不应该为了表达强烈的社会实践诉求而放弃了探究童年基本问题的理论追求，更不能对追求童年普遍性认识的人进行任意的政治或伦理的审判。因为，对儿童和童年本质的追问以及产生的观点，与各种利益集团将这些观点作为意识形态或者理论依据来控制儿童是两件不同的事情。前者是人类自我认识的基本活动，是对童年生活应然状态的追问，应该从人

①转引自Leena Alanen. Critical Childhood Studies? *Childhood*, 2011, Vol. 18(2): 147–150.

类自我理解和童年生活价值设定的角度予以确认。但是怎样看待这些研究的重要性，这些研究在社会生活以及社会政策中产生怎样的影响，以及是否真正实现了儿童的利益等等，都是受多重因素影响的社会实践问题。好的理论研究只有被恰当地运用才能产生好的社会实践。

对于人类的社会实践活动，认识对实践的引领显得尤为重要。所谓"先知"就是能够用智慧给人类生活提供启示的人。而且认识对实践的引领首先是价值引领，然后是方法引领。然而，在全球消费主义和媒介信息背景下，成人利益集团将人类历史以来所形成的关于儿童发展的认识置于脑后（也不排除是因为他们对这些知识的无知，或者是这些知识仍然没有在社会文化中得到很好的普及），而将儿童作为追逐经济利益的手段，从而导致各种童年危机。儿童被视为能够积极主动地运用技术（如媒介天才）、参与物质生活（特别是消费文化）和社会生活（如儿童选秀）的人，在这些方面儿童与成人有着平等的权利，甚至在某种程度上儿童的这些能力与成人相比具有优越性。成人的创造性似乎永不停息地激发着儿童的欲望和兴趣，当儿童的欲望和兴趣被成人利益集团层出不穷的玩具、食品、服饰、活动所驱使，以至于完全沦为商品、技术的消费机器，他们变成物质控、技术控，实际上最为根本的是沦为"成人控"，儿童在某种程度上已经丧失了某些精神属性。人们发现几个小朋友在一起却没有出现伙伴游戏，而是分别被iPad上的程序游戏所控制，甚至亲子之间的交流也以程序游戏为中介，伙伴之间、亲子之间的精神交流被外在于人精神世界的程序所控制，人的交往本能、童年时期独特的精神生活、独特的童年世界景象逐步消失，童年被物质和技术所殖民、颠覆，儿童（人）丧失了自己的精神家园。

我们当然不能说上述现象是"儿童是积极的社会行动者"这一童年观念导致的结果，正如社会建构论者不应当指责发展范式的童年观念是成人规训和控制儿童的理论依据一样。认识和实践之间的价值选择环节是至关重要的。当然要解决上述乃至其他童年危机，解决那些以为了儿童利益为名而侵犯儿童利益的问题，还需要继续推进对儿童和童年的认识，并向社会普及这些认识，使更多的人，最起码使更多的家长能够理解儿童的生活，成为为儿童营造良好环境并拒斥各种可能的不良影响的中坚力量，而不是成为全球资本主义的同伙，或不明真相的受害者，在心甘情愿地为其输入资本的同时，将孩子交付给入侵者。推进童年研究并在全社会普及童年研究成果，也许还有助于挽救人类的精神危机。这并非浪漫主义的空想，童年是人类精神生活和社会生活的特殊样式，是永远有待阐发的。童年是人类精神自由本质的表现，是人类精神生活的源泉。追忆童年，解释童年，是技术理性时代人文主义者对人文精神的追寻，是从人类生活源头理解人类的精神生活。童年研究不仅仅是研究者对童年的回溯性想象，也是对人类应然的生活状态的追问，有助于反思人类当下的生活状态。童年是一种"原型"，是一种人与世界特殊的关系形式，追忆童年是每个人共同的心理需要。这种先天的集体无意识不是个别的，而是普遍的。童年的精神现象是"超个人的"，是全人类共有的精神生活特点。人类关于美好童年生活的构想是童年社会实践的指南针，是捍卫童年的有力武器。当然，希望认识童年还有助于人类自我拯救，有助于走出无知并坚持良知。

总之，社会建构主义者由于放弃对童年本质的追问，试图以社会文化视角替代人的自然发展视角，将逻辑问题和概念思维转换为事实问题和经验思维，以人类关于社会经验事实的认识替代了传统形而上学关于事物的普遍性的推论，以实然的描述替代了应然的追问，这些转变为社会建构范式构筑了理论困境，也改变了传统童年概念的内涵和外延，为概念歧义创造了语境条件。

第二节　童年研究中的概念歧义

在考察了社会建构童年研究范式的发展过程之后，对童年研究中的概念歧义的探讨是很有必要的。因为对儿童和童年的研究在近半个世纪以来成为多学科的话题，也被认为是一项"巨大的多学科事业"，而"跨学科的研究必须明确，哪里是用不同的术语讨论着同一问题。或者与此相反，哪里是用同一些术语讨论着不同的问题"①。由于不同的学科有着不同的认识目的，也为同一词语赋予了不同的理解，因而出现了概念歧义。这样一来，一些看似热闹的讨论，实则论题各异，这些讨论似乎从认识兴趣转为话语权的争夺，其带来的后果是思想的混乱。多学科童年研究中就存在这样的问题："问题没有边界层次，各种各不相干的问题被硬扯在一起，一个词语成为无所不在的能指。"② 童年研究有必要考虑关键概念的历史演变及其语境，明确概念的边界，避免无意义的讨论。下面以童年研究中的两个关键概念，即"童年""纯真"为例，进行分析说明。

一、童年：多重所指

当开始考察历史以来关于儿童和童年的理解时，就会随着认识的进展而出现一个困惑，那就是：儿童、童年这两个再熟悉不过的术语，竟然变得难以界定。因为，在人类不同的历史时期、不同文化、不同社会、不同的认识领域对它们的理解存在差异。乃至于一些相关讨论在讨论具体的问

187

---

① 科恩. 自我论 [M]. 佟景韩，译. 北京：三联书店，1986，6.

② 魏敦友. 回返理性之源——胡塞尔现象学对实体主义的超越及其意义研究 [M]. 武汉：武汉大学出版社，2005，118.

题前，首先表明自己论述的主题中的童年和儿童的年龄区间。

就人们的常识而言，儿童是指处于成长阶段的人，既可做单数理解，也可做复数理解。童年是每个人在达到成人之前的人生阶段。西方有一些研究者在理解童年作为人生早期阶段时，是不包括婴儿期的，而且对童年具体的年龄区间也有不同的理解。从个体成长的意义上来理解儿童与童年，是人类关于自身最通常的理解，这个理解是以儿童生命的自然发展为依据的。在新童年研究范式中，这种传统意义上的理解被颠覆，不再单纯从自然发展的意义上理解童年，儿童与童年的关系成为"作为人类的儿童和作为一系列转变着的观念的童年（Cunningham, 1995）"。因此，在多学科童年研究视野中，"童年"这一术语至少包含四层含义：一是从个体生理成长角度，童年指人类个体早期的成长阶段，也称儿童期，这是关于童年最通常的理解。二是从人类精神现象的角度，童年指儿童时期的精神世界以及人类对儿童期生活体验的回溯想象和反思所建构的精神空间和精神意涵，属于哲学、文学、美学、心理学研究的范畴。三是从个体生活事实的角度，指每个个体实际经历的童年生活。在这个意义上，童年是复数的，是流动变换的，这是历史和社会研究关注的主要内容。四是指儿童（children）社会身份所赖以获得的社会空间和社会结构，是新童年社会学结构理论的主要概念。这四种"童年"的所指分别从生物现象、精神（心理）现象、社会文化现象三个维度思考人生的早期阶段。从当代多学科研究从人的生物—心理—社会文化三个维度研究人的发展的总体趋势来看，社会建构童年研究范式丰富了童年研究的社会文化维度，扩充了新的概念空间。以上划分是人类在研究儿童和童年时从不同视角做出的划分，从中可见"童年"这一术语的多重所指。这也是童年研究讨论中必须事先明确的问题。当然，"这些不同的含义，既反映了人们在认识、理解和规定其指谓对象上的差异，也反映了一切词和概念的意义总是随着人的认识的不断变化不断地得到丰富。而且人的认识也正是在这种不断发生歧义、进行争论，不断得到丰富的过程中，一步步地接近真理"①。

由于成长维度或者自然发展维度始终是理解儿童和童年的出发点，需要进行进一步的分析。从个体成长的意义上来理解儿童和童年，"年龄"是一个关键的变量，年龄会影响以上四个层面的童年讨论。在什么年龄范围内的人被当作儿童？或者说童年阶段指哪个年龄区间？相关认识在不同的历史时期、不同的文化、不同的学科中存在差异。可见研究视角不同，对儿童年龄阶段的划分也存在差异，而不同的年龄划分就会影响到关于儿童特点的理解，更复杂的是，能力、身份与年龄相伴也成为理解儿童的重要方面。从历史以来关于儿童的认识来看，受儿童时期发育进程的影响，对7岁前儿童的认识分歧很小。

总体而言，人类对儿童年龄的划分最初是十分粗略的。古老的斯芬克斯之谜中关于人生的三阶段划分以及用一年四季来象征地划分人生的阶段，都反映了人类早期对生命自然进程的朴素理解，以及对人生各阶段的象征意义的认识，同时也反映了年龄作为理解人生阶段的基本维度。当然在实际的社会生活中，人的身份不仅仅依年龄来进行简单的界定，它与人的社会角色有着密切的关系，这一点在古代社会比今天表现得更为明显。西方五十年来的关于儿童的历史研究中，从阿利埃斯开始，许多研究者对此问题都进行了详细的考证，包括年龄阶段、称谓、相关的仪式、生活内容等多个方面。本书并不打算专门就不同历史时期、不同文化中关于儿童期的年龄划分进行系统的梳理，而只是呈现现代以来对儿童阶段的界定和年龄划分。在现代多学科发展研究的基础上，形成了对儿童年龄划分的基本认识："儿童(child)是指从出生到青春期结束这一年龄段的特殊群体。"② 联合国《儿童权利公约》所界定的儿童的年龄范围是0岁至18岁。随着对儿童阶段发展认识的不断深入，当代人类发展研究领域关于儿童的

---

① 张之沧.当代实在论与反实在论之争［M］.南京：南京师范大学出版社，2001，4.

② 简明不列颠百科全书［M］.北京：中国大百科全书出版社，1985，791.

年龄分化得越来越细，在《人类发展学》^① 一书中，对儿童期的发展阶段做了以下划分：

胎儿期（Prenatal Period）：从怀孕到生产；

婴儿期（Infancy）：从分娩到学步；

早期儿童期（Early Childhood）：3-5岁，开始发展出自我概念；

中期儿童期（Middle Childhood）：6-11岁，阅读，书写，算术；

青春期：儿童期与成年期的过渡期，分为青春早期（12-14岁）和青春晚期（15-19岁）。

回顾社会建构范式童年研究，与人类发展研究的发生学视角有所区别的是，在童年社会学中，年龄及年龄范围是个富有争议性的领域。关于童年和成年之间的界限以及以年龄来界定童年的变动性很大。尽管一般将童年分为三个时期：早期（0-4岁）、中期（5-9）、后期（10-14岁），而青少年期则是14-17岁，但是童年的社会建构主要关注童年后期和青少年时期的生活。如Michael Wyness在《童年与社会》一书中所描述的儿童和童年，年龄范围至少在14岁左右。而且在部分章节中童年期还延伸至18岁。^② 可见在新童年社会学中所称的儿童，主要指能够进入社会生活领域独立行动的儿童，而且为了论述的需要任意选择年龄。

从当代关于发展阶段的年龄划分来看，人类对自身的认识更加细致，这些细致的认识有利于人类更加细致地进行自我关照。不同发展阶段的儿童都有其自身的特点和发展需要，文化的影响要尊重这些基本的发展规律。由于不同文化中对儿童的认识受文化习惯的影响，实际上在文化习惯背后包含着价值的取舍。因此，每一种文化都应当依据人类发展研究的当代进展，反思文化习惯中那些习以为常的儿童观念。

---

① Rice, F. Philip. 人类发展学 [M]. 谢佳容，等译. 台北：五南图书出版社，2005.

② 参考Michael Wyness. 童年与社会：儿童社会学导论 [M]. 王瑞贤，张盈堃，王慧兰，译. 台北：心理出版社股份有限公司，2009，XII.

二、纯真：概念歧义及其分析

在人类历史上，基于不同的人性假设，存在着两种截然不同的儿童观：一种将儿童视为冲动的、邪恶的小魔鬼，因此，在不同文化的儿童教育历史中，体罚是普遍的现象；另一种则将儿童视为纯洁的、天真无邪的小天使，珍视、欣赏儿童。这两种不同的儿童观无论是在思想家的论述还是日常儿童养育实践中都长期并存。现代以来，"纯真（innocence）"逐步被视为与儿童和童年关系最为密切的概念，用以说明儿童的基本特征，与"可爱""单纯""天真无邪"等词汇一起用来描绘幼童，并由此扩展到对人类童年期的认识，如"金色的童年""游戏的童年""无忧无虑的童年""快乐的童年"，这一理念也是20世纪相关儿童保护法律法规所依据的价值理念。自阿利埃斯提出"童年是一种社会建构"之后，西方童年研究领域开始着力从社会文化视角切入批判"纯真"这一概念，并以大量儿童社会生活现象解构儿童的纯真。在这些讨论中，由于研究取向与思维方式不同，导致"纯真"这一概念的所指发生变化，相关讨论虽使用同一术语却讨论着不同的问题，需要做出进一步的分析。

（一）儿童的"纯真"

对"纯真"这一概念的集中表达首先是在神学领域。《圣经·新约》率先在宗教观念层面实现了从"原罪的"儿童到"神圣纯真的"儿童的转变，无论是对圣婴耶稣的描述还是后来耶稣珍视儿童的态度以及对儿童的恩典，都彰显了儿童的纯真圣洁这一信念，这一神学假定对于西方童年观念的建构产生了至关重要的影响。首先，纯真的圣婴是基督教文化塑造的神圣儿童的形象，这一宗教信念通过圣婴肖像等宗教艺术形式，使圣婴的神情以图像特有的传播和接受方式，在人们的心理和社会文化层面影响着儿童形象的塑造。由于圣婴肖像是以现实中的婴孩形象为基础而创生的神圣形象，因此，我们需要从《圣经·旧约》到《圣经·新约》中儿童观念与态度的转变入手进一步分析圣婴形象与普通儿童观念的关系：同为宗教想象，《圣经·旧约》中为什么会视儿童为"原罪"深重的人？这两种截然不同的观念一定与人类对自身的认识和价值选择有关。从这个意义上来讲，也许首先是世俗生活层面人们关于儿童的情感和基本认识使神学家塑造了《圣经·新约》中的神圣纯真的圣婴形象以及圣灵对儿童态度的变化，然后这些宗教观念层面的变化进一步影响世俗生活中人们的儿童观念，并最终在社会文化心理层面逐步确立"纯真"这一观念。因为，儿童的天性与人类怜幼爱幼的基本情感源自进化赋予人类的本能，《圣经·新约》只是选择并弘扬了这一人类的基本情感，通过圣婴形象的转变、传播、接受以及世俗儿童画像的兴起这一过程，纯真圣洁的圣婴形象逐渐扩展为世俗的儿童观念。其次，《圣经·新约》中耶稣对儿童的珍视和恩典，也对确立"纯真"的儿童观念产生着深刻影响。圣经故事中记载了耶稣对儿童的珍视："让那些小孩留在我身边吧，天堂是他们的（上山传教）。"① "那如同这孩子一般的人，将成为你们之中的最伟大者（自谦若孩天国为大）。"② 这些话语以神谕启示儿童的神圣，作为宗教信念，在一定程度上对于世俗生活中人们的儿童观念以及教养行为具有理想性、引导性和规范性的功能。伊斯兰教义在关于父母在儿童教育的责任中也体现了相应的儿童观："须知，教育孩子是一件非常重要的工作。孩子是安拉交给父母的信托物，他纯真的心灵是父母宝贵的财富。他单纯的心灵就像一块未曾雕琢的璞玉，等待任何一种塑造。"③

在神学建构的基础上，深受宗教观念影响并且对儿童有着深刻领悟的卢梭，这个被称为西方历史上第一个"发现儿童"的人，也应该是第一个鲜明地对儿童的纯真进行哲学建构的人。他基于对人性"自然"的美好信

---

① 福森奈格.圣经故事［M］.焦庸监，译.北京：中国青年出版社，2004，252.
② 福森奈格.圣经故事［M］.焦庸监，译.北京：中国青年出版社，2004，320.
③ 安萨里.圣学复苏精义（下）［M］.马玉龙，译.北京：商务印书馆，2001，442.

念，在《爱弥儿》一书第一卷就开宗明义道："出自造物主之手的东西，都是好的，而一到了人的手里，就全变坏了。"① 为了使儿童的纯真不受当时社会文化的侵蚀，他为爱弥儿构想了健康成长的"自然之境"，以至于他的儿童教育被视为逃避文化，培养"野蛮人"，而实际上他只是敬畏儿童的天性，反对文化对天性的悖逆，提倡顺应儿童天性的教育而已。如果说《圣经·新约》是第一部明确提出儿童之"纯真"的宗教文本，那么《爱弥儿》就是第一部倡导儿童之"纯真"的世俗文化文本。我们很难将卢梭的观点与他的宗教观念分开，但是可以说，他的儿童观是运用启蒙哲学的观念发展了《圣经·新约》中的神圣的儿童观，使生命之"自然"成为"纯真"观念的思想基础。哲学家尼采在论及精神的三种变形中，将第三个阶段称为"小孩阶段"，即精神达到了自由的阶段："小孩是天真与遗忘，一个新的开始，一种游戏，一个自转的轮，一个原始的动作，一个神圣的肯定。"② 尼采显然是从精神样态的哲学层面理解儿童的天真和神圣。

193

继卢梭对儿童之"纯真"的哲学假定之后，深受卢梭思想影响的英国浪漫主义诗人华兹华斯、布莱克等人通过审美意象，对儿童天性之纯真的讴歌和崇拜为我们所熟知，同道者还有泰戈尔、托尔斯泰等。华兹华斯《彩虹》中的名句曰："儿童是成人之父"；在《不朽颂》中他由衷地赞美童年："童年时，天国的明辉闪耀在眼前。当儿童逐渐长大，牢笼的阴影便渐渐向他逼近。"布莱克在《天真与经验之歌》中，将童年与成年进行了比较并视童年的生活为天真快乐的生活。泰戈尔在《最后的买卖》一诗中表达了对儿童天性的崇拜，在《海滩上》一诗中他盛赞儿童的海滩游戏为"盛大的聚会"。托尔斯泰在《童年》中也深情追忆童年。画家毕加索也奉儿童为师，一些艺术家还将儿童视为同类，认为儿童与艺术家住在同一个国度。在与儿童关系最为密切的教育领域，受卢梭的影响，大批教

① 卢梭.爱弥儿（上）[M].李平沤，译.北京：商务印书馆，1996，5.

② 尼采.查拉斯图拉如是说[M].尹溟，译.北京：文化艺术出版社，1987，23.

育思想家都珍视儿童天性的纯真和童年期的人生价值，如福禄贝尔、蒙台梭利、爱伦·凯、苏霍姆林斯基、马拉古奇等人。

在中国思想史上对儿童之"纯真"的鲜明论述要远早于西方。老子在《道德经》中论述治国修身的"无为"之道时，主张圣人为政之道之一是保持民心的淳朴和天真，进而以儿童的纯真与有深厚修养的人生境界相提并论。"专气致柔，能如婴儿乎？（第十章）""常德不离，复归于婴儿。（第二十八章）""圣人皆孩之。（第四十九章）""含德之厚，比之赤子。（第五十五章）"[①] 庄子哲学思想中深入探讨了"真"的概念，即宇宙万物自然的、本真的状态，儿童天性之"真"也是庄子"真"概念的应有之义。庄子对"真"的理解对后人产生了重要的影响。主张性善论的孟子有言："大人者，不失其赤子之心者也。"[②] 明代的王畿进一步解释了《孟子》中的赤子："赤子之心，纯一无伪，无智巧，无技能，神气自足，智慧自生，才能自长，非有所加也。大人通达万变，惟不失此而已。"[③] 深受前人特别是庄子思想影响的李贽著《童心说》："夫童心者，绝假纯真，最初一念之本心也。若失却童心，便失却真心，失却真心，便失却真人。人而非真，全不复有初矣。"[④] 始于宋代的中国家喻户晓的启蒙读物《三字经》的开篇即为"人之初，性本善"，与卢梭"出自自然之手的东西，都是好的"同义。总之，以上关于儿童之"纯真"的认识也是基于人性观的一种哲学假定。

同时，在中国文化中对童真童趣的欣赏以及关于儿童的审美想象在文学以及绘画作品中都有体现，当然生活中也不乏与儿童天真互动的故事。《左传》中记录了春秋时期齐景公与幼子玩耍，自己扮作牛让儿子牵行；

---

① 陈鼓应. 老子今注今译 [M]. 北京：商务印书馆，2006.

② 孟子. 孟子·离娄章句下 [M]. 方勇，译注. 北京：中华书局，2010，155.

③ 王畿. 王龙溪先生全集　卷三　书累语简端录 [M]. 清　道光二年刻本影印，台北：华文书局股份有限公司印行，1970，272-273.

④ 李贽. 焚书　续焚书 [M]. 张建业，译注. 北京：中华书局，2011，146-147.

成语"含饴弄孙"（出自《后汉书·明德马皇后传》）是对人生天伦之乐的描述，体现了小孩之童趣之于幸福生活之意义。"古代不少诗人都注意到了儿童世界的烂漫可爱，儿童言行的审美趣味，把他们的真态、憨态、娇态摄纳于笔下。"[①]在唐宋诗词中，儿童的天性和童真童趣成为诸多诗人审美想象的主题。"蓬头稚子学垂纶，侧坐莓苔草映身。路人借问遥招手，怕得鱼惊不应人。（唐·胡令能《小儿垂钓》）""牧童骑黄牛，歌声振林樾。意欲捕鸣蝉，忽然闭口立。（清·袁枚《所见》）"诗人看到了儿童的专注、快乐和机智。也有诗人记录了幼童模仿大人生活的天真图景，"学母无不为，晓妆随手抹。移时施朱铅，狼藉画眉阔。（唐·杜甫《北征》）""幼女才六岁，未知巧与拙。向夜在堂前，学人拜新月。（唐·施肩吾《幼女词》）"此外，南宋诗人杨万里关于儿童玩耍活动中的童稚童趣以及悠然自得之诗尤为著名："儿童急走追黄蝶，飞入菜花无处寻。（《宿新市徐公店》）"；"稚子相看只笑渠，老夫亦复小卢胡。一鸦飞立钩栏角，仔细看来还有须。（《鸦》）"南宋辛弃疾："最喜小儿无赖，溪头卧剥莲蓬。（《清平乐·村居》）"此句是描绘儿童天真顽皮以及成人喜爱顽童的名句。明代诗人徐渭作有《题风鸢图》二十五首，其中不少表现了活泼的童趣，如"春风语燕泼堤翻，晚笛归牛稳背眠。此际不偷慈母线，明朝辜负放鸢天。（其二）"；"高高山上鹧儿飞，山下都是刺棠梨。只顾鹧飞不顾脚，踏着棠梨才得知。（其十三）"；"偷放风筝不在家，先生差伴没寻拿。有人指点春郊外，雪下红衫便是他。（其十五）"这些诗句"用俏皮的口吻、细腻的笔触写出了顽童为放风筝而偷线、狂奔、逃学等具体情状，洋溢着'纯真'童趣"[②]。以上诗词是中国古代诗人通过对儿童生活故事的诗意描绘，表达了他们心中对儿童天真活泼、顽皮机智等特点的欣赏。中国民间关于儿童的绘画也尽显儿童的稚朴

---

① 张浩逊. 童趣琐谈［N］. 光明日报，2012-05-31（12）.

② 张浩逊. 童趣琐谈［N］. 光明日报，2012-05-31（12）.

和天真可爱，并成为美好生活和希望的象征。

在"五四"时期，受西方儿童观念的影响，一批思想家和文学家也表达了对儿童之纯真的认识，其中周作人和丰子恺尤为突出。周作人敬畏儿童的纯真："小孩呵，小孩呵，我对你们祈祷了。你们是我的赎罪者。"①丰子恺受儿童的启示写下了关于儿童的散文，如《儿女》《作父亲》《给我的孩子们》《华瞻的日记》等，并创作了以自己孩子生活为题材的漫画作品，如《阿宝两只脚，凳子四只脚》《瞻瞻底脚踏车》。在《给我的孩子们》一文中，他说："我在世间，永没有逢到像你们这样出肺肝相示的人。世间的人群结合，永没有像你们样的彻底地真实而纯洁。"②《儿女》一文更是凸显了他的儿童崇拜："天地间最健全的心眼，只是孩子们的所有物，世间事物的真相，只有孩子们最能明确，最能完全地见到。我比起他们来，真的心眼已被世智尘劳所蒙蔽，所斫丧，是一个可怜的残废者了。"③"这小燕子似的一群儿女，是在人世间与我因缘最深的儿童，他们在我心中占有与神明、星辰、艺术同等的地位。"④ 如果说古代诗词中以儿童童稚童趣为题材描写儿童的特点，那么"五四"时期的一批思想家则完全与西方浪漫主义诗人一样，彻底地在审美想象中完成了对儿童之"纯真"的人文礼赞。

总之，作为心智与情感体验的人文学科，哲学、宗教、文学、艺术在致力于人类自我认识以及表达人类自身情感的过程中，留下了大量关于儿童天性之"纯真"的认识。"纯真"这一概念在中西文化中以神学假定、哲学假定和审美意象等各种变式，体现了人类对自身天性的体悟和崇拜，也是人类亘古的爱幼情感的理想表达，在20世纪这些理念成为一系列儿童

196

---

① 周作人. 周作人自编集：泽泻集 过去的生命［M］. 止庵校订. 北京：北京十月文艺出版社，2011，34.

② 丰子恺. 丰子恺静观尘世.［M］. 武汉：长江文艺出版社，2012，109.

③ 丰子恺. 丰子恺静观尘世.［M］. 武汉：长江文艺出版社，2012，122.

④ 丰子恺. 丰子恺静观尘世.［M］. 武汉：长江文艺出版社，2012，123-124.

保护法律法规的价值依据。

（二）"纯真"批判

在社会建构思潮的影响下，一部分童年社会建构论者积极地参与到解构"纯真"的行动中来，而以儿童社会生活事实解构儿童的"纯真"是社会建构论者的基本方法。无论是人类学、社会学还是历史学取向，批判者以不同时代、地域、社会文化、性别、阶层、种族等背景下大量儿童社会生活现象来颠覆儿童的纯真形象，而阿利埃斯无疑是这一途径的开创者。值得注意的关键问题是从阿利埃斯开始，儿童的"纯真"这一概念与前述关于儿童的哲学假定以及审美意象相脱离，而指向儿童的社会文化生活，特别是与儿童对"性"的认知和行为等文化禁忌紧密相连。[1] 阿利埃斯考察了Heroard医生关于路易十三的成长日记，该日记记录了路易十三从不到一岁开始直至14岁结婚这一段时间，特别是路易十三儿时对于性器官天真无知的态度以及成人对其教育态度的变化，并从中发现，五六岁之前的儿童并不觉得自己的性器官与身体其他部分有什么区别，所以，至少在五六岁之前儿童是纯真的。从7岁开始，成人不再以性器官为话题与儿童开玩笑，该话题成为严肃的话题。[2] 可见阿利埃斯用来界定"纯真"这一概念的基本前提是儿童对某些在成人看来需要保留的秘密领域保持无知。什么是秘密？波兹曼认为，秘密指性关系、金钱、暴力、疾病、死亡等，特别是死亡和性关系。而电视使得儿童和成人之间没有秘密，成人生活的秘密被公然呈现在儿童面前。出于对传统的怀旧和对现实的焦虑，波兹曼惊呼：童年消逝矣！罗杰斯夫妇在《儿童的故事》一书中，大胆地解构以生物学模型为出发点的发展范式的童年观念。作为激进的社会建构论者，罗

---

① 当然，人类最初对儿童之"纯真"的认识可能首先是儿童第二性征尚未发育的身体特点以及儿童的行为特点，并因此而具有象征意义。

② Philippe Ariès. *Centuries of Childhood: A Social History of Family Life*.Translated from the French by Robert Baldick. New York: Alfred A. Knopf, 1962, 100−103.

杰斯夫妇将"性"作为一个核心话题，他们对于性的态度是完全开放的，没有年龄、性别的限制，并且虚构、列举了大量涉及儿童性活动的事例，通过大量的事例，他们认为童年以及儿童的"纯真"都不复存在了。此外，20世纪后半叶，一系列儿童社会问题，如少女怀孕、毒品泛滥、儿童犯罪等社会事实也为解构"纯真"提供了丰富的论据，雄辩地说明儿童并不是纯真的天使。特别是1993年，英国一位两岁大的幼儿Bulger被两位住在英国利物浦的10岁男孩所谋害的事件引起了欧美那些"纯真"概念缔造国的恐慌和广泛讨论。① 人们发现，"纯真无邪的天使"已被"小魔鬼"所替代。在《童年》刊物1998年第4期一篇关于"童年纯真"的编辑评论中②，其中一个主题就是美国校园枪击案中的儿童杀人：1997年2月19日，16岁的孩子射杀自己的同学；1997年10月1日，16岁的男孩射杀自己的母亲，又到学校中射杀9个学生；1997年12月1日，一个14岁的男孩开枪杀死3个同学，5人受伤……该文罗列了1997年发生的8起未成年人枪击案，其中涉案儿童1人11岁，1人13岁，3人14岁，1人15岁，2人16岁，1人18岁。儿童制造了校园"枪击文化"，儿童杀死了儿童。一些研究者还选取大量贫困、战乱地区儿童劳工、儿童兵、儿童性虐待、儿童保姆等事例，说明儿童不纯真、不柔弱。总之，社会建构论者通过摆事实的方式，颠覆着"纯真的儿童"这一假定，说明关于"纯真"的概念只是一个幻象，这一观念正在被证伪，儿童通过自己的实际行动，打破了成人的这个迷梦。

与以上实证的研究方法相呼应，在基于儿童社会生活事实解构"纯真"概念的同时，一些研究者也从观念的演变和思想根源上展开了反思和批判。Mary Jane Kehily和Heather Montgomery（2004）采用历史人类学的

① 从阿利埃斯开始考察"纯真"观念的诞生，到后来对"纯真"概念思想来源，特别是对卢梭思想的批判，西方研究者从童年是一种社会建构的立场出发，认为"纯真"的儿童这一观念是欧洲社会的一种发明。实际上，人类对儿童的这一特性认识已经由来已久，而且在不同文化中都存在这一认识。只不过卢梭率先进行了系统的、鲜明的论述。

② Editorial：Childhood Innocence. *Childhood*，1998, Vol. 5(4): 371–374.

方法，通过考察人类关于性活动合法年龄的历史演变来解构"纯真"的观念。她们认为，在不同的文化中性行为有不同的意义，儿童性行为的合法性在不同的时代、地域、社会文化、性别、阶层、种族中有不同的认定标准，是特定历史文化背景的产物。[①] 如当今法定结婚年龄与过去相比发生了很大的变化：中世纪贵族家庭中12-13岁就可以结婚，性行为与婚育相关。这些观念不仅表明了关于性行为的观念，同时也表明了关于儿童的观念。在今天看来，12岁的孩子发生性行为显然是不纯真的表现，而在过去则被视为合法。她们通过实证研究后认为："纯真的儿童形象，是西方社会成人期望儿童成为的样子。在西方社会，成人似乎喜欢保持象征的边界——儿童和性必须保持分离。"[②] 还有一种观点认为"纯真的儿童"这一观念源于"儿童作为需要保护的人"的观念。这一观念也被批判者视为欧美发达国家白人中产阶级的儿童观念，或者是福利主义者所认定的狭隘的儿童观。它"其实是'欧美'一种局限性童年模式的诉求。这种局限性的童年模式是有其时空特性的，认为儿童在社会、道德和情感上是不成熟的。"[③] "它以狭隘的角度看儿童，并且过滤了我们思考儿童和童年的其他方式。"[④] 对"纯真"概念最为有力的批判是关于其思想根源的批判，而卢梭的"自然"观念这一"纯真"概念的根基成为批判的着力点。"在西方社会，从卢梭开始，'纯真'作为与童年最为密切的认识，被视为无须思索的自然事实。"[⑤] Guoping Zhao分析了卢梭"自然"观念的承传：早

---

① Kehily,M. J., Montagomery,H.. Innocence and Experience: A Historical Approach to Childhood and Sexuality (pp. 57-74). In Kehily M. J. (Eds.), *An Introduction to Childhood and Studies*. England：Open University Press, 2004.

② Kehily,M. J., Montagomery,H.. Innocence and Experience: A Historical Approach to Childhood and Sexuality (pp.57-74). In Kehily M. J. (Eds.), *An Introduction to Childhood and Studies*. England：Open University Press, 2004.

③ Michael Wyness. 童年与社会：儿童社会学导论［M］. 王瑞贤，张盈堃，王慧兰，译. 台北：心理出版社股份有限公司，2009，95.

④ Michael Wyness. 童年与社会：儿童社会学导论［M］. 王瑞贤，张盈堃，王慧兰，译. 台北：心理出版社股份有限公司，2009，105.

⑤ Editorial：Childhood Innocence. *Childhood*, 1998, Vol.5 (4): 371-374.

在17世纪80年代，英国剑桥新柏拉图主义哲学家提出儿童的内在善，这与圣经教义中的原罪说相比是引人注目的。卢梭为了肯定人的天性，也支持儿童天性的纯洁和天真。忠实于卢梭的浪漫主义者，在他们寻找"自我"的过程中，将儿童作为"原初的天真"进行考察（Hendrick，1997），并且建立了"自我统一的伊甸园式的童年"，来思考一个成人发展的观念（Holderin，1971）。① 也有人指出，基于卢梭的"自然"概念，"秘藏于儿童身上的纯真扩展为一个与脆弱、纯洁和善相联系的概念晕圈。人类的至善本质存在于儿童身上，但不是在现实中，而是在幻想、投射、原初的神话以及我们对于过去时光的回忆中"②。对于卢梭所信仰的"自然"观念，则被视为是自文艺复兴以来的一个理性迷思，无法从经验上得到证实。德里达（1976）认为卢梭作品中的"自然"概念具有内在的矛盾，他将卢梭这一有缺陷的概念作为工具来解构自然/文化的二元论，他认为需要将"真理"和"方法"区别开来。Affrica Taylor基于德里达的启示认为："卢梭的'自然'只是一个工具，而不是一个不证自明的真理。"③ 他也将"自然"概念视为分析工具，批判从卢梭到今天的童年话语中的自然/文化两分的状态，并称要加入正在发展中的"去自然化童年研究"的多学科批判这一群体之中。他认为成人建构"纯真"的儿童形象的动机在于"发现我们丢失的'内在的儿童'，这里的逻辑是发现最初的自己，经由我们回溯'内在的儿童'，这将使我们变得更加道德，并因此更好地达到精神的审美状态"④。以上这些批判从思想根源和动机上为颠覆"纯真"开辟了路径。

Guoping Zhao为了考察现代主体的发生过程，对现代以来五种类型的

200

---

① Guoping Zhao. The Modern Construction of Childhood: What Does It Do to the Paradox of Modernity? *Studies in Philosophy and Education*, 2011, 30: 241–256.

② Editorial：Childhood Innocence. *Childhood*, 1998, Vol. 5(4): 371–374.

③ Affrica Taylor. Reconceptualizing the 'Nature' of Childhood. *Childhood*, 2011, Vol. 18(4) 420–433.

④ Affrica Taylor. Reconceptualizing the 'Nature' of Childhood. *Childhood*, 2011, Vol. 18(4) 420–433.

童年建构方式进行了哲学考察，"纯真"的儿童被他罗列在五种童年建构类型之首，他基于前人的研究基础，对"纯真"这一概念进行了系统批判[①]：他首先肯定了"纯真"这一概念的积极意义，认为这一观念已被证明对于针对社会问题起草社会政策和发动政治运动是有益的。因为，在18世纪末的英格兰，工业化过程的规模和强度都在持续推进，通过儿童劳工对儿童的野蛮剥削使广大民众为之惊骇。为了限制儿童劳工，改革者建构了"纯真"的童年这个概念。在纽约，20世纪早期，关于天真、单纯的需要特殊保护的童年观念同样作为立法的依据，限制女孩的性活动和独立。在当代美国，为了对抗性虐待唤起了一种童年观念："无忧无虑的游戏期""在家庭港湾的保护下无性的平静的生存期"（Kitzinger，1997）。总之，童年的天真可能被作为神圣的价值在社会规范中得以提升并概念化"（Shanahan，2007）。但是Guoping Zhao同时也认为，这种关于童年的建构，尽管以儿童的名义并且在许多方面具有显而易见的益处，但是与真实的儿童生活很少相关，它更多的是成人富于想象力的理想而不是儿童实际的生活经历。就社会和政治目标而言，它也基本上是关于并且为了一些人而已。童年被视为广大社会中的一个例外，为了解决劳工、政治、性行为等社会问题而被描述得更加纯真、更加理想（Stasiulis，2002）。也就是说，为了解决社会问题的目的打着"纯真"的幌子，"纯真"这一观念就成为关于儿童而不是基于儿童的观念。Guoping Zhao强调，尽管借由纯真的童年的建构所产生的社会政策有助于保护儿童免受伤害，但是，恰恰因为它的积极影响，这种建构也是最危险的。它在一定程度上变成了以成人期望重塑和改造孩子。特别是在美国，"纯真"的、理想化的童年观念被从迪士尼世界延伸到儿童电视节目、儿童文学和其他媒体，完全将自己合法化，限制儿童的经验和行为。孩子的共同行为，如四岁孩子对自己身

---

① Guoping Zhao. The Modern Construction of Childhood: What Does It Do to the Paradox of Modernity? *Studies in Philosophy and Education*, 2011, 30: 241–256.

体，特别是对性器官着迷（Tobin，1995），这一事实从来未被承认，并逐渐降至不能言及之事。Guoping Zhao进一步指出，建构关于纯真的童年的普遍想象，可能是赋予成人权力以消解儿童的自治和判断，以所谓的儿童利益为幌子将成人的意志和目标强加于儿童。为了形成儿童的纯洁和天真，成人必须介入监督和干预儿童生活，历史以来儿童的纯真和成人的保护在社会政策中携手并进。"易受伤害的纯真"，应用于所有年龄的儿童，无缘由地为儿童提供代理（特别是为年长的儿童提供代理），这样就变成了一种压迫。成人代替儿童掌管了儿童的生活，成人决定了儿童需要什么以及什么是他们的最大利益，儿童的声音完全沉默了。Guoping Zhao追问道：在这个背景中，我们建构了现代主体作为一个依赖的、自治的生命。我们必须思考一个被剥夺了实践自己权力机会的孩子怎么成长？这是否意味着自由和自治这一现代问题不是一般所认为的那样？显然当我们一旦将现代问题与现代童年观念的建构相联系时就出现了难题。Guoping Zhao总结道：这种根植于童年建构的内在的不一致，一方面清空了儿童经验的实体，另一方面却授予了纯真的童年这个斗篷，充满修辞学的虚假称赞。概念的模棱两可使得它面对真实的儿童生活时陷入尴尬：当孩子的行为与这种田园诗般的想象不一致时，例如，当他们暴力犯罪时，我们将他们从纯真的儿童的身份中驱逐出来，用对待成人的方式对待他们（Shanahan，2007）。可以说，Guoping Zhao的以上论述基本上代表了从成人与儿童的权力关系、儿童作为积极行动者的角度对"纯真"概念进行批判的主流声音。David Kennedy在《颠覆的纯真》一文中，对Jonathon Fineberg《纯真的眼睛：儿童艺术和现代艺术家》[①]一书进行了述评，认为该书基于深层心理学，批判了爱伦·凯关于"神圣的儿童的世纪"的预言。David Kennedy认为："爱伦·凯似乎选择了正确的词但是其意义是

---

① Jonathon Fineberg. *The Innocent Eye: Children's Art and the Modern Artist*. Princeton, NJ: Princeton University Press, 1997.

错误的。她的神圣的儿童表征了一个古老的混合物——维多利亚时代的优生学、母亲般的耶稣救世学、感情（感伤）主义、进步教育理论。"① 在David Kennedy看来，相反，Fineberg所理解的"神圣的儿童"是一个发向受压制和宣传理性化的成人世界的令人感叹的高尚信息，传递他所指出的"与无意识心灵的不可言说的真相"②。Fineberg通过考察艺术家及其艺术作品中对儿童以及儿童艺术的认识之后认为，尽管20世纪是儿童的世纪，但是，是弗洛伊德的儿童的世纪，而不是爱伦·凯的儿童的世纪。爱伦·凯的儿童的神圣是作为到达未来后资产阶级精神保健乐园的手段。而弗洛伊德告诉我们，儿童象征着成人神秘的意识，儿童让我们接触到原罪的神圣，儿童生活在前道德阶段。儿童通过游戏的文化实验、现实的性爱意识、欢愉、性与神圣的统一、需要和欲望预示着后道德世界。在现代西方社会，孩子比成人先到达下一个辩证的时刻，即关于时代和文化中人的意识和无意识要素相统一的浪漫的宏大叙事。Fineberg认为具有讽刺意味的是，在"儿童的世纪"之末尾，儿童却消失了。Fineberg得出结论："现代以来主流的童年观念已接近尾声，这本宏大的浪漫主义/存在主义的革命叙事文本中的话语体系似乎在不知不觉中崩溃了。"③ 这也意味着，现代以来建构的"纯真"的儿童形象也不复存在了。

　　总之，"纯真"概念的批判者不仅通过儿童社会生活事实来质疑儿童的"纯真"，还将"纯真"概念的思想基础，即关于生命之"自然"的哲学假定视为理性幻象，而关于"纯真"的审美想象也是成人浪漫主义的、伊甸园式的自我迷思。同时，这一概念主要是成人的政治的、道德的观念，而不是关于儿童的观念（James and Prout, 1990; Steedman, 1995; Jenks, 1996; James ,1998; Aitken, 2001; Cannella and Kincheloe, 2002; Kehily,

① David Kennedy. Review Essay: Subversive Innocence. *Childhood*, 1999, Vol. 6(3): 389−399.

② David Kennedy. Review Essay: Subversive Innocence. *Childhood*, 1999, Vol. 6(3): 389−399.

③ David Kennedy. Review Essay: Subversive Innocence. *Childhood*, 1999, Vol. 6(3): 389−399.

2009）。尽管作为一种概念工具，这些理想化的想象可以用来引导人们对抗并改善儿童在社会生活中的各种不利处境，但是在儿童与成人的关系以及儿童社会身份方面，它合法地将成人的权力凌驾于儿童之上，并将儿童的社会身份边缘化，成为成人压迫儿童的借口。"纯真"的概念是成人浪漫主义的田园诗般的想象，是一种"精神保健的手段"，充满着对过去的怀旧之情，是脱离时空的。此外，它还回避儿童的本能和原欲，而实际上儿童原欲的充分表达恰恰是形成道德人格必不可少的辩证环节。

（三）"纯真"解读

从"纯真"概念的诞生到社会建构论者对这一概念的批判，可以发现，"纯真"概念的建构方式、基本内涵和使用范围发生了很大的变化。"纯真"这一概念最初经由宗教信念、哲学思辨、审美意象等方式，思考儿童的基本特点，并把这一基本特点以指示性的教义、形而上学的哲思和生命的审美体验等形式予以表达。这些认识首先基于儿童生活的事实，如幼童洁净光滑的肌肤、尚未发育的性征与成人有着鲜明的区别。同时，受大脑发育进程和经验的影响，儿童以自己的方式理解事物，与环境互动，产生出与成人迥异并让成人惊讶的行为，这种心智特点和行为方式是儿童独有的特点，是谓天真、单纯，丰子恺正是在这个意义上欣赏孩子的。以上是从儿童生活的事实层面对儿童之"纯真"的理解，这些特点是人类儿童普遍的特点，不会因为时代、地域、民族、种族、性别、阶层等因素的变化而变化。其次，基于上述儿童独特的生命样态，神学的、哲学的、审美的概念建构途径都将"纯真"视为儿童生活的理想形式，形成了关于儿童生活的价值应然的、规范性的认识，引导、规范儿童的生活环境。《圣经·新约》开启了儿童与童年观念建构的应然方式，之后在卢梭的思想和浪漫主义思潮中得以彰显。对儿童与童年观念的应然建构是一种基于儿童发展、基于生命信念而形成的儿童"意象"，这些"意象"并不是建构者粉饰现实的幻象，或"修辞学的虚假称赞"，或为了干预和掌管儿童生活而营造的成人霸权意识形态，而是以儿童生命的基本特点和基本需要为价值依据，它指向儿童生活的应然状态，如儿童对爱和安全感的需要，儿童期是快乐的游戏期，以及儿童的思维方式和行为方式不同于成人。

然而，可能受弗洛伊德深层心理学以及福柯关于性的研究的影响（尽管两个人对人之原欲的态度是截然不同的），从阿利埃斯开始，对儿童之"纯真"的考察发生了变化。首先，尽管阿利埃斯通过圣婴肖像的变化论述了西方"纯真"的儿童观念的诞生，但是在关于"纯真"概念的论述中，阿利埃斯关注的内容指向儿童关于性的知识和行为，完全忽略了儿童整体的生命样态以及思维方式和行为方式，值得肯定的是他依然是从发生学的视角考察儿童的"纯真"，并认为五六岁之前的儿童是"纯真的"，因为他们对成人的性事仍然处于无知状态。7岁之后，成人开始保守秘密，避免儿童接触关于性的话题，说明儿童已经开始具备了走向不纯真的成人文化的能力。波兹曼认为媒介信息将纯真的孩子带出了伊甸园，孩子们知道了自己不该知道的信息，失去了纯真，童年也因此消逝了。在罗杰斯夫妇激进的文化建构中，"纯真"这一概念完全被解构，年龄也不再作为考察的变量。他们不仅推倒了年龄的界限，也彻底地以青少年阶段的生活将婴幼儿的生活强行赶出儿童的世界，进而认为"纯真"与儿童无关了。而他们所谈论的儿童，至少都不包括7岁之前的儿童，如波兹曼认为，童年指7—17岁阶段，罗杰斯夫妇认为，个体到10岁就达到了性成熟。在新童年社会学研究中，在讨论"纯真"这一概念时，主要是以儿童的不良社会行为作为立论的事实依据，如以性行为、吸毒、杀人等事件来说明儿童的不纯真，从而颠覆"纯真"的概念，而这些不良行为的缔造者则至少在10岁以上。因此，尽管关于"纯真"的概念最初是基于发生学地考察儿童的特点而形成的宗教信念、哲学观念及审美意象，但是后来的批判者采取选择性取证的论证方式，片面地抽取考察对象的年龄段，完全不考虑7岁之前的儿童，而且倾向于选取儿童与成人之间的过渡阶段的青少年的

205

行为，说明儿童与成人之间没有本质的区别；片面地抽取考察的内容，以儿童的性行为、暴力等偷换了儿童的精神样态和行为方式。批判者完全在儿童生活事实层面讨论儿童的"纯真"，放弃了基于儿童生命本性的应然的概念建构方式。另外，他们还忽略了认识发展与人生经验的问题，接触到某种信息与理解其内涵并具有实践能力之间还有漫长的路要走。如四岁的孩子关于性器官的理解，与成人的理解是不同的。

当我们身处当前人文科学和生命科学的多学科视野之中，特别是基于进化发育生物学、进化认识论、进化人类学、脑科学、近三十多年来的婴儿研究，以及从生物学到现象学的心智科学的综合研究，重新思索"纯真"这一概念，就可以发现，儿童的"纯真"这一概念涉及事实和价值两个层面，既包括生动的生命形态，又包括基于儿童的生命形态所形成的关于儿童生活的理想和信念（无论是宗教的、哲学的、审美的还是常识的）。"纯真"指天性之真。当初生个体以天赋本能力所能及地展开生存活动时，文化的个体发生就开始了。生命个体的幼年形态以及基于本能的文化发生状态是"纯真"概念的源始意义。"纯真"用来说明生命最初几年的典型样态，既包括幼童的身体形态，也包括浑然天成的素朴的生命样态，一种生命存在方式。"纯真"一开始就不是关于行为规范的伦理概念，不能简单地用成人社会规范进行评判。在个体生命初期阶段，乳儿贪婪地吮吸、偎依在母亲环抱中安然愉快的神态以及本能欲望未能得到满足时的哭叫等，这些生存的本能欲望是纯真的；幼童对世界的好奇、专注抑或懵懂是纯真的；儿童游戏中的严肃与认真也是纯真的；幼童基于自己的理解能力而表达的各种话语和行为方式，充满童稚，这种思维方式和表达方式也是纯真的。儿童的纯真现实地表现在儿童与世界互动的过程中，如四岁孩子对自己身体的着迷，包括对性器官的兴趣，也是纯真的表现，一个四岁孩子对性器官的理解并不会深刻到文化禁忌的层面，反而是成人社会的文化禁忌和成人的态度强化了儿童对性器官的好奇。总之，"纯真"

指个体生命早期的整体样态和特性，是每个孩子的神态、动作、语言、行为中一以贯之的特征。"纯真"是儿童的一种本真的存在方式，一种感受世界、表达自我世界的方式。"纯真"的特性在儿童生命最初几年具有普遍性，因为这一时期儿童生理的发育决定了文化的影响程度和范围。"纯真"也是一种精神样态，这种特点甚至贯穿于人的一生，只不过随着年龄的增长和文化活动的展开，其表达内容不同。"纯真"是幼童的生命样式，其内在逻辑是儿童生命的天赋本能及其自然发育，或者说，儿童生命的天赋本能及其自然发育是"纯真"概念的生命基础。儿童正是基于生命的天赋本能，逐步参与到文化环境中并进行力所能及的互动时，才呈现出不同于成人的"纯真"。当然，本能是十分复杂的身体智慧，儿童的生命活动始于本能活动，而且狭义上的性本能在个体发育中是较晚才开始的。晚近多学科儿童研究可以启发我们对"纯真"这一儿童观念有新的理解，并能够为宗教的、哲学的、审美的"纯真"观念做出基于生命发育事实的解释，并进一步说明它们关于童年生活的应然判断是合乎生命的自然之法的。生命之"自然"是生命发生的前提，也是关于生命的真理源头。从发生学的视角来谈生命的自然，才能辩证地理解自然和文化的关系，而不是二元对立的认识。卢梭认为生命之初的自然状态是好的，自然即善，这里的善不是就伦理意义而言的，从进化与发育的连续性来看，是指生命通过漫长的进化而获得的自然天赋，是以遗传的方式赋予个体的生存机制[①]，不能以社会文化价值评判其善恶，只能从个体生命存在以及种系延续的角度来看待其价值。今天我们理解儿童的"纯真"时，显然也不会遗忘弗洛伊德的贡献，而且基于人类的进化与发展研究，人类的天赋本能被放在生命的前提和基础的重要位置上，因此，我们对待本能的态度更为积极。特别需要强调的是，多学科人类发展研究启发我们，理解儿童的发展应当秉

207

---

① 参考苗雪红.卢梭对儿童生命之"自然"的认识［J］.浙江师范大学学报，2010（3）：32-37.

持发生学的立场，即从儿童生命的诞生开始，"纯真"描述的正是从儿童天赋本能的基础上生发文化的初始状态。"纯真"观念的持有者考察儿童时，都是从婴儿阶段开始的，而且关注儿童行为中表现出来的整体的生命特性。浪漫主义者对童年的讴歌，也是就人生初期阶段对于人生的价值以及儿童之于人类的价值而言的。社会建构论者把目光转向7岁之后的儿童并试图颠覆"纯真"，放弃了个体生命的发生过程而抽取某个阶段某些行为特点，用7岁之后儿童的生活来替代7岁之前儿童的生活，用儿童的性行为以及反社会行为代替儿童的思维方式和精神样态，改变了"纯真"概念的基本内涵和外延，因而其关于"纯真"概念的批判并没有建立在论题同一的基础之上。

同时，关于"纯真"概念讨论中的事实问题和价值问题，也需要做出分析。神学的、哲学的、审美的"纯真"概念被批判者认为是"形而上学的虚构""修辞学的虚假称赞""幻想、投射、原初的神话以及我们对于过去时光的回忆"等，总之，是成人的各种迷思。这些批判涉及人类自我认识的根本问题：首先，人类的认识既包括事实问题，也包括价值问题。呈现人类的生活现实和思考人类理想的生活是两种不同的研究取向，认识现实，心向理想，理想引领现实。因此无论是《圣经·新约》中指示性的教义，卢梭的哲学假定，还是浪漫主义者的诗意表达，以及爱伦·凯的热切呼吁，都表达了理想的儿童观，并对改善人类儿童的生存状况产生了积极的深远影响，并非可有可无的思维游戏。其次，事实问题并不仅仅指客观事实，还包括人类的心理事实。人类的宗教象征、文化象征尽管是一种符号、一种暗示、一种隐喻，并不完全是社会生活事实本身，但它们源自人类的生命体验，同人类生命本性相通，反映着人类的心理感受，具有天然的合理性。无论是神学假定、哲学假定还是审美意象，"纯真的儿童"并不是脱离儿童的纯粹幻象，而是对人性或者儿童天性的理性思索，对儿童和童年的审美意象更是生命体验的直观表达。它们的确是人类自我认识的一部分，这些人文的探究方式以生命本体的自我理解表达着人类的理性真理，基于生命诉求进行着价值的判断和意义的追问。可以说，"纯真"这一儿童观源自人类的生命体验和自我理解，源自人类育幼的生命本能。它并非人类的空想，而是基于人性的基本需要以及人类对美好生活的渴望，从根本上说是人类的希望意识，是对人类所憧憬的理想的儿童生活状态的关怀和求索，旨在珍视儿童并有助于为儿童创造一个适宜他们成长的世界。当然，尽管人类具有爱幼育幼的本能，但是对儿童生活的理想性思索，认识儿童的"纯真"并以欣赏的态度对待儿童，需要认识的进步、生活状态的改善，并不是在任何人类历史时期或者任何人都有能力和意识拥有这种理想的情怀，它需要对生命、生活的认识和领悟以及基本的生存保障。从这个意义上来说，尽管这一观念在中产阶级家庭中较为普及，但是，这一观念本身没有阶级性。而恰恰因为现实的局限性，我们更需要观念的引导，而不能因为童妓、儿童兵、儿童杀人犯的存在，就认为儿童生命的承受力可以不断开发，进而否认儿童与成人的区别，否定差异并不一定会赋予成人和儿童平等关系的，承认和尊重生命的差异才能真正确保人类行为的正当。

三、对立与统一：包容多重概念的现实

儿童是纯真的，善良的，是不成熟的，依赖的，需要保护和教育的。儿童是积极的社会行动者，儿童与成人一样参与到社会活动中，建构着社会文化。这些现代的童年概念与后现代的凸现儿童能力和行动权利的社会建构理念究竟能不能共存。受社会建构童年研究范式的影响，特别是故事言说方式的启示，下面将采用维特根斯坦所主张的通过举例和描述的方式，呈现对这一问题的回答。

童年的故事：孩子救了孩子

2008年9月，美国各大电视台、报纸乃至网络都刊登了一个7岁小女孩的巨幅照片，这个叫凯瑟琳的小女孩引起了美国乃至整个世界的轰动——大约两年半以前，凯瑟琳看到PBS电视台的纪录片揭示了疟疾在非洲每三十秒钟杀死一个孩子后，对非洲孩子的命运产生了强烈的同情心，她用一个平常人的力量筹集了超过6万美元的善款，从疟疾的魔爪中拯救了近2万个小生命，成了一名为非洲儿童募捐蚊帐的"爱心战士"！

踏上捐献之旅

凯瑟琳出生在美国田纳西州一个幸福的家庭，妈妈琳达是一个家庭妇女，爸爸安东尼是一个健身教练。凯瑟琳出生两年后，又有了一个弟弟约瑟夫。

2006年4月初的一天，5岁的凯瑟琳看电视时，眼前出现了一幅悲惨景象：烈日当空、沙尘障目，在非洲普通村落一棵干枯的芒果树下，有一座红土堆成的新坟，一个14个月大的女孩就葬在那里，她两天前死于疟疾。小女孩的父亲悲痛欲绝地描述道："她发高烧，不停地哭，吐胆汁，全身抽搐……"

PBS电视台的这部非洲纪录片讲述的是非洲有一种叫疟疾的病，每年都会杀死80多万个非洲孩子，算起来平均每三十秒钟就会有一个小孩因疟疾而死亡。凯瑟琳蜷缩在沙发上扳着指头数起数来，当她数到三十，眼里露出了惊恐的表情："妈妈，一个非洲孩子死了，我们必须做点什么！"

母亲琳达抚摸着女儿的头发要她不要着急，然后上网查找相关资料。她回答凯瑟琳说："蚊子会传染疟疾，有一种泡过杀虫剂的蚊帐可以保护小孩子们不被蚊虫叮咬！"凯瑟琳疑惑地问："那他们为什么不用蚊帐呢？"说到这里，琳达的脸色也突然严肃了起来："因为蚊帐太贵了，他们买不起！"

几天后，琳达突然接到了幼儿园老师的电话："恕我冒昧，最近您家里是不是有什么变故？凯瑟琳的餐费还没有交……"那天晚饭的时候，凯瑟琳的胃口前所未有地好，她吃光了所有的土豆泥和罗宋汤，还偷偷打包了一块牛排，琳达听见她神秘兮兮地对爸爸说："今天吃得饱，明天就不会饿……"琳达有些纳闷，如果凯瑟琳没有交餐费，那么她的钱哪儿了呢？第二天早上，凯瑟琳一边大嚼大咽，一边问琳达："妈妈，如果我不再吃零食，不再买芭比娃娃和故事书，能买一顶蚊帐吗？"这下子，琳达终于明白了凯瑟琳的心思！

那天放学后，琳达把女儿直接带到了超市，她花了十美金，亲自挑选了一个最大的蚊帐，足可以保护四个人。

蚊帐买到了，可是该把它送给谁呢？总不能打个包裹直接写上"非洲儿童收"吧？琳达打电话给查号台，询问服务小姐："请问有没有什么帮助非洲的机构的号码？"服务小姐给了她美国慈善总会的电话，通过这个电话，琳达咨询到，有一个叫"Nothing But Nets"(只要蚊帐协会)的组织专门负责为非洲筹集蚊帐！

凯瑟琳亲手把蚊帐送进了邮局，一周以后，一封来自纽约"只要蚊帐协会"总部的回信就送到了她手中，他们在信里亲切地对凯瑟琳说："你是我们组织年龄最小的捐赠者哦！捐赠蚊帐超过十顶，还可以获得捐赠证书……"

凯瑟琳回家后，并没有露出欣慰的笑容，她嘟着嘴半天不说话，盯着墙壁上的时钟好一会，突然沮丧地说："我们只捐了一顶蚊帐，虽然这个三十秒，没有孩子死去，可是下一个三十秒，还是有人会死！"

琳达的心被深深地触动了，在这个世界上，有很多人都不缺乏爱心，可是还是有那么多人得不到帮助，因为人们通常只有爱心，而缺乏行动。

可是，十顶蚊帐也足够他们一家人一周的生活费了，并且，一个人的力量是远远不够的，她突然灵光一闪，兴奋地对女儿说："为了十顶蚊帐，我们一起来募捐吧！"

"蚊帐大使"

说起募捐的方式，琳达首先想到的是义卖。于是，每个周末，琳达都会带着凯瑟琳到社区的跳蚤市场出售旧货和手工制品，她们在摊位上放着一个醒目的标牌："你买东西，我捐蚊帐！"没过几周，凯瑟琳的小脸就晒黑了，她眼珠滴溜溜地盯住过往人流，不厌其烦地跟每一个路人述说非洲疟疾的危害，但很多人都没有弄明白凯瑟琳的意图，只是象征性地购买一点便宜的杂物来安慰这个小女孩。看着闷闷不乐的凯瑟琳，妈妈琳达、爸爸安东尼、弟弟约瑟夫都掏出了自己的私房钱，可是凯瑟琳嫌钱太少。小小的她"野心"却是大大的。

要怎样才能发动全民一起来帮助非洲小朋友呢？凯瑟琳想：我捐钱给"只要蚊帐"协会，他们发证书给我，那别人捐钱给我，应该也得到证书啊！兴奋不已的凯瑟琳马上着手设计证书。她的家人也主动加入了设计证书小组。妈妈到超市采购纸张、胶水、蜡笔、颜料、印章和亮片，爸爸把一间储藏室打扫成工作间，而弟弟则帮她在一摞摞的礼物卡上画爱心和星星，然后歪歪扭扭地在每一张证书上写下："一顶蚊帐以您的名义买下了。"

证书非常受欢迎，人们只要捐赠购买一顶蚊帐的钱，就可以有一张证书。当凯瑟琳穿得像万圣节的小鬼那样推销"蚊帐证书"时，很多邻居都既感动又好奇地买下了一张。最重要的是，很多小朋友都踊跃地表达了对那些证书设计方面的意见，并加入到凯瑟琳的制作小组。每个小孩既是设计师，又是推销员，人们亲切地称街上的这些小推销员们为"凯瑟琳的队员"。

凯瑟琳终于筹齐了购买十顶蚊帐的钱，2006年8月，当她把一百美元汇出后，很快就收到了"蚊帐协会"特别定制的荣誉证书，证书上郑重地写道："感谢您的十顶蚊帐——致'蚊帐大使'凯瑟琳"。

当凯瑟琳小小的手掌捧起这张烫着金字的荣誉证书时，她快乐得脸颊发烫。证书中还有一封来自"只要蚊帐"协会乔治先生的信，他在信中说："亲爱的'蚊帐大使'凯瑟琳，很高兴地通知你，你的蚊帐将被送到非洲加纳斯蒂卡村庄，那里常年干旱，有550户人家……"

550户人家？凯瑟琳入神地盯着这个数字，马上想道：我总共只捐过11顶蚊帐，可是那里有550户人家，蚊帐怎么够分呢？一个孩子睡在蚊帐里，其他孩子怎么办？她郑重地对妈妈说："帮我告诉乔治叔叔，我会尽快帮加纳斯蒂卡村庄凑够蚊帐的！"

凯瑟琳的野心让琳达吃惊不小，不过她很快发现，愿意帮助凯瑟琳完成心愿的人可不止她一个。2006年圣诞节前夕，社区的牧师突然登门拜访，他真诚地说："我简直不敢相信凯瑟琳小小年纪，却有那样罕见的爱心和力量，我想让她去教堂讲演蚊帐募捐的故事！"

凯瑟琳很兴奋，但也很紧张，她担心自己的口才没那么好，不能把心里的意思表达出来，于是决定用舞台剧的形式来表现非洲的疟疾。凯瑟琳的家人、朋友和邻居都加入了进来。凯瑟琳把一堆用来装比萨饼的盒子做成非洲房子的模型，把床上用久了的蚊帐挂在上面，弟弟约瑟夫和邻居瑞德、玛莎姐弟俩则涂成大黑脸模仿非洲的孩子。

2006年圣诞节那天的弥撒结束后，他们拿着道具上台了。就在一群非洲小孩在台上优哉游哉嘻嘻哈哈的时候，妈妈琳达、爸爸安东尼还有教堂的牧师化装成扎着翅膀戴着夸张尖嘴的蚊子飞了上来。当凶恶的"蚊子"扑向无辜的孩子，他们尖叫着不知所措时，凯瑟琳勇敢地挺身而出，大叫："到蚊帐里来！蚊帐保护你们！"孩子们钻进蚊帐，凯瑟琳对他们关爱地说："现在你们安全了！""蚊子"渐渐散去，凯瑟琳用清晰的画外音说："在非洲，每三十秒钟就会咬死一个孩子，因为蚊子携带的疟疾病毒会要了他们的命。"

演出非常成功。短短的三分钟的表演，让所有人都明白了，蚊帐可以拯救非洲儿童的生命。人们纷纷掏钱捐款。有一个小男孩眼泪汪汪地说：我想救五个小孩，但是我的钱不够，你愿意一会儿到我家去取吗？

凯瑟琳天真、善良的表演感动了很多人。晚上，凯瑟琳对着募捐箱尖叫起来："妈妈！妈妈！我数不过来了！"年幼的凯瑟琳不会复杂的运算，也不太会数数，当琳达告诉她，仅仅一天她就收到了800多美元的捐款，她开心得快疯了。

从那以后，凯瑟琳经常被邀请去讲述蚊帐救人的故事，她不断强调："加纳斯蒂卡村庄有550户人家，他们需要550顶蚊帐……"

2007年3月28号，凯瑟琳6岁了，到目前为止，她已经募集了6316美元的善款！

掀起爱心狂潮

"只要蚊帐协会"的乔治被凯瑟琳的天真和博爱感动了，他把凯瑟琳的个人情况、募捐事迹和捐赠数量都放在了"只要蚊帐协会"的网站首页上。当大家看到一个年仅6岁的小女孩竟然有着这样超越年龄、超越地理阻隔、超越种族差异的同情心时，没有人不为之动容。

凯瑟琳的行为吸引了社会上很多人为此捐款，全世界都掀起了为非洲捐蚊帐的热潮。2007年4月的一天，电视上播出了一则有贝克汉姆参演的为非洲募捐蚊帐的公益广告，"他真棒！他应该受到表扬！"小小的凯瑟琳这样想。一个星期之后，贝克汉姆收到了一份奇特的手工礼品证书，里面然有介事地写着："感谢您为'蚊帐'事业做出的贡献，特颁此奖，以资证明。"贝克汉姆不仅珍藏起了这张比任何奖品都珍贵的"证书"，还把证书的图片放到了个人网站上。

2007年6月8日，是凯瑟琳最开心的一天，她收到了一封来自加纳的信！在信里，村里的孩子们说："谢谢你给我们的蚊帐！'只要蚊帐'的叔叔给我们看了你的照片，很美……"

这封信给了凯瑟琳极大的鼓舞，这个拥有惊人野心的"蚊帐大使"又有了新动作，她和好朋友们一起精心制作了上百张新的证书，准备给最新一期福布斯富豪排行榜上的每个人都寄一张，向他们募捐！凯瑟琳在一张证书上认真地写道："亲爱的比尔·盖茨先生：没有蚊帐，非洲的小孩会因为疟疾死掉，他们需要钱，可是钱在您那里……"

2007年11月5日，电视里播放了一条新闻："比尔与梅琳达、盖茨基金会"为"只要蚊帐"组织捐献了300万美元！第二天，琳达接到了"只要蚊帐"组织乔治的电话，他激动地对琳达说："比尔·盖茨基金会的人说，他们通过一张证书联系到了我们，那上面好像说给非洲孩子买蚊帐的钱都在盖茨那里，他们想不拿出来也不行……"乔治和琳达都哈哈大笑起来，笑着笑着，琳达的眼角流出了泪水，她紧紧地抱起自己最美丽的女儿凯瑟琳，爱抚着凯瑟琳柔顺的棕色卷发，她感受到孩子天使般的心就在自己胸前跳动，感觉到这个孩子柔嫩的小手能抚平世界的一切创伤。

到2008年，凯瑟琳已经募集到了超过3万美元的善款，她捐献的蚊帐遍布非洲。此时此刻，凯瑟琳有了一个最朴实也最真挚的愿望——去非洲看看！她想亲眼看到自己捐献的蚊帐捍卫孩子们的健康。可是非洲遥远、贫穷、危险，要去那里谈何容易！首先机票就是一大笔开销。为了帮助凯瑟琳圆梦，很多朋友都提出要凑钱送机票给她们母女，可是凯瑟琳却嘟着嘴说："如果有那么多的旅费，我倒愿意把它换成蚊帐。"2008年6月的一天，乔治突然打来了电话，他早就知道凯瑟琳的心思，经过组织的周密安排，这次他终于正式向这个小姑娘发出邀请，请她去非洲参加一部公益纪录片的拍摄，名字是《孩子救了孩子》。

2008年7月，凯瑟琳终于踏上了非洲的土地。去加纳斯蒂卡村的路是那样遥远而坎坷不平，凯瑟琳吐了好几次，一张小脸时而转白时而转红。不知道过了多久，车速渐渐慢了，在滚滚的烟尘中，先有一群孩子激动地迎到了车前，然后大人们的身影也慢慢浮现出来。车子终于停下了，志愿者们开始分发药物并且给孩子们注射预防针。凯瑟琳和几个又黑又瘦的非洲孩子一起把蚊帐挂在孩子们破旧的床上，然后又和这群叽叽喳喳的同龄人兴奋地在蚊帐里钻来钻去。就在这时，一个稍大的孩子在蚊帐的一头卖力地写起字来。

蚊帐上醒目的红色笔迹正是"凯瑟琳"！几个字符代表着这几个非洲孩子对凯瑟琳的全部认识。从今天起，凯瑟琳的名字就会和蚊帐一样，守护他们度过每一个蚊子横行的夜晚！"这是凯瑟琳的蚊帐！"几个非洲孩子手舞足蹈地对着镜头用土语喊着。这时乔治笑着说："以后，我们就把这个村子叫作'凯瑟琳蚊帐村'！"

截至2008年7月，凯瑟琳已经筹够了6万美元，可以买6000顶蚊帐——足够拯救近2万人。现在，凯瑟琳已经是小学一年级的学生了，她常常出现在学校的礼堂中，告诉自己的同龄人："疟疾是可以预防的儿童大屠杀，我们可以让它不再发生！"她会让全场的孩子一起从1数到30，她会对你说："瞧，由于你的努力，这三十秒，无人丧生！"没有人相信一个小女孩竟用一个平常人的力量改变了残酷的现实。事实证明，有爱心，有行动，人人都能成为拯救生命的英雄。①

① 皮皮.孩子救了孩子［J］.读者（出自《知音·海外版》2009年第1期），2009（6）：18-20.

之所以选择详细地描述一个孩子的故事，是因为这个故事中和谐地容纳了现代的儿童观念和社会建构论儿童观念。从中我们看到了儿童的天真、不成熟、依赖、需要帮助，理解成人是儿童社会化过程中的支持者、帮助者；同时也看到了儿童是积极融入社会生活的主体，儿童自主地建构着自己的生活、自己与他人的生活，儿童的生活是严肃的、认真的。在这个案例中，儿童作为社会行动者的积极性和主动性以及能力的局限都得到了恰当地呈现，体现了现代的童年观念与后现代的凸现儿童能力和行动权利的社会建构理念的和谐共存。

第三节　回归童年的本质

217

人类历史以来，在不同的时代、不同的认识方式中产生了不同的儿童观，同时也积累了关于儿童和童年的普遍性认识。而五十余年来，关于童年的普遍性认识受到了批判。本研究考察了五十余年来后现代语境中童年观念的社会建构：从阿利埃斯开始的西方社会建构范式的童年研究将对童年的理解放置在具体的时空背景下进行考察，呈现了受社会文化因素影响而存在的多样化的童年生活。由于其选择了批判发展范式的立场以及坚持社会文化的视角，无法避免地陷入了自然与文化、事实与价值两分的认识论困境。而社会建构童年研究范式要走出困境，必须回到它所批判的基本问题，即关于本质和童年的本质这一问题，进一步追问：童年有没有其本质特点？什么是童年的本质？怎样建构童年的本质？在讨论和对话中建构童年研究的基本问题和方向。而要思考童年的本质，首先需要理解什么是事物的本质？

一、本质

本质是指事物本身所固有的根本的属性，是某类事物区别于其他事物的基本特质。本质与现象（普遍性与特殊性）这一问题是哲学史上的基本问题。什么是本质？人类为什么要追问事物的本质？可以说对事物本质的探讨不仅仅是本体论、认识论问题，也事关人类的生存问题。

关于"本质"（共相、同一性、普遍性、一般）这一问题，从柏拉图最早提出"理念"说以来，存在着不同的争论。柏拉图认为现实的具体事物都是流变无常的，只有理念才是真实的。亚里士多德修正了这一观点，认为经验中的具体事物才是真实的，理念是人理智抽象的产物，理念离不开具体的事物而独立存在。可见，亚里士多德认为事物的普遍本质是人的理智从具体的事物中概括出来的，这就意味着事物的普遍性"本质"是无法离开特殊的个体而存在的。"'本质'最早在亚里士多德的用语中就包含有两重含义：一是指'普通的东西'（'共相'），一是指'个体的东西'（'这个'）。西方哲学史上长期占统治地位的思想片面地认为，'本质'就是指'普通的东西'。但实际上，'普通的东西'并不能涵盖亚里士多德对'本质'的界定和表述：本质是使一事物'恰恰地是这个事物'的东西。'本质'的深层含义应是'个体性'。"①柏拉图与亚里士多德开启了西方两千年来持续的争论，源自亚里士多德的"普遍寓于特殊"是我们熟知的普通哲学教材中的本质观。中世纪后期，关于"本质"的实在论观点已逐渐让位于"普遍依赖于特殊"的唯名论。从17世纪开始，由于自然科学的发展，经验实证成为备受推崇的认识方式，于是在哲学领域人们也愈来愈重视特殊性。黑格尔为了反对传统形而上学，在其《精神现象学》中，强调"具体的普遍"，黑格尔凸显了亚里士多德的观点，并且将

---

① 张世英．"本质"的双重含义：自然科学与人文科学——黑格尔、狄尔泰、胡塞尔之间的一点链接[J]．北京大学学报（哲学社会科学版），2007（6）：23-29．

"普遍寓于特殊"放置在人认识的历史过程中来考察，尽管他最终又回到了超验的理念王国。在黑格尔之后，20世纪西方现当代哲学的共同特点是反对将本质视为独立于人的、超验的存在，事物的抽象的本质下降到了时空中的具体事物之中。这是不是就意味着事物的抽象本质不存在，因而不需要追问事物的本质呢？

的确，在具有时间性的现实世界之中，没有绝对相同的事物，人类整理周遭世界时对事物进行类别的划分，建构了关于世界的概念体系，它们是人类理智的创造物，"但它们又都不是凭空捏造出来的，它们是千万年来生活在唯一的一个共同体中的人们，在实际生活体验或生活实践（包括尚无自我意识的、不分主客的原始体验）的基础上，所做的一种理想的设定。它们没有像柏拉图的理念那样是一种离开人而独立存在的实体性和客观性，但它们是有意义的。有意义不等于说有实体性的独立存在。"① 也就是说，普遍性的概念或者说事物的本质，是人类以具体的事物为基础而创造出来的概念，是一种理想的设定。既是理想，又具有现实性的意义。"我们指着某个方的东西或圆的东西说它是方的、是圆的，这里的'是方的''是圆的'之所以具有现实性意义，是因为有一个被设定的绝对同一的方或绝对同一的圆作为衡量的理想标准，有此理想标准，然后我们才说这是方的，那是圆的。所谓一般寓于个别之中，共相寓于殊相之中的'寓于'，实际上是指理想设定的同一性（共相、一般）与现实中个别性、殊相在直观中的融合。由于关于事物的本质认识是人们在实际生活过程中创造出来的，所以，'本质'是一个与人类历史文化俱进的发展过程"。② 这一认识也是黑格尔《精神现象学》中要说明的核心问题。哲学家张世英举

219

---

① 张世英. 相同·相似·相通——关于"共相"的本体论地位问题新论 [J]. 北京大学学报（哲学社会科学版），2004（3）：47-53.

② 张世英. "本质"是一个与人类历史文化俱进的发展过程——黑格尔《精神现象学》的启示 [J]. 江苏社会科学，2007（5）：1-3.

了一个例子，深入浅出地说明了本质变化地显现的道理：说"孔庙是一座建筑群"，或者说"孔庙是庙"，这都算不得是指明了孔庙的"本质"，"建筑群""庙"都不过是孔庙之"绝对本质"自我显现过程中"消失着的环节"，亦即过渡性的本质。只有当我们说"孔庙是中华儒家传统文化的结晶"（姑且这么说）时，也许就算达到或接近孔庙的"绝对本质"了。实际上，无论是人类历史以来关于周遭世界的认识，还是个体的认识发展过程，都说明关于事物的认识是一个发展变化的过程。同一类事物虽然是彼此不同的个体但是具有共同的本质，每个个体距离"类本质"的理想设定的距离有所不同，甚至会远离"类本质"而逸出此类进入彼类。

西方现当代哲学中关于"本质"的探讨主要是批判将抽象理念视为离开人而独立存在的客观实体，整个20世纪的哲学基本上都是反本质主义、反传统形而上学的。后现代思潮无疑是最为激进的思想潮流，其目的在于将人类历史以来通过理性整理的概念框架进行彻底解构，放弃对本质的追求。于是，关注人类直接经验，关注个别性的事实成为主要的思想方式。受后现代思潮的影响，人文社会科学中的一些研究者不仅放弃了对普遍性的追求，甚至放弃了哲学思维方式。于是，关于具体事物的细节研究产生了大量的认识成果。然而，很快，人们发现了这种思维方式的问题。在历史研究中，批判者发现："由于集中在细节上，今天的讨论很容易失去精确性。我们往往不仅未能把一棵棵树木看成森林，而且由于过分关注树皮而未看到这些树木本身，甚至由于担心树上的那些斑点而连树皮本身都未看清楚。"① 哲学领域在反思后现代思潮解构传统框架之后的情形时发现，"在今天，没有任何整体的片段、没有同一性的多样性、没有任何持久真实在场的多重缺席似乎要把我们淹没。我们除了拼凑起来的东西之外没有别的，我们甚至认为，可以把我们周围的零星片段拼装起来，凑成

---

① 迈克尔·奥克肖特，卢克·奥沙利文. 历史是什么 [M]. 王加丰，周旭东，译. 上海：上海财经大学出版社，2009：37.

便利而愉悦但却流变不居的同一性，以此随意杜撰自己。我们拼凑零碎来支持我们的颓废"①。所幸人类的认识活动是一个辩证运动的过程，"当今哲学已经完成从本体论、认识论，到反形而上学的否定之否定过程，再次回到本体论的研究上来。只是这种回复已不是简单的重复，而是在认识论、方法论、逻辑学、语言哲学、解释学、结构主义、人本主义哲学和各门自然科学基础上的综合性研究"②。李泽厚在展望21世纪的哲学发展趋势时认为，"21世纪是否定之否定的世纪，古典主义、人文主义可能还要复兴"③。

人类为什么不会放弃对普遍性的追求？或者说为什么要追问事物的本质？这也许需要从人类的存在说起。人类在其漫长的生存活动中对自己所置身于其中的世界通过建立概念体系的形式，划分事物的类别和范畴，建构出了秩序的框架。人类有着一种最深层的希望和冲动，那就是试图找到一种和谐统一的秩序、框架和模式，在其中，"过去、现在和未来，现实的、可能的与未来实现的，都被对称地安排在和谐的秩序中"④。一旦获得这种永恒的、与历史无关的秩序、框架和模式，人们就可以完全免除知识、价值上的冲突、纷扰和苦恼，避开任何怀疑和动摇，从而获得彻底的"解放"和"自由"。⑤ 也就是说，人类希望免除生存中的不确定性，希望在稳定的认识框架中获得安全感，免除被杂多的世界所侵扰而造成认识上的不平衡和焦虑，在精神上获得自由和解放。由此看来，人类形而上学思维方式"已经超越了作为一种思想理论体系的意义，而呈现为一种特殊的'生命现象'。作为'生命现象'的形而上学，乃是形而上学最深层、最核心的方面，也就是说，形而上学最初的动机乃是要'肯定生命'，它

221

---

① 罗伯特·所克拉夫斯基. 现象学导论［M］. 高秉江，等译. 武汉：武汉大学出版社，2009，4.

② 张之沧. 当代实在论与反实在论之争［M］. 南京：南京师范大学出版社，2001，13-14.

③ 刘再复，李泽厚. 二十一世纪的哲学展望——对谈录［J］. 读书，2010（1）：60-67.

④ 贺来. 边界意识和人的解放［M］. 上海：上海人民出版社，2007，13.

⑤ 贺来. 边界意识和人的解放［M］. 上海：上海人民出版社，2007，13-14.

要发现一种比现存的有限生命更加丰满、更加完善的生命，要展示一种摆脱童稚状态、从未成年状态中启蒙的真正成熟的生命状态"①。贺来认为，形而上学长期在哲学史上占据统治地位，并在历史的演化中积淀成为一种根深蒂固的思维方式。"这绝不是偶然的，而是与人的生命存在有着一种极为深刻的内在关联。形而上学的产生和延续，所表达的是人们对自身'成熟状态'的一种憧憬和追求，在形而上学的终极实体中，所体现的是人对自身'成熟状态'的自我意识。"② 其实，我认为对这一问题还可以从生命与生境的关系角度来看待，形而上学也是人类把握周遭世界关系的一种方式，人类漫长的生存史也是人类不断遭遇问题的历史，在各种变化无常的生存情境中对秩序和确定性的建构和追求是生存的需要。一切抽象的东西不是为了让人脱离实践的、感知的世界，而是为了不在变化万端的世界面前陷入茫然和混乱，是为了对世界的存在和运转提出解释，为了给人的实践提供指示。当然，人类的认识活动不仅仅停留在生存适应层面，人类的认识活动还与人类精神创造需求密切相关，即满足好奇、探究需要，超越当下的认识，不断走向新的认识，或者说比较"成熟"的认识。尽管人类的智慧是有限的，正所谓"人类一思考，上帝就要发笑"，但是人类不断运用自己的智慧去思考、探究是生命的内在本性。贺来对形而上学做了两种区分：一种是作为思想和理论体系的形而上学，另一种是作为"生命现象"的形而上学。前者是以超验的"存在"为研究对象的一种专门的学问，是哲学史上哲学家们最钟情的领域。而作为"生命现象"的形而上学，则是一种表达着人们渴求超越"未成年"的幼稚状态，憧憬和追求自身"成熟状态"或"理想生命"的一种强烈的生命意志和生存意向，代表着一种不满足与有限的、不完美的生命存在状态而追求无限的、完善

---

① 贺来.边界意识和人的解放［M］.上海：上海人民出版社，2007，41.
② 贺来.边界意识和人的解放［M］.上海：上海人民出版社，2007，41.

的生命存在状态的心理定式和生命冲动。① 这两者既有着不可分割的内在联系，但同时又可以相对地区分开来。"作为生命现象的形而上学是比作为理论体系的形而上学更为深层的隐形逻辑。"② 形而下者谓之器，形而上者谓之道。"从'生命现象'来理解'形而上学'，这个道不是别的，就是对人的自为本性、对人的超越性、对人所憧憬的'理想生命'状态的关怀和求索。人生活在一个有形的世界，但有形就意味着'被给定'，而'被给定'则意味着'边界'，意味着'限制'，意味着'有限性'。"③ 人类对"形而上"的追求就是为了超越现实的限制。实际上，20世纪西方反传统形而上学的哲学依然是形而上学，是谓"颠倒了的形而上学依然是形而上学"。人类理性不会放弃对普遍性的追求。特别是哲学，作为人类把握世界的一种重要的方式，哲学关心共同的、基本的问题，对人类的生存实践起着至关重要的影响。贺来在对形而上学进行分析之后，也对从形而上学领域中延伸出来的形而上学的思维方式进行了批判分析。形而上学有力地促进了人类文明的进程，但是，如果将形而上学变成一种绝对的思维方式和解释原则，成为一种无边界、无条件的规定"人的成熟状态"的固有范式，就会成为一种否定人的现实生命的虚无性力量。④

223

二、童年的本质

什么是童年的本质？在思考童年的本质之前，需要进一步明确关于人的本质与关于自然界其他事物的本质的不同之处。柏拉图关于本质的理解对于认识人的本质来说是有缺陷的，其直接后果是：将个体作为单纯的时间性显现下降到非本质之中。"基督教提出了一种新的观点：即对于人，并且只对于人而言，不仅仅是人类属性自身的普全本质来自于持久的

① 贺来.边界意识和人的解放 [M].上海：上海人民出版社，2007，42.
② 贺来.边界意识和人的解放 [M].上海：上海人民出版社，2007，43.
③ 贺来.边界意识和人的解放 [M].上海：上海人民出版社，2007，42.
④ 贺来.边界意识和人的解放 [M].上海：上海人民出版社，2007，67.

机制，个体的显现也同样来自于它，并与一切客观实体一样，参与了永恒。……基督教中世纪以这种形式接受了古代的本质概念，并且通过它的有效范围也扩充到存在的个体而加深了这个概念，这种加深和扩展对于欧洲思想史具有重要的意义。由此，个体成为欧洲文化一个最内在的关注对象并且最终直接成为'人的尊严/人道'的承担者。"① 张世英通过对西方一些相关思想观点的分析和文化现实的考察，得出结论：自然科学与人文科学对待事物的两种态度之间的区别在于：前者重普遍性规律的追求，后者重个体性的人生价值意义的追求。从自然物到文化物是一个由以普遍性为本质到以个体性为本质的转化过程。② 在以上关于人的本质的理解中，强调对人生价值和意义进行理想设定，人的本质是一种价值规范形式，是人价值理性的创造物。

对人生进行价值设定的价值依据是生命本身，而人的生命又是自然生命和精神生命的同一。因此设定人的本质必须考虑人的自然生命、精神生命以及二者之间的关系。精神生命是自然生命的派生物，因此自然生命在价值序列中占据基础地位。只有深入探讨人类自然生命的机制，才能建构精神生命的价值序列。狄尔泰说："心灵的事实是自然事实的上限,而自然事实必然地是精神生活的基本条件。"③ 所谓对自然生命的理想设定，就是无限趋近地探究人的自然生命的普遍规律；所谓对精神生命的理想设定，就是无限趋近地接近人类的价值理想。当然，自然生命的基础性是就个体（包括类）的存在而言的，个体精神生命还具有个体性的生命价值和意义的追求；同时个体的精神生命是在遗传条件和文化关系中生成的，其本质上属于"类生命"的具体样态，人的精神生命的价值除了体现个体的

---

① 罗姆巴赫.作为生活世界的结构［M］.王俊，译.上海：上海书店出版社，2009，3.

② 张世英."本质"的双重含义：自然科学与人文科学——黑格尔、狄尔泰、胡塞尔之间的一点链接［J］.北京大学学报（哲学社会科学版），2007（6）：23-29.

③ 张世英."本质"的双重含义：自然科学与人文科学——黑格尔、狄尔泰、胡塞尔之间的一点链接［J］.北京大学学报(哲学社会科学版)，2007（6）：23-29.

价值之外，还必须将个体价值融入人类的生活理想之中。这样一来，人的本质就是对人（类）生活的理想设定，是人（类）生活的价值规范形式。这些认识不能简单地从现实中总结出来，"因为现实只能证实一种规范性的观念或原则是否有效，而无法证明它是否正当，现实总是存在着关于某种价值实践的正反实例……理性的真理是通过哲学的思想的论辩而显现的，也就是在哲学的一致性的辩理中有道理的。"① 由此推及童年的本质，就是基于人类儿童生命而做出的理想设定，是儿童生活的价值规范形式，它基于儿童生命的本体，呈现发育阶段儿童的基本特性（正在发展中的、纯真的、主动的、需要保护的），并基于这些基本特性思考怎样的童年是符合儿童成长规律的好的童年，以突破儿童现实生活的局限，追求理想的童年生活。人类历史以来已经形成了关于童年本质的基本认识，这些认识可以为人类儿童养育实践提供价值规范和指引，面对的是我们生活实践中的应然的价值问题。

David Kennedy在《童年哲学：从文艺复兴到后现代儿童概念的变化》②一书中指出，既然儿童处于人类生活周期中变化最大的阶段，儿童就成为运用分析方法思考人的研究对象。童年哲学应当思考童年的基本问题：一个孩子意味着什么？儿童与成人之间有着怎样的不同？在什么样的范围内童年是我们所谓的历史和文化的建构？成人运用于儿童的解释性建构有着怎样的潜在的基础性假设？童年的建构对于成人的自我理解、文化的历史和思想有什么样的功能？儿童和成人认识世界的方式有着什么样的相同和不同？Kennedy的这些思考正是关于童年本质探索的基本问题，对童年本质的探索是人类自我理解的重要方式。还需要强调的是，要回答以上这些关于童年本质的基本问题，必须从考察人类的进化与儿童的自然发

---

① 金生鈜. 教育哲学的内在精神［J］. 教育研究与实验，2010（4）：27−31.

② David Kennedy. *Changing Conceptions of the Child from the Renaissance to Post-Modernity: A Philosophy of Childhood*. Lewiston: The Mellen Press, 2006.

育、文化的种系发生与个体发生入手，在进化与发育的连续性进程中，思考儿童的自然发育与文化的个体发生以及童年精神生活特性等问题，进而追问人类儿童应然的生活方式，建构关于童年的规范性认识。这是人类永恒的理智任务。

结　语
童年研究的多学科视野

本书考察了西方社会建构童年研究范式的思想背景、话语立场以及表达方式，并从历史、媒介文化与社会三种途径考察了新童年研究范式的发展历程，呈现了每一种路径的辩证发展的过程，从抛弃童年的本质到回归童年的本质，实际上就是回归生命本体。当然，回归并不是简单的重复，而是在扩充了童年的概念空间后，走向自然与文化、事实与价值的统一。

因此，童年研究不是哪一种思维方式可以独立承担的任务。从历史的经验和当前童年研究的实际状况来看，对童年的认识是多学科的、不同思维方式、不同认识视角共同参与建构的过程。现在回过头来看，社会建构童年研究范式为了区别于传统的童年研究而将其定义为自然本体的发展范式，并将自己命名为社会建构范式，这种划分类别的方式只是为了当时范式确立时的话语需要。我认为，在多学科童年研究背景下，这种两分的范式类别已经成了过去时。因为童年研究是一个复杂的系统工程，是由不同层次、不同视角共同建构的认识图景，这种范式划分的方法简化了童年研究的复杂性和不同研究视角之间的有机联系，归根结底，是割裂了生命的整体性。

儿童是生活在社会文化环境中的复杂的生命系统。对童年本质的认识是童年研究的原点。童年的本质是基于儿童生命所做的理想设定，是童年生活的价值规范形式，认识童年的本质是童年哲学的根本任务。但是，童年哲学是一个系统工程，哲学思考离不开其他学科关于童年的认识贡献，童年哲学统摄其他学科关于童年的认识，对其认识材料进行理性思辨。如果没有哲学思维的统摄，无法思考不同学科认识之间的关系，无法建构统一的解释框架。正如黑格尔所言：不认真地对待哲学研究，无异于投身于大海，思想的波涛把你漂来漂去，到头来你还得落脚在日常利害关系的沙滩上。

人类历史以来，对童年的认识最初主要是以人文理解的方式完成的。最初对儿童与童年的认识主要见于哲学思想之中，而后这些哲学认识逐渐表达到宗教信念之中。《圣经·新约》开启了儿童与童年观念建构的应然方式，之后在卢梭的思想和浪漫主义思潮中得以彰显。对儿童与童年观念的应然建构是一种基于儿童发展、基于生命信念而形成的儿童"意象"，儿童是天真的，童年应该是无忧无虑的、欢乐的、自由的、游戏的、需要教育的。这些认识直觉地提出儿童应该度过怎样的童年，给成人指出了养育儿童的方向。它不是浪漫的空想，而是指向现实的规范。无论是自然观察、经验感悟、哲学思辨、宗教信念还是审美体验的认识方式，实际上是用生命体验或者基于生命体验的理性思辨展开论述的，而且这一任务都是由成人来承担的，的确儿童无法完成这一反思性的理智创造任务。但是，成人建构童年的本质并不一定是一件体现成人话语霸权的坏事。相反，人类历史以来对童年的研究建构了一种人类童年精神现象和童年文化生态。成人对童年的回溯性想象是人类重要的自我认识方式，童年也成为一种人类的情感符号或情感意象，成为人类的精神财富。需要特别强调的是，在成人对童年的想象中，儿童是在场的，是当下的成人在替其内心的"儿童"讲话，是将人在童年时期无法用语言表达的丰富的精神体验借助于掌握了语言和理性表达能力的成人表达出来。正如威廉·华兹华斯对诗歌所做的一个非常著名的定义：诗是"在宁静之中回忆起的情感"。毕竟，情感体验是无言的，因此，诗人的艺术就是去寻找再度拜访那种体验的言说方式，进而让这种言说方式"凝结"起来，这样它就会变成永恒。同样，成人对童年的想象中离不开再度拜访自己的童年，并通过语言将其变为永恒。即便是将儿童作为认识的对象，儿童必然也参与到了相应的认识成果之中，成人对儿童的研究也是基本的人类交往活动，无法离开相互理解的交往方式。当然，能够让儿童也参与到认识自己、表达自己生活的过程之中，可以使得成人与儿童之间的交往和相互理解更为密切。总之，关于童年本质的认识实际上是基于人的生活信念建构起来的，这种信念不是凭空产生的，它的深层根源来自生命本体的体验，这也决定了人文理解在儿童研究中的重要地位。因为，认识儿童的过程实际上是生命的自我理解过程，也许人类研究儿童的可能性首先不是外在的科技手段，而是人类生命本身，是生命本身的同感和同情。这并不是回归神秘主义，而是精神科学的基本路径。因为真正的关于人的科学应当"回到生命本身"。每一个人都经历过童年，研究者可以从自己的童年生活的原初体验出发，对儿童进行哲学的思考。儿童和童年研究就是以生命体验为依托的自我认识，其价值判断的尺度之一就是生命本身。如果放弃人类生命的自我体验和表达的方式去思索人、思索儿童，无疑放弃了人类自我认识的基本路径。生命的自我认识一定无法脱离生命本身的价值体系，因此，必然离不开价值设定和意义探寻，以及理想性的表达，这就是为什么人的本质是一种价值规范形式的原因。

229

除了基于生命的人文理解来认识童年之外，从19世纪开始科学心理学、生物学中关于遗传与发育的研究等，开辟了人类自我探究、"回到生命本身"的科学路径。到20世纪70年代以来，童年研究成为一个巨大的多学科事业，成为哲学、生物学（特别是发育生物学、分子生物学和神经生物学）、心理学、神学、人类学、儿科学、脑科学、教育学、社会学、精神病学、文学、艺术、史学、法学等等学科领域共同的话题，研究方法多元，研究成果呈指数增长，不同学科视角的交叉和融通共同建构着童年研究的新图景。同时，任何一种认识都只是从某一视角或层面的理解，适应于特定的解释范围，如果超出自己的解释边界，就不具有解释力。从人类认识活动的基本程序来看，从事物本身出发，即从儿童的生命本体出发研究儿童，向其生存环境延伸，对儿童生命本体的探索是儿童与童年研究的"深层语法"，这是童年研究的第一原则；由于儿童生命本体是自然与文化的统一体，这就延伸出了童年研究的第二原则，即秉持发生学的立场，顺着生命发生的自然进程，辩证地理解自然和文化的发展关系。童年的本质是童年生活的价值规范形式，其价值依据是生命本身，是自然生命和精神生命的同一。只有坚持童年研究的基本原则，在多学科视野中不断追问童年的基本问题：在什么意义上童年拥有永恒不变的本质？它的依据是什么？童年经历中共同的特征是什么？究竟什么样的童年才是好的童年？作为生理现象的童年、精神现象的童年、社会现象的童年各自有着怎样的概念空间？它们之间又有着怎样的关系？我们如何以童年生命体验来面对纷繁变换的儿童生活事实？应当为儿童创设怎样的生活空间让他们度过幸福的童年……要回答诸多复杂的问题，只有坚持在多学科视角的协同探究中，童年的复杂性才能不断地被呈现出来，童年的本质才会在理性的辩论中显现其理性真理的魅力和实践影响力。而人类关于儿童与童年的研究不仅仅在于满足自我理解的好奇心，更饱含着深切的伦理诉求：了解儿童，善待儿童。

拥有幸福的童年，是人类的理想；拥有幸福的童年，是人类面向未来的承诺。

参考文献

中文文献

著作类

［1］ G.H. 埃尔德. 大萧条时期的孩子们［M］. 田禾，马春华，译. 南京：译林出版社，2002.

［2］ John Cleverley, D.C. Phillips. 西方社会对儿童期的洞见——从洛克到史巴克具有影响力的模式［M］. 陈正乾，译. 台北：文景书局有限公司，2006.

［3］ Michael Wyness. 童年与社会：儿童社会学导论［M］. 王瑞贤，张盈堃，王慧兰，译. 台北：心理出版社股份有限公司，2009.

［4］ Randall Curren. 教育哲学指南［M］. 彭正梅，等译. 上海：华东师范大学出版社，2011.

［5］ Rice, F.Philip. 人类发展学［M］. 谢佳容，等译. 台北：五南图书出版社，2005.

［6］ 安妮特·拉鲁. 不平等的童年［M］. 张旭，译. 北京：北京大学出版社，2010.

［7］ 安维复. 社会建构主义的"更多转向"［M］. 北京：中国社会科学出版社，2008.

［8］ 陈鼓应. 老子今注今译［M］. 北京：商务印书馆，2006.

［9］ 大卫·布鲁尔. 知识和社会意象［M］. 艾彦，译. 北京：东方出版社，2001.

［10］ 大卫·帕金翰.童年之死——在电子媒体时代成长的儿童［M］.张建中，译. 北京：华夏出版社，2005.

［11］ 戴维·波普诺. 社会学［M］. 李强，译. 北京：中国人民大学出版社，2007.

［12］ 恩斯特·迈尔. 很长的论点——达尔文与现代进化思想的产生［M］.田洺，译. 上海：上海科学技术出版社，2003.

［13］ 方卫平. 中国儿童文化（第五辑）［M］. 杭州：浙江少年儿童出版社，2009.

［14］ 菲力浦·阿利埃斯. 儿童的世纪［M］. 沈坚，朱晓罕，译. 北京：北京大学出版社，2013.

［15］ 菲利浦·阿利埃斯，乔治·杜比. 私人生活史［M］. 洪庆明，译. 哈尔滨：北方文艺出版社，2009.

［16］ 丰子恺.丰子恺静观尘世［M］.武汉：长江文艺出版社，2012.

［17］ 弗朗索瓦兹·多尔多. 儿童的利益［M］. 王文新，译. 上海：上海社会科学院出版社，2009.

［18］ 福森奈格. 圣经故事［M］. 焦庸监，译. 北京：中国青年出版社，2004.

［19］ 古留加. 黑格尔小传［M］. 卞伊始，桑植，译. 北京：商务印书馆，1978.

［20］ 何兆武，陈能. 当代西方史学理论［M］. 上海：上海社会科学院出版社，2003.

［21］ 贺来. 边界意识和人的解放［M］. 上海：上海人民出版社，2007.

［22］ 简明不列颠百科全书［M］. 北京：中国大百科全书出版社，1985.

［23］ 科恩. 自我论［M］. 佟景韩，译. 北京：三联书店，1986.

［24］ 李贽. 焚书 续焚书［M］.张建业，译注. 北京：中华书局，2011.

［25］ 理查德·M. 勒纳. 人类发展的概念与理论［M］. 张文新，译. 北京：北京大学出版社，2011.

［26］ 理查德·罗宾斯. 资本主义文化与全球问题［M］. 姚伟，译. 北京：中国人民大学出版社，2010.

［27］ 卢梭. 爱弥儿（上）［M］. 李平沤，译. 北京：商务印书馆，1996.

［28］ 罗伯特·所克拉夫斯基. 现象学导论［M］. 高秉江，等译. 武汉：武汉大学出版社，2009.

［29］ 罗姆巴赫. 作为生活世界的结构［M］. 王俊，译. 上海：上海书店出版社，2009.

［30］ 马克思·韦伯. 社会科学方法论［M］. 李秋零，田薇，译. 北京：中国人民大学出版社，2009.

［31］ 马歇尔·麦克卢汉. 理解媒介［M］. 何道宽，译. 南京：译林出版社，2011.

［32］ 迈克尔·奥克肖特，卢克·奥沙利文. 历史是什么［M］. 王加丰，周旭东，译. 上海：上海财经大学出版社，2009.

［33］ 孟子. 孟子·离娄章句下［M］.方勇，译注. 北京：中华书局，2010.

［34］ 纳尔逊·古德曼. 构造世界的多种方式［M］. 姬志创，译. 上海：译文出版社，2008.

［35］ 尼采·查拉斯图拉. 如是说［M］. 尹溟，译. 北京：文化艺术出版社，1987.

［36］ 尼采. 权力意志［M］. 张念东，等译. 北京：商务印书馆，1991.

［37］ 尼尔·波兹曼. 童年的消逝［M］. 吴燕莛，译. 桂林：广西师范大学出版社，2004.

［38］ 让-皮埃尔·内罗杜. 古罗马的儿童［M］.张鸿，向征，译. 桂林：广西师范大学出版社，2005.

［39］ 史蒂文·赛德曼. 有争议的知识——后现代时代的社会理论［M］. 刘北成，译. 北京：中国人民大学出版社，2002.

［40］ 王畿. 王龙溪先生全集（卷三）书累语简端录［M］. 清道光二年刻本影印，台北：华文书局股份有限公司印行，1970.

［41］ 王勇民. 儿童权利保护的国际法研究［M］. 北京：法律出版社，2010.

［42］ 维维安娜·泽利泽. 给无价的孩子定价——变迁中的儿童社会价值［M］. 王水雄，宋静，林虹，译. 上海：上海人民出版社，2008.

［43］ 魏敦友. 回返理性之源——胡塞尔现象学对实体主义的超越及其意义研究［M］. 武汉：武汉大学出版社，2005.

［44］ 谢立中. 走向多元话语分析：后现代思潮的社会学意涵［M］. 北京：中国人民大学出版社，2009.

［45］ 熊秉真. 安恙：中国近世儿童的疾病与健康［M］. 台北：联经出版事业公司，1999.

［46］ 熊秉真. 童年忆往：中国孩子的历史［M］. 台北：麦田出版股份有限公司，2000.

［47］ 熊秉真. 幼幼：传统中国的襁褓之道［M］. 台北：联经出版事业公司，1995.

［48］ 特里·伊格尔顿. 后现代主义的幻象［M］. 华明，译. 北京：商务印书馆，2002.

［49］ 张之沧. 当代实在论与反实在论之争［M］. 南京：南京师范大学出版社，2001.

［50］ 张之沧. 后现代理念与社会［M］. 南京：南京师范大学出版社，2005.

［51］ 周作人. 周作人自编集：泽泻集过去的生命［M］. 止庵校订，北京：北京十月文艺出版社，2011.

论文类

［1］ 安维复, 梁立新.究竟什么是"社会建构"—— 伊恩·哈金论社会建构主义［J］.吉林大学社会科学学报，2008（6）：74-78.

［2］ 安维复.科学知识观的社会建构［J］.华东师范大学学报(哲学社会科学版)，2010(4)：16-20.

［3］ 安维复.库克拉论社会建构主义［J］.自然辩证法通讯，2003(6)：43-47.

［4］ 安维复.社会建构主义评介［J］.教学研究，2003(4)：63-67.

［5］ 布赖恩·麦克黑尔.后现代主义曾为何物［J］.胡全生，译.上海交通大学学报（哲学社会科学版），2009(1)：78-88.

［6］ 陈嘉映.谈谈维特根斯坦的"哲学语法"［J］.世界哲学，2011(3)：5-24.

［7］ 方明生.从《儿童的世纪》看儿童学研究的课题［J］.全球教育展望，2009(6)：23-28.

［8］ 高振宇.论当代儿童学视野下的儿童史学科建设［J］.全球教育展望，2010(1)：41-45.

［9］ 贾云.论儿童观的范式转型——社会建构主义视野中的儿童观［J］.南京师大学报（社会科学版），2009(3)：96-100.

［10］ 金生鈜.教育哲学的内在精神［J］.教育研究与实验，2010(4)：27-31.

［11］ 刘鹏，蔡仲.从"认识论的鸡"之争看社会建构主义研究进路的分野［J］.自然辩证法通讯，2004(4)：44-49.

［12］ 刘宇.论"对儿童的研究"与"有儿童的研究"［J］.全球教育展望，2013(6)：48-55.

［13］ 刘再复，李泽厚.二十一世纪的哲学展望——对谈录［J］.读书，

2010(1)：60-67.

［14］ 罗文东.当代西方后现代主义文化辨析［J］.江汉论坛，2009(4)：126-130.

［15］ 马驰.区分两种不同的后现代主义——本·阿格文化研究给我们的启迪［J］.上海大学学报(社会科学版)，2011(3)：36-46.

［16］ 苗雪红.卢梭对儿童生命之"自然"的认识［J］.浙江师范大学学报，2010(3)：32-37.

［17］ 施义慧.19世纪英国工人阶级子女童年生活转型原因探析［J］.史学月刊，2006(12)：89-93.

［18］ 施义慧.19世纪英国下层儿童生活史研究述评［J］.史学月刊，2008(4)：99-106.

［19］ 宋丙玲.唐代儿童服饰探究——以儿童图像为中心的考察［J］.齐鲁艺苑，2011(10)：33-34.

［20］ 王啸.赵汀阳访谈录：教育最重要的就是自由［J］.中国教师，2004(2)：30-32.

［21］ 王友缘.童年研究的新范式——新童年社会学的理论特征、研究取向及其问题［J］.全球教育展望，2014(5)：70-76.

［22］ 王友缘.新童年社会学研究兴起的背景及其进展［J］.学前教育研究，2011(5)：34-38.

［23］ 席小莉，黄甫全.儿童作为研究者——一种新兴的研究取向［J］.教育发展研究，2012(12)：65-69.

［24］ 俞金尧.西方儿童史研究四十年［J］.中国学术，2001(4)：298-336.

［25］ 张浩逊.童趣琐谈［N］.光明日报，2012-05-31（12）.

［26］ 张世英."本质"的双重含义：自然科学与人文科学——黑格尔、狄尔泰、胡塞尔之间的一点链接［J］.北京大学学报(哲学社会科学版)，2007(6)：23-29.

［27］张世英. "本质"是一个与人类历史文化俱进的发展过程——黑格尔《精神现象学》的启示［J］.江苏社会科学，2007 (5)：1–3.

［28］张世英. 相同·相似·相通——关于"共相"的本体论地位问题新论［J］.北京大学学报(哲学社会科学版)，2004(3)：47–53.

［29］郑素华. 童年的社会学再发现：国外童年社会学的当代进展［J］.学术论坛，2013(1)：60–65.

［30］郑素华. 国内儿童文化研究：进展与问题［J］.兰州学刊，2010(4)：218–220.

［31］郑素华. 童年研究的域外视野：艾伦·普劳特的新童年社会学思想［J］.外国教育研究，2012(6)：63–68.

［32］周昌忠. 后现代科学知识论［J］.哲学研究，2002(7)：61–67.

［33］皮皮. 孩子救了孩子［J］.读者（出自《知音·海外版》2009年第1期），2009(6)：18–20.

［34］侯海凤. 论童年的重构与儿童教育的转向［D］.南京师范大学博士论文，2010.

［35］曾玮. 儿童社会史的图像证史方法研究——以《绘画中的儿童社会史》为中心［D］.上海师范大学硕士学位论文，2013.

［36］郑玮. 实践与文化的科学观——SSK、后SSK和后现代主义背景下科学哲学之发展［D］.东南大学博士论文，2009.

237

英文资料

著作类

［1］ A. R. Colón, P. A. Colón. *A History of Children: A Socio-cultural Survey Across Millennia*. London：Greenwood press，2001.

［2］ Alan Macfarlane. *The Family Life of Ralph Josselin, A Seventeenth-century Clergyman:An Essay in Historical Anthropology*. London：W.W. Norton, 1977.

［3］ Alan Prout.*The Future of Childhood: Towards the Interdisciplinary Study of Children*. London: Routledge Falmer, 2005.

［4］ Albrecht Classen. *Childhood in the Middle Ages and the Renaissance: the Results of a Paradigm Shift in the History of Mentality*. New York: Walter de Gruyter , 2005.

［5］ Allison James, Adrian L. James. *European Childhoods: Cultures, Politics and Childhoods in Europe*. New York：Palgrave Macmillan, 2008.

［6］ Allison James, Adrian L. James. *Key Concepts in Childhood Studies*. London: SAGE Publications Ltd, 2008.

［7］ Allison James, Alan Prout. *Constructing and Reconstructing Childhood: Contemporary Issues in the Sociological Study of Childhood*. London: Falmer Press, 1997.

［8］ Allison James, Adrian L. James. *Constructing Childhood: Theory, Policy, and Social Practice*. New York: Palgrave Macmillan, 2004.

［9］ Allison James, Chris Jenks, Alan Prout. *Theorizing Childhood*. Cambridge: Polity Press, 1998.

［10］ Andrea Immel, Michael Witmore. *Childhood and Childrens' Books in Early Modern Europe, 1550-1800*. New york: Routledge, 2006.

［11］ André Turmel. *A Historical Sociology of Childhood*.Cambridge: Cambridge University Press, 2008.

［12］ Anthony Krupp. *Reason's Children: Childhood in Early Modern Philosophy*. Lewisburg:Bucknell University Press, 2009.

［13］ Ariès, Philippe.*Centuries of Childhood: A Social History of Family Life*. Translated from the French by Robert Baldick. New York: Alfred A. Knopf, 1962.

［14］ Barbara A. Hanawalt.*Growing Up in Medieval London: the Experience of Childhood in History*. New York: Oxford University Press, 1993.

［15］ Brian Hopkins. *The Cambridge Encyclopedia of Child Development*. New York: Cambridge University Press, 2005.

［16］ C. John Sommerville. *The Discovery of Childhood in Puritan England*. Athens: University of Georgia Press, 1992.

［17］ Christiane Klapisch-Zuber. *Women, Family, and Ritual in Renaissance Italy*. Chicago: The University of Chicago Press, 1985.

［18］ Claire Cassidy. *Thinking Children*. New York: International Publishing Group, 2009.

［19］ Colin M. Heywood. *A Cultural History of Childhood and Family(5): In the Age of Empire*. Oxford: Berg, 2010.

［20］ Colin M. Heywood. *A History of Childhood: Children and Childhood in the West from Medieval to Modern Times*. Cambridge: Polity Press, 2001.

［21］ David Buckingham. *Media Education: Literacy, Learning and Contemporary Culture*. London: Polity Press in Association with

Blackwell Publishing Ltd, 2003.

[22] David Kennedy. *Changing Conceptions of the Child from the Renaissance to Post-Modernity: A Philosophy of Childhood.* Lewiston:Edwin Mellen Press, 2006.

[23] Elizabeth Foyster, James Marten. *A Cultural History of Childhood and Family(4): In the Age of Enlightenment.* Oxford: Berg, 2010.

[24] Hacking, Ian. *The Social Construction of What*? Cambridge: Harvard University Press, 1999.

[25] Hugh Cunningham. *The Invention of Childhood.* BBC, 2007.

[26] Hugh Cunningham.*Children and Childhood in Western Society since 1500.* London：Longman, 1995.

[27] J.O' Neill. *The Poverty of Postmodernism.* London: Routledg, 1995.

[28] James A. *Schultz,The Knowledge of Childhood in the German Middle Age, 1100-1350. Middle Ages Series.* Philadelphia: University of Pennsylvania Press, 1995.

[29] Jean Mills, Richard W. Mills. *Childhood Studies: A Reader in Perspectives of Childhood.* New York：Routledge, 2000.

[30] Jens Qvortrup, William A. Corsaro, Michael-Sebastian Honig. *The Palgrave Handbook of Childhood Studies.*England: Palgrave Macmillan, 2009.

[31] John Sommerville. *The Rise and Fall of Childhood.* Beverly Hills, Calif: Sage Publications, 1982.

[32] Joseph M. Hawes, N. Ray Hiner. *A Cultural History of Childhood and Family(6): In the Modern Age.* Oxford: Berg, 2010.

[33] Jonathon Fineberg. *The Innocent Eye: Children's Art and the Modern Artist.* Princeton, NJ: Princeton University Press, 1997.

［34］ Karen Wells. *Childhood in Global Perspective*. Oxford: Polity Press, 2009.

［35］ Louis Haas. *The Renaissance Man and His Children: Childbirth and Early Childhood in Florence 1300-1600*. New York: St. Martin's Press, 1998.

［36］ Louise J. Wilkinson. *A Cultural History of Childhood and Family(2): In the Middle Age*. Oxford: Berg, 2010.

［37］ Laura E. Berk. 发展心理学：婴儿·孩童·青春期［M］. 北京：北京大学出版社，2005影印版.

［38］ Manuela du Bois-Reymond, Heinz Sünker, and Heinz-Hermann Krüger. *Childhood in Europe: Approaches-Trends-Findings*. New York: Peter Lang, 2001.

［39］ Mary Harlow, Ray Laurence. *A Cultural History of Childhood and Family(1): In Antiquity*. Oxford: Berg, 2010.

［40］ Mary Hilton, Jill Shefrin. *Educating the Child in Enlightenment Britain*. Burlington: Ashgate Publishing Company, 2009.

［41］ Mary Jane Kehily. *An Introduction to Childhood Studies*. London: Open University Press, 2004.

［42］ Nicholas Orme. *Medieval Children*. New Haven and London: Yale University Press, 2001.

［43］ Paula Fass. *Children of a New World: Society, Culture and Globalization*. New York: New York University Press, 2008.

［44］ Peter Laslett. *Family Life and Illicit Love in Earlier Generations*. Cambridge: Cambridge University Press, 1977.

［45］ Peter N. Stearns. *Childhood in World History*. New York: Routledge, 2006.

[46] Pingchen Hsiung. *A Tender Voyage: Children and Childhood in Late Imperial China*. Stanford: Stanford University Press, 2005.

[47] Rex Stainton Rogers, Wendy Stainton Rogers. *Stories of Childhood: Shifting Agendas of Child Concern*. New York: Harvester Wheatsheaf, 1992.

[48] Roger Smith. *A Universal Child*? New York: Palgrave Macmillan, 2010.

[49] Sandra Cavallo, Silvia Evangelisti. *A Cultural History of Childhood and Family(3): In the Early Modern Age*. Oxford: Berg, 2010.

[50] Shirley R. Steinberg, Joe L. Kincheloe. *Kinderculture: The Corporate Construction of Childhood*. Cambridge MA：Westview Press, 2004.

[51] Shulamith Shahar. *Childhood in the Middle Ages*. New York: Routledge, 1990.

[52] Susan Engel. *Real Kids: Creating Meaning in Everyday Life*. Cambridge: Harvard University Press, 2005.

[53] Susan M. Turner, Gareth B. Matthews. *The Philosopher's Child: Critical Perspectives in the Western Tradition*. Rochester, NY: University of Rochester Press, 1998.

[54] T.S. Kuhn. *The Essential Tension: Selected Studies in Scientific Tradition and Change*.Chicago: Chicago University Press, 1977.

[55] Willem Koops, Michhael Zuckerman. *Beyond the Century of the Child: Cultural History and Developmental Psychology*. Philadelphia: University of Pennsylvania Press, 2003.

[56] William A. Corsaro. *The Sociology of Childhood*. California: Pine Forge Press, 2010.

论文类

［1］ Adrian L. James. Competition or integration? The Next Step in Childhood Studies? *Childhood*, 2010, Vol. 17(4): 485−499.

［2］ Barrie Thorne. What's in An Age Name? *Childhood*, 2008, Vol. 15(4): 435−439.

［3］ Bellingham, Bruce.The History of childhood Since the "Invention of Childhood": Some Issues in Eighties. *Journal of Family History*, 1988, Vol. 13 Issue 3, 347−358.

［4］ Bruno Vanobbergen.Wanted: Real Children About Innocence and Nostalgia in a Commodified Childhood. *Studies in Philosophy and Education*, 2004, (23): 161−176.

［5］ David Kennedy. Review Essay: Subversive Innocence. *Childhood*, 1999, Vol.6(3): 389−399.

［6］ David Kennedy. The Root of Child Study: Philosophy, History, and Religion. *Teachers College Record*, 2000, Vol. 102(3): 514−538.

［7］ Doris Bühler−Niederberger. Childhood Sociology in Ten Countries: Current Outcomes and Future Directions. *Current Sociology*, 2010, Vol. 58(2): 369−384.

［8］ David C. Ceary, David F. Bjorklund. Evolutionary Developmental Phychology. *Child Development*, 2000, Vol.71(1): 57−65.

［9］ Editorial: Constructing an International and Globally Comparative Field of "Child Research". *Childhood*, 1997, Vol. 4(4): 371−374.

［10］ Editorial: Structure and Diversity: Challenges for Future Child Research. *Childhood*, 1996, (3): 5−10.

［11］ Editorial: The Social Construction of Childhood and its Limits.

Childhood, 1998, Vol. 5(2): 131-132.

[12] Editorial：Childhood Innocence. *Childhood*, 1998, Vol.5(4): 371-374.

[13] Elise Berman.The Irony of immaturity: K'iche'Children as Mediators and Buffers in Adult Social Interactions. *Childhood*, 2011, Vol. 18(2): 274-288.

[14] Erica Burman, Jackie Stacey. The Child and Childhood in Feminist Theory. *Feminist Theory*, 2010, Vol. 11(3) 227-240.

[15] Firew Kefyalew.The Reality of Child Participation in Research: Experience from a Capacity-building Programme. *Childhood*, 1996, (3): 203-213.

[16] Geoffrey Sherington. From Aries to Globalization in the History of Childhood, *Paedagogica Historica*, 2010, Vol. 46, Nos. 1-2, 251-255.

[17] Guoping Zhao. The Modern Construction of Childhood:What Does It Do to the Paradox of Modernity? *Studies in Philosophy and Education*, 2011, 30: 241-256.

[18] Harriet Strandell. From Structure-Action to Politics of Childhood. *Current Sociology*, 2010, Vol. 58(2): 165-185.

[19] Helga Zeiher. Childhood in German Sociology and Society. *Current Sociology*, 2010, Vol. 58(2): 292-308.

[20] Irene Rizzini, Malcolm Bush.Globalization and Children.*Childhood*, 2002, Vol. 9(4): 371-374.

[21] Jens Qvortrup. Editorial: A Reminder. *Childhood*, 2007: Vol. 14(4): 395-400.

[22] Jens Qvortrup. Societal Position of Childhood: the International Project Childhood as a Social Phenomenon. *Childhood*, 1993(1): 119-124.

[23] Jessaca B. Leinaweaver. Book Review: Global Children, Global Media:

Migration, Media and Childhood. De Block, Liesbeth and David Buckingham (2007). *Childhood*, 2009, Vol. 16(4): 571−574.

［24］ Jo Moran-Ellis. Reflections on the Sociology of Childhood in the UK. *Current Sociology*, 2010, Vol. 58(2): 186−205.

［25］ Leena Alanen. Critical Childhood Studies? *Childhood*, 2011, Vol. 18(2), 147−150.

［26］ Leena Alanen. Editorial: Taking Children's Rights Seriously.*Childhood*, 2010, Vol. 17(1): 5−8.

［27］ Lesley-Anne Gallacher, Michael Gallgagher. Methodological Immaturity in Childhood Research? Thinking Through "Participatory Methods". *Childhood*. 2008, Vol. 15(4): 499−516.

［28］ Loretta E. Bass. Childhood in Sociology and Society: The US Perspective. *Current Sociology*, 2010, Vol. 58(2): 335−350.

［29］ Margaret L. King. Concepts of Childhood: What We Know and Where We Might Go. *Renaissance Quarterly*, 2007, Vol. 60(2): 371−407.

［30］ Michel Vandenbroeck. Autonomous Children, Privileging Negotiation, and New Limits to Freedom. *International Journal of Educational Policy, Research, & Practice: Reconceptualizing Childhood Studies*, 2006,(7):71−80.

［31］ R.L.Schnell. Childhood As Ideology: A Reinterpretation of the Common School. *British Journal of Educational Studies*, 1979, Vol.27(1): 7−28.

［32］ Rhodes, Maxine. Approaching the History of Childhood: Frameworks for Local Research. *Family & Community History*, 2000, Vol. 3 Issue 2:121−154.

［33］ Robert Woods.Did Montaigne Love His Children? Demography and the Hypothesis of Parental Indifference. *Journal of Interdisciplinary History*,

XXXⅢ：3 (Winter, 2003), 421−442.

［34］ Sara Dorow. Childhood Redux. *Canadian Journal of Sociology*, 2010, Vol.35(1):135−139.

［35］ Sarada Balagopalan. Book Review: Childhood in Global Perspective. Wells, Karen (2009). *Childhood*, 2010,Vol.17(4): 563−571.

［36］ Sirkka Komulainen. The Ambiguity of the Child's "Voice" in Social Research. *Childhood*, 2007, Vol. 14(1): 11−28.

［37］ Spyros Spyrou.The Limits of Children's Voices: From Authenticity to Critical, Reflexive Representation. *Childhood*, 2011, Vol.18(2): 151−165.

［38］ Tommi Hoikkala, Ossi Rahkonen, Christoffer Tigerstedt, Jussi Tuormaa. Wait a Minute, Mr Postman! −Some Critical Remarks on Neil Postman's Childhood Theory. *Acta Sociologica*, 1987, Vol.30(1): 87−99.

［39］ Urban T. Holmes. "Medieval Children". *Journal of Social History*, 1969, (2): 164−172.

网络资料

［1］ http://zh.wikipedia. 21/8/2011维基百科

［2］ http://www.culstudies.com/plus/view.php?aid=1231，2003−7−17文化研究网. 陆扬. 本体论·中西文化·解构——德里达在上海.

［3］ http://saturn.ihp.sinica.edu.tw/~huangkc/nhist/15−1CCCC.html,2011. 新史学杂志. 陈贞臻. 西方儿童史研究的回顾与展望——阿利埃斯（Ariès）及其批评者.

后　记

　　本书是在我的博士后出站报告的基础上修改而成的[①]，这一研究的选题完全是一个意外的收获，研究过程也是一次考察与对话的思想之旅。

　　2008年，我完成了博士阶段的研究，博士论文《论儿童的精神成长》主要基于进化与发育的连续性进程，从生物学、哲学、教育学等多学科视角思考个体成长的生物前提、发育限制以及儿童心智特点和发展规律，思考儿童教育的基本理论问题。我深知儿童精神成长这一问题是认识论、心理学、教育学研究的原点，也是人类自我认识中的难题。但是，一经走入这一问题，看到目前世界范围内不同学科领域相关研究成果不断涌现，而且围绕对这一问题的思考使我逐渐发现了不同学科领域研究成果之间的关联，从而在多学科视野中逐步建构出了一个解释框架，我的认识兴趣也随之被彻底激发！尽管我将自己的博士论文视为一枚青果，但我深知我从中获得的成长：我找到了研究的问题，积累了思想资源，形成了认识视野，并在多学科视野中树立了儿童研究的基本立场，明确了研究的路径。当然，最为根本的是我对儿童发展及其教育研究的学术兴趣。

　　为了延续这一学术志趣，我于2009年申请进入华东师范大学教育学博士后流动站。合作导师张华教授曾经在南京师范大学为我们做过"儿童现

---

　　① 书中部分内容经过提炼，发表于《西北师范大学学报》（社会科学版）、《安徽师范大学学报》（人文社会科学版）、《贵州师范大学学报》（社会科学版）等刊物。

象学"的报告，而这一主题正是我关于儿童精神成长研究所涉及的内容。现象学之于儿童研究，无论是思想资源还是方法论启示都是我要深入思考的问题。总之，我进站之初，满腔热情且雄心勃勃地朝着一个执着的目标迈进，那就是借助这里的学术资源环境，使自己青涩的博士论文在新的研究阶段实现一次充分的"二次发育"：使论文中关于儿童精神成长的多学科研究内容更加丰富，对基本问题的论述更加深入；更为重要的是，实现从理论阐释到实践观照的转化，基于儿童精神成长研究，思考幼儿园课程的基本理论和实践问题。

可能是自己想要同时完成的任务超越了当时的驾驭能力，因此，开题报告实际上只呈现了自己的研究思路，对每部分研究内容的论述并不是很具体明确。2009年7月3日，在张华教授为我组织的开题汇报中，钟启泉教授、安桂清博士、杨向东博士，以及在场的博士生，认为研究内容过于宽泛，并分别为我提出了宝贵的建议。重要并且有趣的是，开题时的一个细节对我后来研究主题的改变产生了至关重要的影响。记得当大家谈到当前儿童研究的重要文献——阿利埃斯的《儿童的世纪》一书时，我一无所知并深感惭愧！的确，在过去的研究中，我的阅读主要集中在四个领域：一是西方教育学的经典著作，二是西方哲学史、心理学史，特别是西方近代认识论哲学（包括进化认识论）；三是生物学思想史和发育生物学、分子生物学、脑科学，特别是关于进化和发育的新近研究；四是复杂理论、自组织等横断科学中关于复杂生命系统演化以及自组织的自然观等理论。总之，自己完全沉浸在发生学地思考儿童发展这一问题上，在思考过程中"唯利是图"地建构了一个思想来源的小生态圈。对于"圈"外的研究信息，已经无力涉及了。坦率地说，我只是知道这本中文名与爱伦·凯的《儿童的世纪》同名的书，但具体内容却没有来得及了解。至于对西方近年来童年的社会文化研究，只是对媒介文化视角的童年研究了解较多。感谢高振宇博士随后及时地为我提供了《儿童的世纪》一书英文版的电子稿。在接下来的暑假，我做的唯一一件事就是彻底地阅读了这本472页的大书，而新的思想冲动就是在读这本书的过程中产生的！正是阅读了这本书，使得我这个"自然本体的本质主义"（采用社会建构童年研究范式的界定）的童年研究者有机会接触到以批判本质主义童年研究范式起家而形成的新研究范式——社会建构童年研究范式，并产生了强烈的"认识"对方并进行对话的冲动。也就是说，由于这次开题中的一个小插曲，竟然在后来使我毫不犹豫地搁置了自己进站时的雄心壮志，义无反顾地背起行囊，选择了一次远行。

现在回味《儿童的世纪》这本书，心态自然是冷静和公允的。因为在了解了近五十年来西方关于儿童与童年的历史与社会文化研究之后，就会跳出《儿童的世纪》这本书的内容本身，从初始条件的意义上看待它引发的儿童史及童年政策实践研究的后续效应。但是，在当初"就事论事"的阅读过程中，我的心理状态是很不平静的，阅读过程变成了一个激烈的论辩过程。在打印的书稿上，画满了我的批注，而且主要是批判性话语。因为，我既不同意作者的基本假设，也不同意他的论证过程，更不用说他思考童年的基本立场。我觉得阿利埃斯放弃了那些人类生存史中基本的、常识性的认识方式以及共识。当然，在后来的研究过程中我也发现了建构论者对我所秉持的发展理论的更为激进、情绪色彩更强烈的批判话语。接下来自然是一发而不可收地去读阿利埃斯之后的儿童史研究。在考察了童年历史研究之后，我从思想背景、研究视角、话语立场等方面对其进行了反思和分析，对历史研究的分析实际上已经帮助我对社会建构范式的思想根源和发展过程形成了总体的认识。我开始系统了解了科学哲学领域社会建构主义思潮发展演化的过程，从思想根源、思想性质、话语立场、表达方式上找到了社会建构童年研究范式的思想根源、话语模板和发展路径。然后，我进一步梳理了依次展开的童年的媒介文化研究和新童年社会学研究，就如同一个玩拼图的孩童，在思想观念的支撑下完成了对当代西方社会建构童年研究范式发展过程的整体考察。

这次旅程表面上看似乎完全是在一无所知的状态下出发的，但实际

249

上却并非如此：如果没有之前形成的儿童发展研究的基本立场以及思想方法，我就不会对当代西方社会建构研究范式产生如此强烈的认识兴趣和批判意识，也就根本不可能暂时搁置自己之前的研究计划，在接下来的三年时间中，义无反顾地走向一个新的领域，系统考察了当代西方社会建构研究范式的思想背景、话语立场、表达方式、主要的理论以及方法，并运用博士阶段关于儿童发展研究形成的基本认识，对社会建构范式进行了批判分析，回归到儿童与童年研究的逻辑起点上。也就是说，没有之前的积累，就不会产生这一次思想的碰撞，更不会在批判分析中拥有相应的判断力和解释力。当然，在研究的过程中，我也进一步了解了西方关于儿童发展的多学科研究的新近成果，为进一步完成之前的研究计划做了相关的积累。同时，从社会文化视角的童年研究中，我也对西方社会童年政策实践以及全球性童年危机的应对有了充分的了解，并开始尽可能地运用已有的关于儿童发展的相关认识思考当代童年危机以及儿童社会生活中的各种问题。看来，认识过程的确不是一个线性的积累过程，各种偶然的突生甚至会改变已有的认识结构。但是认识过程也一定是一个结构性的演化过程，结构性演化是根本的、决定性的，偶然性的突生离不开连续的认知结构的顺应和驾驭。实际上，与社会建构童年研究范式一样，我对儿童的研究同样深受反理性主义思潮的影响，特别是基于进化与发育的连续性，思考本能之于个体精神发生的基础作用，将儿童的本能视为儿童精神成长的内在逻辑。这也再次说明认识的过程是一个意向性建构的过程。

感谢合作导师张华教授对我的鼓励和支持！我承认自己对于学术研究就如同一个沉迷于自己游戏世界中的孩童，在态度上是严肃和认真的，高度专注于自己的研究问题；但是在研究行动上只能是力所能及地前进，而且只能在自己的时空世界中从容地前进。对此，张老师自始至终保持宽容，就连学术指导的时间也总是根据我的方便而定。感谢张老师将本书收入儿童学研究丛书出版，十年来我一直专注于儿童研究，能够以儿童学丛书出版自己的研究成果，自然是最开心的事了。

从博士阶段的研究开始，我最大的感受就是儿童研究离不开多学科的视野。感谢各个学科领域，特别是哲学、生物学、人类学、心理学、美学、社会学、教育学等学科领域为我提供了思想资源、宽广的视野以及多元的方法。我对精神生命的传递和交流这件事充满感恩！回味自己自由地汲取不同学科的认识成果，从中获得一些灵感，发现一些思想之间的关联，形成自己研究的视野，这是一个愉快的过程。在这个过程中，我觉得自己如同大树下面那些快乐成长的小草，借助大树所建构的生态系统，按照自己的方式力所能及地努力成长，体验成长的快乐，实现自己的生命价值。多学科思想宝库中有着各式武器，平时我不时涉入各个领域，阅读、了解不同的思想和认识成果。而每当我遇到问题时，便打开他们的武器库，挑拣些适切的思想工具过来。自己自然不是武器的制造者，只是在尽可能地了解各式武器的性能和功用的基础上为我所用而已。因此，非常感谢那些可以为我的研究提供思想来源和启发的所有思者。写到这里，我不由得想起了我博士阶段的导师刘晓东教授，是他引领我进入多学科儿童研究这一领域，让我在这个充满魔力和惊喜的学术"百草园"中，自由地发挥自己的学术想象力，感受学习和研究的单纯的快乐，感受儿童研究的神奇与神圣，并在儿童研究中认识自我，领悟人生。对此，我同样充满感恩。

很幸运能够有这一段博士后研究经历！能够在必须面对的各种工作以及生活事件的挟裹中保留一个空间，让自己安静地享受学习和思考的乐趣，仅就这一点而言，博士后阶段的研究是我十分宝贵的人生经历。那段时间，每当从喧嚣的外部世界跨入华师校园，我的心灵世界就仿佛从高压酷暑中走进天高云淡的静秋，整个世界都陡然间变得宁静、安然。这种感觉就犹如一个虔诚的信徒，从困顿烦乱的生计之谋中暂且脱身，步入圣殿朝圣时的那种超脱与透彻的皈依，这是多么难得的人生体验啊！我的成长经历使我感受到，对我而言，学习和研究不仅仅是工作的需要，更是基本的生活需要，是反思生活、引领生活、欣赏生活的需要，我热爱生活。我也为自己的秉性而感到踏实，单纯造就了我的执着，我一旦被问题吸引，就无法脱身。所以，研究的过程就是突出重围获得解放的过程。在突围的过程中，思想的交流激荡人心。在突出重围之后，顿觉精神世界饱满而又轻盈，心翔如风。短暂的轻松和喜悦之后，难免又陷入遗憾和不安之中，毕竟在有限的时间内阅读西方大量的研究成果，难免有走马观花的嫌疑。同时，自己的研究也难以摆脱视角的限制，研究本身就源于批判意识。因此，研究侧重于从学理层面展开反思和批判，未能系统梳理社会建构童年研究范式对童年政策实践产生的积极影响。心中所有的遗憾和不安，需要转化为自己将要面对的新问题。同时，国内关注西方童年研究的人越来越多，我期待能够从大家的研究中获得更加全面丰富的认识。

最后，感谢山东教育出版社为本书的出版而付出辛劳的编校人员，特别是教育理论编辑室蒋伟主任做了大量耐心细致的工作，她的执着和高度负责的工作态度令人敬佩。

初稿完成于多伦多大学

安大略教育学院，9-238

2014年5月7日

修改于2015年6月1日